DIE DRACHEN UNTER DER HAUT

DIE DRACHEN UNTER DER HAUT

Roman

ANDREA FUCHS PETZI

Für Sigrid und Angelika, Elisabeth und Renate, Ursula und Monika,
Evi, Onni und Susanne

Anmerkung der Autorin

Obwohl es in diesem Porträt einer Stadt zahlreiche Elemente von historischer und geographischer Genauigkeit gibt, sollte betont werden, dass die Stadt und ihre Umgebung letztlich mythologisch sind. Insbesondere Ähnlichkeiten mit lebenden oder toten Personen sind zufällig.

Ein Auszug aus diesem Buch erschien in englischer Sprache in einer früheren Veröffentlichung der Autorin unter dem Titel *The Latin Student and Other Short Stories*

Other Books by Andrea Fuchs Petzi

NOVELS
The Two Lives of William Niemand
Golden Blood
Dekalog
Sisters
Forget Me Not
The School Director

SHORT STORY COLLECTIONS
The Latin Student and Other Short Stories

POETRY
A Life in Poems

NON-FICTION
Orientalism in German Literature: From Goethe's West-östlicher Divan to Thomas Mann's Joseph Trilogy.

„Am Ende werden wir alle Geschichten.“

- Margaret Atwood

„I believe that one carries the shadows, the dreams, the fears and dragons of home under one's skin, at the extreme corners of one's eyes and possibly in the gristle of the ear lobe.“

- Maya Angelou, *Letter to My Daughter*

INHALT

ERSTER TEIL

Die Amerikanerin

Der Tag, an dem Herr Beier die Amerikanerin zum ersten Mal sah, wurde ihm zum Verhängnis. Er fiel in die Liebe wie ein Bär in den Honigtopf. An diesem Tag, um 11 Uhr vormittags, stand er vor seinem Haus, der rechten Seite des Hauses, der Nummer zwölf, das spiegelverkehrt eine andere Seite hatte, die Nummer vierzehn, ein Doppelhaus also, zweistöckig, mit dem „Wäldle" dahinter, was im örtlichen Dialekt einen kleinen Wald beschrieb. Seit einer guten halben Stunde schon wartete er auf einen amerikanischen Soldaten namens Michael Collins. Er wartete auf eine olivfarbene Uniform oder wenigstens einen Amerikaner in Bluejeans, also nicht unbedingt ein formelles Äußeres, weil das für den Erwarteten eine mehr private Angelegenheit war, obwohl er als Vermieter es als ein geschäftliches Treffen charakterisiert hätte. Immerhin war das Ganze seit einiger Zeit in Vorbereitung.

Vor einer Woche nämlich hatte Herr Beier durch die örtliche amerikanische Kaserne die linke Seite seines Hauses in der

Erasmus-von-Rotterdam Straße an eine Familie aus Chicago vermietet. Heute war der Tag, an dem der Colonel Collins mit oder ohne Familie zum ersten Mal sein neues Zuhause besichtigen würde.

Herr Beier trug zur Feier des Tages sogar seinen blauen Anzug, oder vielmehr, seinen einzigen Anzug, denn die Farbe spielte dabei eigentlich keine Rolle. Es hätte auch ein grüner oder grauer Anzug sein können. Die Hauptsache war, dass es ein Anzug war und nicht seine blaue Tankstellenuniform. Dass er überhaupt einen Anzug trug, war mehr aus Respekt für den neuen Mieter, der aus dem entfernten Amerika kam. Für einen lokalen Mieter hätte wahrscheinlich die Tankstellenuniform gereicht. Aber dies war ein besonderer Fall und er hatte sich demensprechend aufs Beste vorbereitet.

Seine störrischen rötlich-blonden Haare waren mit einer extra Schicht Pomade geglättet, und seine braunen Lederschuhe waren auf Hochglanz poliert. Man musste einen ordentlichen Eindruck auf die Amerikaner machen, hatte er zu seiner Frau Ursel gesagt, als er den Anzug aus dem Schrank holte. Die hatte ihn kritisch von Kopf bis Fuß betrachtet und dann gefragt, „Warum wirfst du dich in Schale wegen einem Ami? Die Hose schlottert doch an dir herum wie an einer Vogelscheuche." Sie hatte recht damit. Es waren sieben magere Jahre seit dem Krieg, und niemand brachte zusätzliche Pfunde mit auf die Waage. Auch Herr Beier konnte sich noch nicht über einen kleinen Bierbauch beschweren.

„Egal," meinte er. War es doch nicht jeden Tag, dass eine amerikanische Familie in die Nachbarschaft einziehen wollte. Die meisten Leute vom amerikanischen Militär wohnten in der Kaserne oder in Wohnungen nahebei, und selten genug in einem Wohnhaus wie seinem, das etliche Kilometer von der Kaserne entfernt war. Für die Zukunft konnte dieser Einzug einen deutlichen finanzielle Gewinn, eine lukrative Haupteinnahme garantieren. „Wir haben großes Glück, dass sie unser Haus gewählt haben. Denn die Amis haben einen höheren

Lebensstandard als wir, heißt es. Ich möchte sicher gehen, dass es ihnen bei uns auch gefällt, und dass sie uns dann auch weiterempfehlen. Das ist doch klar."

Frau Beier ließ sich nicht so leicht beeindrucken durch den Glanz und Tand anderer Leute, oder gar anderer, ferner Länder. „Im Gegenteil," meinte sie, „die Amis können von Glück reden, dass sie in eine so gediegene, etablierte Nachbarschaft wie die unsere aufgenommen werden, mit einer langen Geschichte, auf die wir alle stolz sind. Lass dich von großen Namen nicht blenden, Hermann. Der Erasmus soll übrigens etwas Ähnliches gesagt haben."

Damit meinte sie den Erasmus von Rotterdam, den Humanisten aus dem Mittelalter, nach dem die Straße benannt war, und der, wie ein Schild auf dem nahen Kirchplatz unter seiner Granitbüste verriet, einige erinnerungswerte Zitate verkündet haben soll. Unter anderem auch, „Hüte dich davor zu denken. Das tut jeder." Her Beier wusste zu berichten, dass sein eigenes, bei weitem bevorzugtes Motto ebenfalls von jenem Erasmus stammte, ein bovines Zitat nämlich, „O Herr Gott, lass Gras wachsen, die Zahl der Rindviecher nimmt täglich zu." Obwohl es dafür keine Belege gab und das alles eine sehr lange Zeit zurücklag. Dennoch, so meinte Herr Beier, hatte es der Erasmus sicher einmal so gesagt. Er selbst hegte manchmal ähnliche Gedanken und hätte sie nicht besser ausdrücken können.

Die ganze Erasmus-von-Rotterdam Straße, alle Bewohner der Hausnummern der eins vorne am Kirchplatz bis zur fünfzehn am Ende der Straße, wussten von der Ankunft der Amerikaner. Sie hatten sich dementsprechend darauf vorbereitet. Fünfzehn Küchenwandkalender zeigten den Eintrag, „Amis 11 Uhr." Gemüsesuppen waren schon Tage vorher geplant und vorgekocht, Termine mit Renten- und Sozialämtern verschoben. Zwei der Nachbarn hatten sich krankschreiben lassen. Fünf von ihnen arbeiteten ausgerechnet um elf Uhr morgens und konnten die Ankunft nicht persönlich miterleben, aber die meisten der anderen, vor allem die im Rentenalter über siebzig oder kriegsversehrt oder kriegsverwitwet oder anderweitig nicht in der Lage, tagsüber das Haus verlassen zu müssen, richteten es so ein, dass sie dabei sein konnten. Sofakissen, Bettkissen, oder was immer man an Kissen auftreiben konnte, wurden am Morgen in die Fenster der Zimmer gelegt, die auf die Straße hinausgingen. Man war bereit, die neuen Nachbarn stilgerecht, auf die eine oder andere Weise zu empfangen.

„Waldemar," sagte Frau Beck, die Kriegerwitwe von der Hausnummer neun, mehr zu sich selbst als zu Waldemar, „was meinst du? Wo bleiben sie nur?" Es war eine rein rhetorische Frage, denn ihr Mann war zu Kriegsende irgendwo bei Stalingrad im tiefsten Russland gefallen. Sie hatte sein Fernglas aus der Truhe auf dem Dachboden geholt und hielt es jetzt vor ihre Augen. Waldemar hatte es immer auf seinen Spaziergängen durch das Wäldle dabei und damit Rehe und Hasen gesichtet, oder manchmal auch ein Liebespaar auf einer Bank. Das war vor dem Krieg. Später gab es keine Liebespaare auf Bänken mehr, und auch die Rehe und Hasen waren verschwunden. Obwohl er einem Rehbraten mit Blaukraut oder sogar einem Hasenbraten in Rotweinsauce – vor dem Krieg, natürlich, als es diese Köstlichkeiten noch gab - nie abgeneigt war, er selbst hätte nie den Tod so eines niedlichen Tierchens verursachen können. Ihr Waldemar hatte ein viel zu weiches Herz. Umso entsetzlicher war die Nachricht, die sie zur Kriegerwitwe stempelte. Er, der nie ein Gewehr betätigen konnte, war selbst Kanonenfutter geworden. Sie lebte an seiner Stelle weiter, benutzte jetzt sein Fernglas, und auch seinen Bademantel und seine Zigarren, alles, was von ihm übrig war, und er hätte sicher nichts dagegen gehabt. Solange sie ihn durch die Nennung seines Namens heraufbeschwor, von wo immer er sich im Augenblick gerade aufhielt, war er bei ihr. Nur weil man den Waldemar nicht sehen konnte, bedeutete ja nicht, dass er nicht neben einem stand. Genaues wusste man ja nicht. Liebe konnte man ja auch nicht sehen, und doch gab es sie.

So sagte sie auch in jenem Augenblick, „Waldemar, warum lassen sie auf sich warten?" Sie richtete Waldemars Fernglas nach rechts, auf die runde Uhr ganz oben auf dem Kirchturm, wo der Kirchplatz den Anfang der Erasmus-von-Rotterdam Straße bildete. „Elf Uhr acht. So spät schon. Sie kommen sicher mit einem Auto. Was für ein Auto sie wohl haben? Was denkst du?"

„Wahrscheinlich ein teures," kam die Antwort von gegenüber, der Hausnummer acht, von dem Herrn Dornmüller, Oberstudienrat an der Knabenoberschule, der knapp vor der Pensionierung stand, und die meisten seiner Unterrichtstage schon zu Hause verbrachte, sehr zum Neid seiner Kollegen, die alle unter dreißig waren. Der Herr Dornmüller hatte schon immer viel auf gute Kontakte zu Leuten in führenden Stellungen gehalten und war damit gut genug durch den Krieg gekommen. Wie man hinter vorgehaltenen Hand in der Knabenoberschule flüsterte, war er einer „von der alten Garde," zackig, diszipliniert, mit stechend blauen Augen unter buschigen grauen Brauen.

Frau Beck wunderte sich, dass der Oberstudientrat ausgerechnet an diesem Tag nicht in seinem Klassenzimmer war. Denn er hatte keinen Hehl daraus gemacht, dass er keine Bewunderung oder sogar Sympathie für die Amerikaner hegte. Im Gegenteil, er empfand ihre Anwesenheit als eine Schmach. „Die haben das Geld, und damit werfen sie herum und nehmen sich das, was ihnen gefällt. Und wenn das Wohnungen sind oder Häuser. Sie zahlen das zehnfache wie andere Leute. Und dann wohnen sie da, wo sie wollen. Und wir müssen auf den Dachboden ziehen. Eine Schmach ist das."

„Keiner muss auf den Dachboden ziehen, Herr Dornmüller, am wenigsten Sie," brummte Herr Beier. Er fühlte sich persönlich angesprochen und mochte den Verdacht nicht, dass er als Vermieter etwas Unrechtes tat und ein Zehnfaches der Miete verlangten. Es war das Dreifache, nicht das Zehnfache. Und niemand musste auf einen Dachboden ziehen.

An dieser Stelle muss gesagt werden, dass die Erasmus-von-Rotterdam Straße eine sehr enge Straße war. Wenn jemand in der Hausnummer vier nieste, sagte der Nachbar gegenüber in der Nummer fünf, „Helft‘s Gott." Wenn das ausblieb, war der Nachbar entweder nicht zu Hause oder er schlief nach hinten hinaus zum Wäldle.

„Ich tippe mal auf einen Jeep, ich hoffe, sie kommen in einem Jeep. Aus persönlicher Erfahrung weiß ich, dass die Amerikaner die besten Jeeps bauen," meinte Herr Tiefenbacher, Rechtsanwalt für Vermögensverwaltung; er wohnte in der Doppelhaushälfte Nummer fünf. Gegen Kriegsende war er kurz in einem amerikanischen Kriegsgefangenenlager im Ruhrgebiet interniert, wo er mehrmals Gelegenheit hatte, amerikanisches Militär in Jeeps zu beobachten. Drei Monate später kehrte in sein Heimatstädtchen zurück. Da die Zeiten verständlicherweise schlecht waren für Vermögensverwaltung, arbeitete er vier Tage in der Woche in der Landwirtschaft, wie er es etwas ungenau formulierte, und widmete sich ansonsten der Veröffentlichung einer Großen Geschichte des Zweiten Weltkrieges, wobei er der Weitläufigkeit des Sujets wegen sich auf die Ankunft des amerikanischen Militärs in Sizilien und Süditalien im allgemeinen, und auf die Erfindung des Jeeps im Besonderen konzentrierte. In fünfundzwanzig Kapiteln beschrieb er alles, was über einen amerikanischen Jeep zu sagen war.

Wie der Oberstudienrat machte auch Pfarrer Schnapp, von der Haus Nummer eins, dem Pfarrhaus gleich neben der Kirche, aus seiner Geringschätzung für die Amerikaner kein Geheimnis. Er lag auf einem seidenem Kissen im Küchenfenster und verkündete jedem, der es hören wollte, „Die Amis und ihr Geld, neureiche alle. Der in aller Eile erworbene Reichtum wird schwinden, aber wer sich nach und nach ansammelt, wird ihn vermehren. So heißt es in dem guten Buch." Der Herr Pfarrer hatte den Krieg mit all seinen Schrecken heil überstanden, machte sich aber sich aber große Sorgen um die viel größere Gefahr für die moralische

Kondition seiner Kirchenschar. Amerikaner mit ihrer Kultur des gottlosen Konsums und der Moderne konnten richtig schädlich sein für ein Erbe so alt wie seines, und er konnte den Tag nicht erwarten, bis diese schädlichen Einflussmacher wieder über den Atlantik nach Hause flogen.

„Immerhin, der Jeep hat sechzig Pferdestärken, das will schon was bedeuten," sagte Rechtsanwalt Tiefenbacher. Wieder an Frau Beck gewendet, sagte er, „Haben Sie eigentlich gewusst, dass ein Jeep keine Türen hat, dafür aber ein Stoffdach?" Fragte er.

„Nein, das wusste ich allerdings nicht," erwiderte Frau Beck.

„Ja, genau." Herr Tiefenbacher war in seinem Element. „Habe ich Ihnen je erzählt, dass die Jeeps nach Eugen dem Jeep benannt wurden? Und der Zufall will es, dass ich auch obendrein Eugen heiße. Als wäre der Jeep nach mir selbst benannt. Ja, und die nennen sie auch die Blitzbuggies. Blitzbuggies, verstehen Sie? Wie ein Blitz, weil sie so schnell beweglich sind. Die können sogar anstelle eines Zugs verwendet werden. Genial! Auf den Schienen und alles."

„Ach was, Leute," kam aus dem Wohnzimmerfenster von Herrn Linde, Haus Nummer elf, „was ein rechter Ami ist, die kommen auf Nummer sicher und auf Nummer groß, und das ist ein Panzer. Ein M3 Stuart, würde ich sagen. Im Volksbrockhaus A bis Z wird es als der am häufigsten gebaute Panzer…"

„So ein Quatsch," rief Frau Spätling vom Schlafzimmerfenster nebenan, und das ließ die Straße aufhorchen, denn Frau Spätling war nie einer anderen Meinung als Herr Linde. „Ich meine, das halte ich für unwahrscheinlich. Außerdem ist unsere Straße zu klein für einen Panzer." Die beiden lebten in einer Onkelehe zusammen und waren so gut wie verheiratet. Wenn es schon bei solch einer Lappalie wie dem fahrbaren Untersatz eines Amerikaners eine Meinungsverschiedenheit gab, war es wohl nicht weit her mit dieser Onkelehe.

Für den Pfarrer Schnapp jedenfalls war Frau Spätling und Herrn Lindes Art des Zusammenlebens eine persönliche

Beleidigung. „Eine Verführung zur wilden Ehe," nannte er es. Seiner Schäfchenschar versicherte er von der Kanzel, „jeden Sonntag sagen wir gemeinsam im Gebet, und führe uns nicht in Versuchung. Und doch, da liegt der Apfelkern: die Eva, sie verführt zur wilden Ehe." Es war sonnenklar, dass er Frau Spätling für die wilde Ehe verantwortlich machte, und nicht Herrn Linde.

Jetzt allerdings hatte er anderes im Sinn. „Panzer? Werkzeuge des Teufels sind das. Man geht über Leichen, um dem Frieden zu dienen. Nie und nimmer," rief er von seinem Fenster in der Hausnummer eins.

„Sie sind jedenfalls sehr spät dran," sagte Frau Bamberger, von der Hausnummer vier, und alle nickten. Sogar sehr spät, das war richtig. Die Kirchenuhr zeigte schon elf Uhr dreizehn. Ob die Amerikaner heute noch kommen würden? Vielleicht hätte man die ganzen Termine doch nicht verschieben sollen.

Frau Bamberger und ihre Schwester besaßen einen Laden für Tabak- und Zeitschriften in der Stadtmitte, den sie zusammen führten, jede auf ihre Weise. Während ihre Schwester im Laden war, versorgte Frau Bamberger tagsüber und nach Geschäftsschluss die ganze Nachbarschaft mit Tabakwaren und Bier aus ihrem Keller, und die Nachbarschaft wusste es zu schätzen. Ging jemandem aus irgendeinem Grunde um ein Uhr morgens die Zigaretten aus, war sogar um ein Uhr morgens auf Frau Bamberger Verlass. Außerdem putzte sie in der Kaserne am Wochenende. Vor dem Krieg hatte ihr Mann den Laden geführt. Aber er war nicht aus Russland zurückgekehrt, und sie hatte ihn vor kurzem für tot erklären lassen, denn das Leben ging weiter, und es hatte keinen Sinn, der Vergangenheit ewig nachzutrauern. „Jedenfalls freue ich mich, einen Kollegen von der Arbeit in der Kaserne bei uns begrüßen zu können," sagte sie.

„Hast du das gehört, Oskar," fragte Frau Spätling ihren Herrn Linde. „Einen Kollegen. Von wegen."

„Vielleicht putzt sie sein Büro," sagte der, „das ist doch möglich."

„Dann sind sie immer noch keine Kollegen," beharrte Frau Spätling.

„Ja, unser Deutschland, das Land wo Milch und Honig fließen, wo der Dollar und die Deutsch Mark rollen. Was macht da schon ein bisschen Verspätung aus?" Das kam wahrscheinlich von dem Herrn Pfarrer. Und wenn so, dann würde die Predigt am Sonntag sicherlich eine Referenz zu der Milch und Honig Stelle im Exodus Kapitel der Bibel enthalten.

„Nein, nein," rief Herr Linde, „ich habe gerade gelesen, dass es in Amerika zum guten Ton gehört, zu spät zu kommen. Oder wenigstens nicht pünktlich."

„Steht das auch in Ihrem Volksbrockhaus?" wollte Frau Ursel Beier wissen. Sie war eigentlich der sparsame Typ, war ganz für das Gürtel-Enger-Schnallen, auf Selbstverzicht bis zur Selbstverleugnung, alles, was die Nachkriegsregierung verlangte. Aber ihre Sparsamkeit endete beim Volksbrockhaus, und Herr Linde besaß einen Volksbrockhaus, A bis Z. Wenn sie irgendetwas auf dieser Welt begehrte, dann war das ihres Nachbarn Hab und Gut in der Gestalt des Volksbrockhaus A bis Z.

„Ja, natürlich. Steht alles drin." Herr Linde sah sehr zufrieden aus.

Konrad Beier, der Sprössling des Vermieters, gerade mal fünfzehn und anlässlich dieses besonderen Tages vom Unterricht freigesprochen, hatte seine eigenen Erwartungen. „Meinst du, sie bringen mir eine Hershey bar mit, oder wenigstens Kaugummi?" fragte er seinen Vater, der mittlerweile von einem Fuß auf den anderen trat, denn er wartete schon seit halb elf vor der Haustür der Nummer zwölf. Er sah hinauf zum Obergeschoss, wo Konrads Kinderzimmer war, jetzt aber als Ausguckposten für seine Frau diente. Sie lag im Fenster auf Konrads Bettkissen und nickte zu ihrem Gatten hinunter. Er wusste genau, was sie jetzt sagen würde: Volksbrockhaus und Panzer.

„Hermann, wir sollten uns wirklich den Volksbrockhaus zulegen, sogar über Panzer könnten wir darin lesen," sagte sie tatsächlich und fügte noch hinzu, „auf lange Sicht gesehen, wäre das eine gute gediegene Geldanlage. Vor allem für Konrad."

Herr Beier konnte seine Frau lesen wie ein Buch

„Ja, ja, ja," konterte er, seinen Blick wieder fest auf den Kirchplatz gerichtet, „Niemand will etwas mehr von Panzern wissen. Das ist in der Vergangenheit. Die Zukunft … Ah, da ist er ja!"

Er ergriff seinen Sohn, der vor ihm stand, an den Schultern, als wollte er ihn zur Kirche hinüber katapultieren. „Konrad, vergiss nicht, du musst mir alles übersetzen. Alles, was der Ami sagt und alles was ich sage," schärfte er ihm ein. Konrad hatte schon seit fünf Jahren Englischunterricht auf der Knabenoberschule bei Professor Dornmüller und war jetzt der Dolmetscher der Familie. Es war seine Zeit, zu glänzen.

Und wirklich, ein Auto. Aller Köpfe wandten sich dem Kirchplatz zu, dem Anfang der Straße, wo ein weißes Auto langsam einbog. Ein großes Auto. Kleiner als ein Panzer, aber nicht viel, auf jeden Fall niedriger als ein Jeep und doppelt so breit.

„Ein Straßenkreuzer," rief Herr Nürnberger, vom Haus Nummer zwei. Er wohnte ganz vorne, wo der Kirchplatz den Anfang der Straße bildete und konnte es am besten sehen. „Ein richtiger Straßenkreuzer! Donnerwetter!"

„O Gottogott, und dazu einer oben ohne," Pfarrer Schnapp traute seinen Augen nicht. „Degenerierung überall, ein Verfall der Sitten, wohin man auch schaut. Was wird das noch werden."

„Na, das wird aber auch Zeit." Herr Linde war richtig indigniert.

„Convertible, heißt das." Konrad wusste es sofort. Seine Hobbies waren Briefmarkensammeln und Autos. Vor allem amerikanische Autos.

„Nein, das sind doch Kabrioletts. Wie mein Porsche,“ rief Frau Bamberger, vom Rauchwarenladen und der Nummer vier. Ebenfalls Kriegerwitwe, aber gute zwanzig Jahre jünger als Frau Beck und eine fesche Frau, wie Herr Tiefenbacher von gegenüber mehr als einmal bemerkte. Der Porsche war eigentlich ein Hanomag, den sie heil durch den Krieg gebracht hatte. Jeder in der Straße wusste, dass es ein Hanomag war, aber niemand wollte die Täuschung aufdecken und die unangenehme Realität an das Tageslicht bringen. Vielleicht war der Hanomag ja wirklich ein Porsche, wusste man es denn so genau?

„Von wegen Porsche,“ stöhnte Frau Beck, ohne das Fernglas abzusetzen. „Des Kaisers neue Kleider und Frau Bambergers neuer Porsche.“

„Natürlich, Amis!“ Das kam von Herrn Dornmüller. „Angeber, der ganze Pack.“

„Das ist ein Oldsmobile,“ rief Konrad. Sogar ohne Fernglas hatte er das gleich erkannt.

„Eine Frau, und ein kleines Kind, denke ich.“ Frau Beck schraubte am Fernglas herum, um ein schärferes Bild zu bekommen. „Ja, eine Frau mit einer typisch amerikanischen Sonnenbrille, so etwas gibt es hier noch gar nicht zu kaufen. Und die Kleine schreit irgendetwas.“

„Was? Eine Frau? Und der Ami? Wo ist der Ami?“ Herr Beier, der einen Soldaten erwartet hatte, war verwirrt und ein bisschen enttäuscht. Er mochte es nicht, wenn sich etwas Unerwartetes oder sogar Chaotisches ereignete. Der Krieg war chaotisch genug gewesen. All diese Schlachten und Bomben und Flüchtlinge. Er hatte genug davon. Ordnung war jetzt angesagt, und Ordnung war sein Ein und Alles.

„Sie sieht gut aus.“

„Wer sie“?

„Wie alt ist das Kind?“

„Na, die Frau.“

„Kein Mann dabei?“

„Vier oder fünf, nicht älter, würde ich sagen."

„Eine Frau? Was für eine Frau? Wo ist der Ami?"

Das Auto fuhr äußerst langsam, die Frau am Steuer trug eine große Sonnenbrille. Sie schien ihre ganze Aufmerksamkeit auf die Hausnummern gerichtet zu haben, nicht auf die Leute, die ihre Hälse aus den Fenstern reckten, um einen besseren Blick auf sie zu erhaschen.

Natürlich hatte Catherine Collins sofort die vielen Leute in den Fenstern jedes Hauses bemerkt, und fragte sich, was die da machten. Sie war dankbar für die Sonnenbrille, die ihre Augen verbargen, so dass sie sich auf die Hausnummern konzentrieren konnte. Nummer vierzehn Erasmus-von-Rotterdam Straße war die Adresse, die sie finden musste. Gerade Hausnummern rechts, ungerade links. Sie hatte nie so dicke Federkissen wie die in den Fenstern gesehen; und so viele. Vielleicht ist das ein Sport von diesen Leuten, dachte sie, Menschen zu beobachten. Das könnte Spaß machen, oder auch nicht. Das sind also meine neuen Nachbarn. Rechts zwei, ein Doppelhaus vier und sechs. Sie steuerte das Oldsmobile langsam die Straße entlang, betont vorsichtig, obwohl es kein Hindernisse gab, die sie hätte anfahren können. Ein paar Fahrräder und Leiterwagen waren vor den Häusern sichtbar, aber keine Autos. Die enge Straße, Gehsteige links und rechts, kleine Vorgärten, und die Häuser selbst. Die vielen Gesichter in den Fenstern machten sie gehemmt und ein bisschen nervös.

Hausnummer vierzehn also auf der rechten Straßenseite.

„Are we here yet, mommy?" krähte das kleine Mädchen vom Rücksitz her.

"Almost, darling," sagte Catherine. Richtig, links Hausnummer fünf, sieben, dann rechts sechs, zehn, ein nummernloses Haus. Wo war Hausnummer vierzehn? Sie muss glatt daran vorbei gefahren sein. War es das letzte Haus rechts? Sie fuhr vorsichtig einige Meter zurück. Sie fühlte die Augen aller auf sie gerichtet. Dann sah sie die Nummer vierzehn, ein Doppelhaus. Sie parkte das Oldsmobile vor dem Haus, vorsichtiger als es sonst ihre Art war, so nah wie möglich am Randstein, und wunderte sich, wie schmal die Straßen überall in diesem Städtchen doch waren. Das Oldsmobile nahm fast die ganze Straße ein. In Chicago war das Parken auf den Straßen nie ein Problem gewesen, es war immer noch viel Platz auf den Gehsteigen und der Straße selbst für Gegenverkehr.

Ein hochgewachsener Mann mit rötlich-blondem Haar kam langsam vom Haus Nummer zwölf auf sie zu. Ein Junge folgte ihm. Der Mann streckte ihr seine Hand entgegen und sagte „Willkommen." Er hatte ein scheues Lächeln und einen festen Händedruck, und Catherine erwiderte sein Lächeln, „Thank you. Danke schön."

Sie war froh, dass ihr Deutsch halbwegs deutsch klang. Ihr High School Lehrer wäre zufrieden mit ihr gewesen. Zwei Jahre Deutsch waren nicht genug, um in ihrer neuen Umgebung ganz auf Deutsch leben zu können, das wusste sie; dennoch, es war besser als nichts.

„Beier," sagte der Mann.

Das musste der Name sein, genau, dachte sie. Das Händeschütteln und der Nachname.

„Collins," erwiderte sie, „Catherine Collins." Sie machte Anstalten zum Aussteigen.

Er beeilte sich, die Tür des Cabriolets zu öffnen und reichte ihr galant die Hand.

Er sah, dass sie ein kleines Grübchen am Kinn hatte. Wegen der Sonnenbrille konnte er ihre Augen nicht sehen. Er vermutete, dass sie braun waren. Kastanienbraun vermutlich, vielleicht auch kastanienbraune Haare. Sie trug ein Seidentuch im Hollywood Stil auf dem Kopf, das hinten im Nacken gebunden war. Ein paar braune Locken hatte sich unter dem Tuch hervorgestohlen.

Der Junge streichelte das Oldsmobile zärtlich. „Ein Oldsmobile Convertible," flüsterte er. Er wünschte, er hätte eine Kamera. Die Jungs in seiner Klasse würden staunen wenn sie ihn so lässig an ein Oldsmobile gelehnt sehen könnten; sie würden vor Neid gelb werden.

„Pfoten weg," sagte Herr Beier automatisch. Der Junge gehorchte zögernd.

„I don't speak much German," sagte Catherine, und Herr Beier wurde verlegen. "Ich habe nicht Sie gemeint."

„Sie spricht nicht viel Deutsch," übersetzte Konrad artig.

Jetzt stand sie neben Herrn Beier. Sie war einen halben Kopf kleiner als er, aber trotzdem grösser als seine Frau, seiner Schätzung nach. Das kleine Mädchen sprang ebenfalls aus dem Auto und rannte zum Haus Nummer vierzehn.

„Penny," rief Catherine, und lief ihr hinterher. Vater und Sohn folgten. Sie trug ein weißes Sommerkleid mit einem schmalen roten Ledergürtel in der Taille und rote Sandalen mit hohen Absätzen. Wespentaille. Entzückend, dachte Herr Beier und dann fragte er sich, wie er auf ein Wort wie „entzückend" gekommen war. Er konnte sich nicht erinnern, wann er das letzte Mal „entzückend" gedacht, geschweige denn gesagt hatte. Trotzdem, was er da vor sich hatte, war nichts weniger als ein Augenschmaus. Wirklich entzückend.

„Das ist Ihr neues Zuhause," sagte Herr Beier überflüssigerweise, und schob die schon offenstehende Haustür noch ein bisschen weiter auf. Catherine hatte Penny an die Hand genommen. Sie nickte, und er hatte den Eindruck, dass sie alles verstand, was er sagte. Umso besser, dann brauchte er Konrad nicht. „Wir wohnen nebenan," sagte er noch, und Konrad übersetzte. „We live next door."

„Hier ist der Flur, und da ist die Küche, und hier die Besenkammer. Und da geht's in den Keller."

Sie nickte erst und schüttelte dann den Kopf. Sie sah ratlos aus. Dann wandte sie sich an Konrad mit einer Flut von Fragen, und jetzt sah der wiederum ratlos aus und sagte, „Ah, I must look," und holte sein Langenscheidt Wörterbuch hervor. Endlich wandte er sich an seinen Vater. „Sie will wissen, wo der

Kühlschrank und Gefrierschrank ist, der Herd, der Ofen, der Abzug. Abzug? Ich weiß nicht, was das ist. Und der Kühlschrank. Included, das heißt miteingeschlossen. Sie will wissen, was in der Miete miteingeschlossen ist."

Das war sehr viel auf einmal. Herr Beier presste die Lippen zusammen. Abzug? Er versuchte sich vorzustellen, was ein Abzug war. Abzug. Aufzug. Auszug. Anzug. Anzug. Abzug? Dazu fiel ihm im Moment nichts ein. Ein Gefrierschrank? Große Restaurants haben solche Schränke vielleicht, aber eine Küche in einem Doppelfamilienhaus wie dieses? Niemals.

„Sag ihr, dass nichts miteingeschlossen ist. Leider. Sag ihr, es tut mir leid aber ein Wohnhaus hat all das nicht. Kein solches Brimborium ist dabei. Was immer sie will, müsste sie sich selber anschaffen. Hier haben wir eben leider nicht einen so hohen Lebensstandard wie bei ihr zu Hause."

Konrad übersetzte, so gut es ging. Sie nickte und Herr Beier trat neben sie. Ein Hauch von Jasmin und Maiglöckchen, vielleicht auch Rosen strich um seine Nase. Er atmete tief ein. Das Leben konnte so schön sein. Was wollte er mehr?

„Gehen wir jetzt in das Wohnzimmer," sagte Herr Beier betont jovial. Er hatte das Fehlen der Einrichtung in der Küche als Niederlage bewertet und war bestrebt, der duftenden Amerikanerin das schöne Wohnzimmer zu zeigen mit Blick auf den Garten und die beiden Kastanienbäume, die er schon als Kind gepflanzt hatte und die er, wenn er sich unbeobachtet fühlte, mit großer Herzenswärme umarmte.

„And the furniture for the living room, the bedroom?" fragte die Amerikanerin stirnrunzelnd. An die Kosten einer kompletten Einrichtung hatten sie gar nicht gedacht. Kamen diese Häuser nicht gewöhnlich voll möbliert? Der Kaserne muss ein Fehler unterlaufen sein. Ein neues Fältchen hatte sich zwischen ihren Augenbrauen gebildet.

Sie hatte die Sonnenbrille abgenommen und er sah mit Genugtuung, dass er richtig vermutet hatte: sie hatte

17

dunkelbraune Augen. Tief dunkelbraun, unergründlich. Ihm wurde bewusst, dass er sie zu lange angestarrt hatte, und er räusperte sich und wendete seinen Kopf schnell zur Seite und hoffte, dass sie es nicht bemerkt hatte.

Leider trug sie immer noch das Seidentuch um den Kopf und Herr Beier hätte zu gerne die Haarpracht darunter gesehen. Von den Haaren, die in einer weiche Welle über der Stirn lagen, ahnte er, dass sie kastanienbraun waren. Wie schon erwähnt, hatte er eine besondere Beziehung zu allem Castaneanischem. Von allen Farben war ihm kastanienbraun am liebsten. Wahrscheinlich hatte er auch mit ihren Haaren recht. Es war sein Glückstag.

„Not included, " sagte Konrad, und sparte sich das Übersetzen. Er überlegte, dass er auf einem Taschengeld hätte bestehen sollen. Meine Dolmetscherdienste sind einer kleinen Besoldung wert, hätte er seinem Vater sagen sollen. Damit hätte er sich nichts als eine Backpfeife eingehandelt. Aber wirklich, die Amerikanerin war keine leichte Klientin, und besonders, als sie die obere Etage sah, zeigte sie eine ähnlich kritische Reaktion wie schon unten. Die beiden Schlafzimmer waren leer; immerhin hatte das Badezimmer eine Wanne, eine Toilette, und ein Spülbecken. „Not included," sagte Konrad vorsichtshalber, bevor sie etwas sagen konnte. „The bathtub and toilet are not included," fragte sie ungläubig und Konrad beeilte sich, die Dinge richtigzustellen. „Doch, die schon," und beide lachten.

Herr Beier stimmte herzhaft mit in das Lachen ein, obwohl er sich nicht sicher war, weshalb gelacht wurde. Dann beeilte er sich, ihr zu sagen, dass er jederzeit zur Verfügung stünde, sollten eine Möbellieferung in ihrer Abwesenheit ankommen.

Konrad übersetzte.

Sie lächelte über sein Angebot.

Herr Beier war wieder in seinem Element. Ermutigt fügte er hinzu, „Konrad, sag ihr doch auch, dass der Rasenmäher eingeschlossen ist."

"The grass cutter is included," sagte Konrad stolz. Er hatte nicht einmal nachsehen müssen, was Rasenmäher auf Englisch hieß. Grass cutter, logisch!

„The grass cut...you mean, the lawn mower? Is there no gardener?"

"Sie will wissen, ob es einen Gärtner gibt, der den Rasen mäht," berichtete Konrad. Huch? Meinte sie einen hauseigenen Gärtner, oder den in der Friedhofsgärtnerei? Nein, nicht den. Ein hauseigener Gärtner war gemeint. Oh, diese Amerikaner! Man musste so auf der Hut bei ihnen sein. Die Ansprüche, die sie stellten. Hatte die Catherine etwa ihren eigenen Gärtner zu Hause? Hatte er sie gerade Catherine genannt?

Die beiden warteten immer noch auf eine Antwort.

Herr Beier schüttelte den Kopf und es gelang ihm, eine äußerst enttäuschte Miene dabei aufzusetzen. „Nein, leider nein. Ein Gärtner ist leider nicht im Mietpreis eingeschlossen."

Aber dann hatte er eine Idee. Vielleicht könnte er ja den Rasen selbst mähen. Ja, das wäre eine Möglichkeit. Für seine neue amerikanische Nachbarin würde er das sehr gerne tun. Im Interesse der deutsch-amerikanischen Freundschaft, natürlich. Außerdem täte es ihm ganz gut, ein bisschen extra Gymnastik. Nicht dass er extra Gymnastik brauchte. Er war in bester Form. Vielleicht würde sie ihn zu einem Bier einladen, nach dem Rasenmähen. Er könnte ja ein paar Bratwürste dazu beisteuern. Genau, Bratwürste.

Laut sagte er, „Das hätte ich fast vergessen. Und auch ein Grill. Der ist auch dabei, gratis."

Catherine seufzte. So hatte sie sich das alles nicht vorgestellt, aber dann, es war ja nicht für immer. Für zwei, vielleicht drei Jahre. Wer weiß, vielleicht würden sie schon früher nach Chicago zurückkehren. Sie dachte mit Wehmut an ihr Haus, das mit allem ausgestattet war, was hier fehlte. Und mehr. Immerhin gab es hier einen Grill, und Mike würde das zu wissen schätzen. Bis das Haus wohnfertig war, würden sie im Hotel in der Stadt bleiben.

Das letzte, was Herr Beier seiner Mieterin aus Amerika zeigen wollte, war der Garten. Er war enorm stolz auf seinen Garten, sein grünes Paradies. Er zeigte auf seine Kastanienbäume, besonders den Baum auf der rechten Seite, der ihm besonders am Herzen lag, aber auch der linke war nicht zu verachten. Beide setzten im Frühling atemberaubend schöne Kerzen auf, und die Früchte, die sie später in ihren unvergleichlich grünen Schalen bargen, waren einzigartig. Ein Kastanienbaum im Blütenzauber, gab es etwas schöneres auf der ganzen Welt? Im Wald dahinter gab es wohl etliche Kastanienbäume, aber keine so prächtig wie die seinen.

Er machte sie auch auf den Grill aufmerksam, ein niedriges Ziegelrund mit einem Gitter darüber in der Mitte des Gartens. Das Gras war schön mit Gänseblümchen und Löwenzahn durchsetzt, eine grün-weiß-gelb gesprenkelte Fläche, mehr Blumenwiese als Rasen, eine Augenweide, fand er. Konrad fand „Augenweide" nicht in seinem Wörterbuch, und ließ die Übersetzung sein. Die Amerikanerin schien nichts dagegen zu haben.

„Ein idealer Platz zum Sonnenbaden," rief Herr Beier und wies auf den Gartentisch mit Sesseln auf der Terrasse.

„Sunbathing," sagte Konrad und war wieder sehr mit sich zufrieden. Auch Herr Beier war zufrieden. Das Ganze war glänzend gelaufen. Konrad hatte sich mindestens einen Zehner, zehn Pfennige, verdient.

Catherine hatte noch eine Frage: Gab es denn keine Garage?

Herr Beier hatte schon verstanden, und er sagte, „Sorry, keine Garage." Und zu Konrad sagte er, „Sag der Mrs. Collins doch bitte, sie soll ihr Auto doch mit zwei Rädern auf dem Gehsteig parken, sonst kann kein anderes daran vorbeifahren, und dann werden die Nachbarn ja leider sauer." Er war froh, dass sein Volkswagen wie immer sicher auf dem Kirchplatz geparkt war. Man konnte ja nie wissen, wenn einem so ein Straßenkreuzer begegnete, was da alles passieren konnte. Andrerseits war es nicht so, dass sich ein Strom von Auto durch die Erasmus-von-Rotterdam Straße schlängelte, und es gab keinen Grund, weshalb ein Nachbar wegen des eines Straßenkreuzers sauer werden sollte. Konrad übersetzte alles bis auf den letzten Teil. Er war bemüht, alles Unangenehme zu verschweigen, um die Amerikanerin bei guter Laune zu halten. Er war noch immer am Überlegen, wie er es bewerkstelligen konnte, dass er irgendwie, irgendwann einmal in diesem Traum von Auto mitfahren konnte. Sein Vater fuhr einen uralten Volkswagen, der gut zweimal in den Oldsmobile passte, oder so schien es ihm und er vorne auf dem Kirchplatz geparkt war. So fügte er abschließend hinzu, „It's a very nice neighborhood." Catherine musste ihm zustimmen. Die Nachbarschaft war hübsch, ruhig, ein kleiner Wald hinter dem Zaun, fast idyllisch.

Aber ach, die Nachbarn.

Aber ach, die Nachbarn

Durch Mikes Sekretärin fand Catherine in der nächsten größeren Stadt eine Versandfirma, wo sie ihre Einrichtung bestellen konnte. Die Möbel wurden die folgende Woche geliefert. Wie versprochen war Herr Beier zu Hause und übersah das Auspacken und Ausladen und Hereinbringen und Aufstellen des Mobiliars. Auch die Nachbarn waren zufällig zum größten Teil zu Hause und halfen Herrn Beier beim Übersehen, mit Einsichten und Ansichten und allgemeinen Bemerkungen.

„Ist das ein gelbes Sofa, was ich da sehe?" rief Frau Beck und stellte ihr Fernglas besser ein. „Mit einem roten Sessel? Der sieht ja aus wie ein Ei. Waldemar, schau nur."

„Och nein, das gibt's wohl nicht. Und ein anderer Sessel, lila, so ein Drehsessel. Deutsch ist das auf jeden Fall nicht. Soll das etwa Schwedisch," entrüstete sich Herr Dornmüller. „Meiner Ansicht nach viel zu krass und modern, da steckt kein Einfallsreichtum dahinter. Mir ist das Spartanische, Funktionale viel lieber. Nehmen Sie zum Beispiel den Jeep, der ist ja so funktional…"

Ursel Beier hatte sich vorsichtshalber gleich neben ihren Mann auf die Straße gestellt für den Fall, dass er ihre Hilfe benötigen sollte. „Und schau nur, der Sofatisch! Hat der nicht eine Ähnlichkeit mit einer Niere? Na, so etwas hässliches habe ich noch nie gesehen. Ich würde mir nie eine Niere ins Wohnzimmer stellen. Und das Bett, schau nur."

„Wo," fragte Herr Beier, „Wo ist das Bett? Ach, das da? Sehr modern, extrem modern. Gefällt mir gut. Es lässt sich bestimmt gut drin schlafen."

„Also, mir gefällt unser altdeutsches ja viel besser," meinte Frau Beier etwas spitz, „ist ja viel gemütlicher, dunkel und eben altdeutsch. Und dir doch auch, nicht wahr?"

„Naja, über Geschmack lässt sich ja bekanntlich streiten," meinte Herr Beier ausweichend. Er musste diplomatisch vorgehen. Je mehr von dem Mobiliar er sah, desto besser gefiel es im. Das Moderne, fand er, passte zu Amerika. Und zu der Amerikanerin mit dem kastanienbraunen Haar. Es hatte so etwas von New York an sich. Oder Hollywood. Oder beides.

„Wie du meinst," sagte Frau Beier kurzangebunden und zuckte die Schulter. Sie mochte ihre eigene Einrichtung, die sie vor dem Krieg günstig gekauft hatten. Viel dunkles schweres Holz, das etwas repräsentierte, auf die Ewigkeit gemacht war, nicht so ein amerikanischer Schnickschnack. Niemand würde sie beschuldigen, das Geld leichtsinnig hinaus zu- werfen wie diese Amerikaner, die nicht wussten, wohin mit all ihren Dollars.

Sie hatte die Amerikanerin das erste Mal vom Fenster aus beobachtet und sich sofort entschlossen, sie nicht zu mögen. „Sie will aussehen wie ein Filmstar," hatte sie zu ihrem Mann gesagt. „Ich würde ja nie so ein Kopftuch tragen, und dazu noch die Sonnenbrille. Und ich wette, sie hatte ein Korsett an. Nur mit einem Korsett kann man so eine Taille haben. Nein, das war zu viel. Also so würde ich mich nie so auf die Straße trauen."

Und Herr Beier hatte darauf nur gesagt, „Findest du?"

In dem Moment stand es für Frau Beier fest, dass sie nie und nimmer gut auf die Amerikanerin zu sprechen sein würde. Nicht heute. Nicht morgen. Nie. Die Wand zwischen ihnen beiden war nicht Wand genug. Selbst zehn Wände hätten nicht ausgereicht.

„Das ist ja eine Wäschetrockenmaschine," begeisterte sich Frau Bamberger, als die vorletzte Kiste ausgepackt wurde. „Darüber habe ich erst neulich gelesen. Da braucht man die Wäscheleine im Garten nicht mehr. Bei Schnee und Regen trockene Wäsche. Was werden die als Nächstes erfinden? Einen Staubsauger, der selbst und von alleine überall staubsaugt?"

Frau Spätling vom Schlafzimmerfenster in Nummer elf schrie plötzlich auf, als wäre ihr eine Maus über die Füße gelaufen. Aber sie hatte nur einen Blick in die letzte Kiste geworfen, die unter ihrer Nase geöffnet wurde.

„Schatz, schau nur. Ein Fernsehgerät. Ein richtiges Fernsehgerät. Och du lieber, das erste Fernsehgerät in unserer Nachbarschaft, vielleicht in unserer Stadt. Wie groß es ist." Frau Spätling konnte ihren Augen nicht trauen.

„Huch, ist das ein Fernsehgerät?" schrie Herr Linde und beugte sich weit aus dem Wohnzimmerfenster nebenan heraus, um genauer zu sehen, was da jetzt noch ausgepackt wurde. „Sehe ich richtig, ist das ein Fernsehgerät? Was sagt mein Volksbrockhaus darüber? F... Fern.... Fernseher. Die Anzahl der Fernsehteilnehmer ... 1952 gab es in den USA bereits 15 Millionen Teilnehmer, in Großbritannien 1,45 Millionen, in Frankreich knapp 11.000 und in der Bundesrepublik Deutschland rund 300. zu berichten. Och, wir sind wieder mal die letzten..."

„Nur abwarten, Herr Linde," sagte Herr Dornmüller. „Unser Wirtschaftswunder ist auf bestem Wege. Da werden die letzten die ersten sein. Die werden noch staunen."

Herr Beier machte es sich zur Aufgabe, alle Möbel im Haus so aufstellen zu lassen, wie es ihm selbst gefallen hätte. Er erwartete die Amerikanerin am nächsten Tag. Er hatte sogar daran gedacht, einen kleinen Blumenstrauß von der Friedhofsgärtnerei für den Küchentisch zu kaufen, das Tüpfelchen auf dem „i". Catherine kam am folgenden Tag und begutachtete alles und lobte ihn. „Well done, thank you. Sehr gut. Danke schön." Er folgte ihr wie ihr Schatten in die Küche und sah, dass sie den Blumenstrauß auf dem Küchentisch bemerkte und sogar lächelte. Er hatte gute Arbeit geleistet; er war glücklich. Hatte er es doch gewusst, dass sie beide den gleichen Geschmack hatten. Wie oft findet man das schon auf der Welt! Er hatte das Nest fertig gemacht und sie war bereit, in den nächsten Tagen dort einzuziehen.

Nach dem Einzug in ihr halbes Haus, wann immer Catharine mit Penny, mit oder ohne Mike, in ihr Oldsmobile einstieg, öffneten sich Fenster über ihr und um sie herum, und egal, zu welcher Tageszeit, füllten sich mit Kissen und Menschen, die auf sie hinab oder hinübersahen, ohne dabei das geringste Zeichen einer menschlichen Verständigung zu zeigen oder sogar erlauben. Anfangs hatte Catherine geglaubt, ein freundliches Zuwinken könnte in einer gleichen Reaktion resultieren, aber die Gesichter hatten sie nur weiterhin unverhohlen neugierig beobachtet, und niemand hatte auch nur eine Hand gehoben, um ihr Winken zu erwidern, oder ihr ein Lächeln zu zeigen, und nach dem dritten Versuch hatte sie das Winken schließlich sein lassen.

Warum liegen sie nur immer in ihren Fenstern? Und warum sind wir Objekte ihrer Neugierde, fragte Catherine sich immer wieder, ohne eine richtige Antwort zu finden. Haben die Leute nichts anderes zu tun, als aus den Fenstern zu gucken und zu sehen, was ich gerade tue? Wer machte den Haushalt? Wer kochte? Wann schliefen die Menschen?

Mike versuchte sein bestes, eine Antwort darauf zu finden. Möglich, sagte er, dass sie zu alt sind zum Arbeiten, oder dass sie Hausfrauen sind, die sich gerade zu einer Pause ins Fenster legen. Oder dass sie noch nie Amerikaner gesehen hatten, besonders eine so hübsche Frau wie seine Catherine.

Sie mögen uns Amerikaner nicht, meinte sie. Es ist keine offene Unfreundlichkeit. Man sieht uns, aber man lehnt uns ab. Neulich, in der Zeitung das Foto von Berlin, wo jemand auf eine Mauer geschrieben hatte, Ami go home. Wenn das keine Zurückweisung war, was war es dann?

Aber nein, meinte er, und sah von der Zeitung Stars and Stripes auf. Wie kommst du nur darauf. Natürlich mögen sie uns, sie brauchen uns. Ohne uns gäbe es keinen Frieden. Sie haben Angst vor dem Osten, und da gibt es genügend Gründe dafür. Sie sind doch dankbar, dass wir Amerikaner hier sind, und nicht die Sowjets. Also, ganz im Gegenteil. Er faltete die Zeitung zusammen. Good Will Ambassadors, sagte er, das ist unsere Rolle hier. Sie sollen sehen, dass unser Weg der bessere ist als der im Osten. Da lese ich gerade, Die Integration in Europa ist ein lebendiges Beispiel für gelebte Demokratie, und das ist die einzige Antwort auf das kommunistische Programm, heißt es in der Regierung. Ja, das ist möglich. Aber ich denke, dass wir ihnen einen Weg zeigen, der ihrem überlegen sein könnte. Und jetzt, nach der Gründung Westdeutschlands sind wir die wichtigste militärische Kraft in Westdeutschland

Vielleicht sind sie neidisch, sagte Catherine.

Vielleicht. Aber schau mal, dieses Foto zum Beispiel, vom Marienplatz, das ist in Munich. Ein Plakat unserer amerikanischen Militärverwaltung mit Bildern aus dem Konzentrationslager Dachau. Die Überschrift ist, Diese Schandtaten, Eure Schuld.

Catherine dachte nach und sagte schließlich, was ich nicht verstehe ist, warum es solche Plakate überhaupt geben muss. Meinst du nicht, die fühlen sich sowieso schuldig?

Normalerweise ja. Aber seit dem Krieg müssen sie überleben. Von einem Tag auf den nächsten. Da ist nicht viel Zeit übrig für Schuldgefühle.

Die da mitgemacht haben, Teil der Nazimaschine. Was denken die Leute über die Verbrechen der Nazis, die Konzentrationslager?

Sie denken nicht darüber nach, sagte Mike.

Aber Millionen von Juden? fragte Catherine.

Da ist kein Platz in ihren Gedanken und Gefühlen.

Aber sie mögen uns Amerikaner nicht, oder?

Es heißt, dass die Mittelschicht der Deutschen misstrauisch gegen uns sind. Sie denken, wir wollen ihre traditionellen Werte untergraben. Da hört man Dinge wie, die Amerikaner sind die Feinde. Oder ganz Amerika ist kulturelles Wasteland.

Sie kennen uns doch gar nicht.

Genau. Wir sind ihnen fremd, und unsere Kultur auch. Daher sagen sie, wir hätten keine.

Vielleicht kompensieren sie die Tatsache, dass sie den Krieg verloren haben dadurch, dass sie uns negative beurteilen. Ich kann mir nicht vorstellen, wie das wäre, an ihrer Stelle zu sein.

Die meisten sind nicht an Politik interessiert. Erst das Überleben, dann die Politik und alles andere.

Aber das alles erklärt nicht, warum sie viel Zeit haben auf ihren Kissen in den Fenstern liegen und die Straße beobachten, wo es doch überhaupt nichts zu sehen gibt, sagte Catherine.

„Do you know why?"

Darauf hatte auch Mike keine Antwort.

Fünfzehn Häuser machten die Erasmus-von-Rotterdam Straße aus. Bis auf das Pfarrhaus vorne am Platz waren es enge Doppelhäuser aus der Vorkriegszeit, ein kleiner Vorgarten mit oder ohne einen Obstbaum, eine Gemüsegarten hinter dem Haus. Die Straße schien alt, die Bewohner älter, und wenn älter, auch oft einsam. Allein mit den Geistern der Vergangenheit. Konrad war das einzige Kind in der Straße. In zehn der fünfzehn Häuser spielte sich das Leben in den Fenstern ab.

Von jeher hatten die Nachbarn die Gepflogenheit, große Kissen in ihre Fenster zu legen und, bequem auf ihre Ellbogen gestützt, neben ihren Eltern genau zu beobachten, was sich da alles auf der Erasmus-von-Rotterdam Straße ereignete. Ihre Fenster ersetzten Unterhaltungsromane und die Tageszeitung, waren billiger als das Kino. Durch das Fenster hatte man Kontakt mit der großen weiten Welt, ohne dass man das Städtchen verlassen musste. Wer mit wem kam und wer mit wem ging. Hatte die Nachbarin von der Nummer vier schon wieder ein neuer Mantel? Seit wann hinkte denn der Herr Linde von der Nummer elf? Das riecht nach Schnitz, was da aus dem Fenster der Nürnbergers die Straße hinaufweht. Was gab es denn sonst an Neuem in der Nachbarschaft?

Wenn Konrad Beier mit seinen Hausaufgaben fertig war, sah er manchmal kurz aus dem Fenster. Er war in dem Alter, in dem er sich vielem überlegen meinte und da galt es auch, sich lustig zu machen über die Kissen in den Fenstern und über die Leute, die darauf gestützt auf die Straße sahen. Er dachte, dass es wirklich nichts zu sehen gab. Wenn es wenigstens Autos gäbe, die durch die Straße fuhren, das hätte ihn beeindruckt. Man hätte dann die Farbe und Größe und Marke kommentieren können, -- aber bislang gab es mehr Pferdefuhrwerke in der Stadt als Autos, alte Motorräder, klapprige Fahrräder. Und hin und wieder ein Auto.

Sein Vater hatte vor drei Jahren, als er zusammen mit seinem Schwager, der einen Bauernhof hatte, und einem Onkel in das Tankstellengeschäft einstieg, einen gebrauchten Volkswagen ersteigert, der sein ganzer Stolz war. Die Tankstelle hatte einem Mann gehört, der noch Kriegsgefangener war und seine Familie musste sie verkaufen. Der alte Volkswagen brachte genug Geld ein für Eier und Speck vom Bauernhof des Schwagers.

Konrads Mutter, Frau Beier war damals anderer Meinung gewesen und protestierte tagelang gegen die Anschaffung eines Autos. „Wer braucht denn heutzutage ein Auto? Es gibt doch schon wieder Busse, die hin und wieder verkehrten. Und so ein Auto braucht Benzin. Wir haben nicht einmal genug zu essen!" Worauf er sagte, „Ein ordentlicher Mann braucht ein ordentliches Auto. Und ein ordentliches Auto bring Ordnung in das Leben." Konrad stand auf der Seite des Vaters.

Er träumte davon, eines Tages einen Borgward zu fahren. Autoträume waren zahlreich in der Straße. Herr Linde hoffte, sich eines Tages einen weißen Opel Kapitän leisten zu können, obwohl der Volkswagen, den er zusammen mit einer Tankstelle erstanden hatte, noch in erstaunlich guter Form war.

Frau Bambergers Autotraum hatte sich vielleicht schon erfüllt, sah sie doch einen neuen Porsche in ihrem alten Hanomag, den ihr Mann zu Kriegsanfang unter einer Schicht von altem Gerümpel im Schuppen im Hinterhof versteckt hatte, um zu verhindern, dass er von der Nazi Partei konfisziert wurde. „Ein Pfund Blech, ein Pfund Lack, fertig ist der Hanomag," sagte er damals schon, und das Auto schien unzerstörbar. Seit ein paar Jahren holte sie das Auto hin und wieder aus dem Schuppen und fuhr die Erasmus-von-Rotterdam Straße dreimal auf und ab, und parkte es dann wieder im Hinterhof. „Mein Porsche," nannte sie ihn zärtlich, „es gibt keinen Ersatz," und die Nachbarn nickten verständnisvoll.

Für die meisten der Nachbarn galt, dass sie noch eine ungewisse Zeit auf ein Auto warten mussten, wenn sie überhaupt eines kaufen wollten. Bis dahin hatten sie anderes im Sinn. Arbeit und Sparen, den Gürtel enger schnallen. Verzicht auf alles, was nicht notwendig war, und ein Auto fiel in die Kategorie des Nichtnotwendigen. Außerdem konnte man immer den Bus nehmen, das Fahrrad, den Leiterwagen, hin und wieder ein Pferdefuhrwerk. Irgendwann in der Zukunft, wenn es von Nöten war, würden sie sich schon eins kaufen können, und wenn nicht, dann gab es das Fenster. Mit der Familie aus Chicago in der Nachbarschaft hatten die Fenster eine neue Dimension angenommen. Sie gewährten den Bewohnern die Möglichkeit, einen Blick auf diese großartige neue Welt, Amerika, zu erhaschen. Dankbarkeit, wie Mike vermutetet, hätte eventuell der eine oder andere Gedanke sein können, den der eine oder andere Nachbar hegte. Insgesamt gingen die Gedanken der Nachbarn jedoch in eine andere Richtung. Zum einen fragten sie sich, wer die blonde Frau überhaupt war. Warum die blonde Frau mit dem großen Straßenkreuzer ihnen überhaupt zuwinkte. Warum man nichts weiter von ihr wusste.

Herr Beier war da keine gute Informationsquelle. Wenn jemand etwas in Erfahrung bringen konnte, war er es, war er doch jeden Freitag im Garten nebenan und mähte die Rasenwiese. Niemand hatte diese Art von Zugang zu den Amis wie er. Aber er schwieg eisern. Frau Beier wusste nur, dass die Amerikanerin so gut wie nie kochte und dass das Kind im Garten mit Puppen und Stofftieren, sogar einem grünen Roller spielte. Es wurde nie Wäsche im Garten aufgehängt, die nähere Auskunft über die Familie aus Chicago hätte geben können. Aber stattdessen nichts, gar nichts. Man hörte hin und wieder moderne amerikanische Musik durch die Wände, und das war auch schon alles. Man sah sie nie in den Fenstern auf Kissen liegen. Man sah selbst die Frau und das Mädchen nie auf der Straße spazieren gehen, geschweige denn den Ami selbst. Die Nachbarn waren ratlos.

Ja, sagte Frau Beier, sie wüsste das alles nur weil sie hin und wieder einen Blick über den Zaun warf beim Wäscheaufhängen. Nein, neugierig war sie natürlich nicht. Es war nicht ihre Art. Vor allem nicht mit der Amerikanerin.

„Ist wahrscheinlich die Fernsehunterhaltung, die sie haben. Ich wäre auch den ganzen Tag vor so einem Fernseher, wenn wir einen hätten," sagte Frau Spätling, und Herr Linde nickte. „So ein Fernseher wäre sicher besser als mein Volksbrockhaus."

Nur Herr Trompeter, Hausnummer sechs, der als der einzige in der Straße seinen beträchtlichen Bauchumfang sicher durch den Krieg gebracht hatte, beschwerte sich bei jedem, der es hören wollte, dass man sich auf die Seite drehen musste, um sich überhaupt an dem Straßenkreuzer vorbeiquetschen zu können.

„Aber sie parkt doch mit zwei Rädern auf dem Gehsteig," räumte Herr Beier ein.

„Trotzdem nimmt der Straßenkreuzer immer noch mehr als die Mitte der Straße ein," behauptete Herr Trompeter. „Wer hat ihr denn überhaupt das Fahren beigebracht?"

„Vielleicht parkte man so in Amerika," meinte Frau Bamberger.

„Sicher ist das so," sagte Herr Beier bestimmt. „Amerika ist eben ein größeres Land als Deutschland, und daher gibt es auch mehr Platz zum Parken. Die Amis sind eben weiter in gewissen Dingen als wir, und Frau Collins ist übrigens eine ausgezeichnete Fahrerin. Das kann man doch sehen."

„Frauen!" sagten die Männer.

„Amis!" sagten die Frauen.

„Es scheint mir, dass der Herr Beier scharf auf die Amerikanerin ist," sagte Frau Bamberger. „Ich muss sagen, sie ist eine fesche Frau, sicher gut situiert. Wenn ich den ganzen Tag so eine Fernsehunterhaltung hätte, dann ginge es mir auch gut."

Aber was war mit all dem Winken? Was hatte das alles auf sich? Tun die so etwas in Amerika? Winken? Oder kannte man sich denn schon?

„Der Beier hat einen großen Fehler gemacht. Was will er denn mit all dem Geld machen? Das bringt doch nur Unglück." Frau Beck war am Fenster erschien, das Fernglas in der linken Hand, eine Zigarre in der rechten. Sie hatte vor ein paar Monaten Gefallen an Waldemars Tabakwaren gefunden. Zuerst hatte sie nur die Zigarrenkiste aufgemacht und gierig den Tabakgeruch eingeatmet. Huch, Waldemar, magst du den Geruch wirklich? Dann hatte sie sich eine angezündet und war überrascht, wie scheußlich die schmeckte. Die zweite war schon weniger scheußlich, und nach einem Dutzend hatte sie eine Art Befriedigung am Rauchen der Zigarren gefunden. Sie fühlte sich ihrem Mann näher, besonders wenn sie inhalierte. Waldemar, was denkst du? Ihr Mann hätte den Beier sicher auch gewarnt, aber die Sache war ja sonnenklar: der wollte die Situation ausnutzen und von Amis die zehnfache Miete bekommen, die er von Einheimischen hätte verlangen können. Das hat er nun davon. Amis mit denen man sich nicht einmal unterhalten konnte, und die einem stattdessen zuwinkten und ihr Haus mit gelben und lila Möbel und einem Fernseher füllten, nicht zu erwähnen die großen Autos, welche die ganze Straße einnahmen, so dass man nicht einmal mehr in Ruhe spazieren gehen konnte. Und sich daran vorbeiquetschen musste, wie der arme Herr Trompeter. Sie war nicht sicher, wohin sie das Fernglas richten sollte, und durchsuchte die ganze Straße, ohne etwas Bemerkenswertes zu finden. Nicht einmal eine schwarze Katze oder zumindest eine Krähe. Keine Unglücksboten, nur langweilige Harmonie.

„Ja, und warum winkt die denn eigentlich dauernd? Das ist schon wirklich sehr mysteriös," sagte Herr Linde. Er hatte der größeren Bequemlichkeit willen das Sofakissen mit dem Federkissen der Frau Spätling ins Fenster gelegt, das grösser und weicher war als seines. Sein Ausguck war vom Wohnzimmerfenster aus, welches gleich neben dem Wohnzimmerbuffet war.

„Haben Sie die schon kennengelernt? Hat man sich schon vorgestellt? Oder ist das denn so Sitte bei den Yankees, dass man einfach winken tut, als wie wenn man im Kindergarten wäre und die Leute schon kennen täte?" wunderte Herr Dornmüller sich.

Frau Beck wusste die Antwort auf die Frage des Winkens auch nicht. „Schauen Sie doch einmal in Ihrem Brockhaus nach, Herr Linde," sagte sie und zündete ihre Zigarre zum wiederholten Male an. Wie brachte ihr Waldemar das früher zustande, dass ihm die Zigarre nie ausging? „Vielleicht findet man die Antwort dort.

Waldemar, warum geht das verflixte Ding dauernd aus? Bei dir haben sie stundenlang gebrannt. Was mache ich nur falsch?"

Herr Linde bewahrte seinen Volksbrockhaus A bis Z in seinem Wohnzimmerbuffet auf. Er hatte ihn vor über zwanzig Jahren zu einem sehr günstigen Preis von der einer Familie in der Altstadt erworben, die eines Tages alles verkaufen musste und am nächsten Tag schon unauffindbar war.

Er musste nur die Hand ausstrecken, und schon hatte er Zugang zu der ganzen Welt, die in seinem dicken Volksbrockhaus auf Entdeckung wartete. „Winken in Amerika," sagte er und überflog die Seiten. „W. Wi. Win. Steht fein nichts drin über Winken. Da bin ich mir nicht sicher, das ist alles ziemlich mysteriös. Ein seltener Fall. Da hilft nicht einmal der Volksbrockhaus " sagte er und schüttelte den Kopf. Er schlug das Buch zu, dass es durch die Erasmus-von-Rotterdam Straße nur so hallte und schallte. Er hätte nicht so viel für das Buch bezahlen sollen.

Frau Beck nickte erst und schüttelte dann auch den Kopf. Wenn selbst der Volksbrockhaus A-Z keine Information zu diesem Thema lieferte, dann hieß das so viel wie, dass es keine Erklärung für dieses Verhalten der Amerikaner gab. Verdammte Zigarren, hätte sie doch nicht erst damit angefangen, schon wieder ausgegangen. Pardon, Waldemar.

Die fesche Frau Bamberger, Hausnummer vier, die gewöhnlich über allem stand und sich nur in Nachbarschaftsdiskurse einmischte, wenn sie andere einer besseren Meinung belehren konnte, konnte es sich nicht nehmen zu erwähnen, dass sie in Filmen schon des Öfteren diese Art von Winken gesehen hatte. Sie war auf kultureller Ebene bestens informiert, fuhr sie doch immer früher mit ihrem Hanomag auf der ganzen Welt herum, war immer irgendwo auf Urlaub und kam immer braungebrannt aus dem Urlaub zurück.

„Wie zum Beispiel einmal auf Capri, da habe ich diese Art von Winken einmal bemerkt. Eine höher gestellte Gesellschaft, ich nehme an, das waren Amerikaner, gegenüber von meinem Hotel, da winkten sich die Frauen gegenseitig zu. Ist ja möglich, dass unsere Ami das auch so tun," meinte sie.

Ihr Kommentar war allgemein und an alle gerichtet, doch Frau Spätling konnte ihren Neid schlecht verbergen. Dass die Bamberger aber auch immer so angeben musste. Noch dazu Capri! Die war nie im Leben in Capri. Balkonien vielleicht, aber doch nicht Capri. Laut sagte sie, „Ja, ich dachte, Sie wären auch schon in Amerika gewesen. Dann waren Sie wohl noch gar nicht in Amerika? Ich höre dass Florida doch ganz schön sein muss, der Strand und so?"

„Für einen braunen Teint, ja, das ist es. Und übrigens, Herr Linde, kennen Sie den Freien Körper Kultur Strand oben an der Nordsee? Ich mag so etwas sehr. Bin auch selbst immer nahtlos braungebrannt. Möchten Sie mal sehen?"

„Untersteh dich," fauchte Frau Spätling ihren Oskar Linde an, bevor der etwas erwidern konnte. „Das ist doch die Höhe."

Frau Bamberger lachte amüsiert, winkte den Nachbarn im Allgemeinen und Herrn Linde im Besonderen und ziemlich aufreizend zu, und schloss das Fenster.

Herr Beier nickte. „Tja," sagte er zu seiner Frau, „da hast du's. Der Erasmus, recht hat er. Oh Herr Gott lass mehr Gras wachsen. Unsere Straße ist außergewöhnlich dumm, und es wird den Leuten guttun, internationale Luft um die Nase geweht zu bekommen. Ich hätte nichts Besseres tun können als an die Amis zu vermieten."

„Das mag schon sein," sagte Frau Beier, „aber hast du dir mal überlegt, dass wir uns wirklich so einen Volksbrockhaus anschaffen sollten. Auch unser Konrad würde davon profitieren. Ein gediegenes Haus braucht einfach einen Volksbrockhaus. natürlich kostet das Geld, aber wir sparen ja auch wirklich genug."

„Ach, du mit deinem gediegenen Haus. Du kannst doch schnell mal den Linde fragen, wenn du was wissen willst. Da müssen wir nicht erst noch so einen Staubfänger ins Haus holen."

Insgeheim dachte er aber über die Collins nach. Er war entschlossen, Catherine jeden Wunsch von den Augen abzulesen, egal was es koste. Er wollte ihr den Lebensstandard bieten, den sie gewohnt war, und das war nur recht und in Ordnung. Solange es nicht allzu viel kostete. Seine Frau Ursel führte Buch, und sie würde ihn dann fragen, wofür dies und wofür das. Neulich, den Blumenstrauß von der Friedhofsgärtnerei. Er hätte ihr keine einleuchtende Antwort geben können für diese Ausgabe und war erleichtert, dass sie diese Kosten nicht mitbekommen hatte. Ein gewisser Lebensstandard kostete eben, aber dafür hatte er auch die dreifache Miete. Auch wenn das nicht ausreichte für einen Lebensstandard ,wie Catherine ihn gewohnt war.

Ein tiefer Seufzer entrang sich der Brust des Herrn Beiers. Das Leben eines Hausherrn war nicht beneidenswert. So viele Probleme. Aber eine dreifache Miete war auch nicht zu verachten.

„Ursel," schrie er, „bring mir meine Pantoffel und mein Pils. Jetzt sofort gleich."

Und Ursel brachte das Gewünschte heran, und der Herr des Hauses war's wieder zufrieden.

Bis dahin und nicht weiter

Die Kinder sind unsere besten Verbündeten, sie sind unsere Hoffnung, meinte Colonel Michael J. Collins zu Catherine. Sie mögen uns. All die Kaugummi und Hershey Bars. Wenn ihre Eltern ihnen sagen, dass Amerika ein Wasteland ist, lachen sie. Die junge Generation akzeptiert uns als Sieger, und bei ihnen haben wir die besten Chancen. Obwohl die Regierung nicht der Meinung ist und stattdessen versucht, die Jugend vor uns zu retten. Wenn wir sie auf unserer Seite haben, ist die Demokratisierung schon in der Tasche.

Du meinst Kinder wie Konrad?

Na klar. Was meinst du, sollen wir ihn mitnehmen, wenn wir an die Grenze fahren?

Catherine dachte, dass das eine gute Idee war. Ob seine Eltern damit einverstanden waren, das war eine andere Frage. Sie hatte ihre Zweifel. Frau Beier gab nicht den Eindruck, sie besonders zu mögen. Sie nahm ihr Cassells Dictionary heraus und machte sich an die Arbeit, ein paar Sätze auf Deutsch vorzubereiten.

Sie läutet bei der Hausnummer zwölf. Frau Beier öffnete die Haustür, trocknete die Hände an der Schürze ab und betrachtete sie misstrauisch.

„Guten Tag, Frau Beier," sagte Catherine. „Wir wollen fragen, ob Konrad mit uns an die Grenze fahren möchte. Morgen."

Herr Beier tauchte hinter seiner Frau auf und begrüßte die Nachbarin wie eine lang vermisste beste Freundin. Er hatte sie das letzte Mal den Tag vorher gesehen. Im Garten, als er seiner Frau half, die Wäsche aufzuhängen, eine Tätigkeit, auf die er vorher nie gekommen wäre. „Lass mal," hatte er gesagt, „ich habe das schon immer mal tun wollen." Ursel hatte genau gesehen, dass er dabei immer wieder über den Zaun schielte. Die Amerikanerin saß am Tisch auf der Terrasse und schrieb, das kleine Mädchen spielte mit einem Roller. Und jetzt dieses Getue. Frau Beier war nicht gut zu sprechen auf das Benehmen ihres Angetrauten.

„Aber natürlich, der Konrad wird sich ganz besonders freuen. Wann wollen Sie denn fahren?" fragte Herr Beier und schob seine Frau auf die Seite.

„Morgen um 10 Uhr," sagte Catherine. Das alles lief reibungsloser als sie es sich vorgestellt hatte. Ihr Deutsch musste sich sehr verbessert haben.

„Nein," sagte Frau Beier, „geht nicht. Mein Sohn ist in der Schule."

„Ach so, ja," sagte Herr Beier. „Das stimmt. Er ist in der Schule."

Eins zu null Ursel Beier.

„Hm," überlegte Catherine. „Vielleicht am Samstag?"

„Na ist doch herrlich, ja, Samstag passt. Ausgezeichnet sogar." Herr Beier strahlte über das ganze Gesicht. Frau Beier biss sich auf die Lippe. Unentschieden. Für den Moment.

Herr Beier hatte Konrad eingeschärft, bis auf weiteres als Fremdenführer für die amerikanischen Gäste zu agieren und

Konrad hatte sich dementsprechend vorbereitet. Er hatte sich mit dem Geschichtslehrer der Schule, Herrn Professor Schmidt, unterhalten, ihn nach Einzelheiten zu der Grenze gefragt und hatte die Information auf einen Notizblock geschrieben, den er seinem Vater zeigte. Herr Beier war es zufrieden; der Sohn war vielversprechend.

Es war ein herrlicher Sommertag, nicht eine einzige Wolke in Sicht.

Die Collins waren gleich nach dem Frühstück losgefahren mit dem Konrad vom Nachbarhaus auf dem Rücksitz neben Penny. Mike hatte das Sonnendach des Oldsmobile zurückgefaltet und ließ sich und seinen Passagieren den Fahrtwind um die Ohren wehen.

Herr Beier hatte seinem Sohn anhand einer zerfallenden Landkarte die Richtung notiert, worauf der Sohn beleidigt reagiert hatte.

„Vati, das weiß ich doch alles. Ich weiß doch, wie man zur Grenze fährt, Vati. Bin doch kein kleiner Junge mehr." Trotzdem war er jetzt froh, den Zettel vor sich zu haben, um die Richtungen vorzulesen.

Die Erasmus-von-Rotterdam Straße bis vor zum Kirchplatz, dann links in die Bahnhof Straße.

„Good!"

Die Fahrt gab ihm Gelegenheit, sein Englisch anzuwenden. Selbst Dornmüller hatte widerwillig zugeben müssen, dass sein Englisch irgendwie besser klang als vor dem Einzug der Collins nebenan.

Jetzt rechts in die Pestalozzi Straße, dann ein Platz, Postplatz, dann in die Goethe Straße.

„Wait," sagte er und vergewisserte sich, dass die Goethe Straße auch wirklich in die Ringstraße mündete.

„Yes, that's right," genau wie sein Vater gesagt hatte. Er sah das Straßenschild, B22. Von da an immer geradeaus, bis zum Dorf an der Grenze.

Er lehnte sich in den Sitz des Kabriolett zurück und ließ den Wind durch seine Haare wehen. Er war sich dessen nicht bewusst, aber er sah wie eine Cheshire Katze aus, mit einem Grinsen, das zu groß für sein Gesicht war und noch auf dem Sitz hängen geblieben wäre, hätte er sich selbst in Nichts aufgelöst. Am liebsten wäre er aufgestanden und hätte den Passanten, die erstaunt auf das Oldsmobile schauten, zugeschrien, dass dies der beste Tag in seinem Leben war.

„Juhu, schaut mal alle her. Juhu. Ihr dort drüben. Hier bin ich. Der Konrad Beier in einem Oldsmobile Kabriolett. Gibt es etwas Schöneres auf der Welt?"

Stattdessen breitete er seine Arme weit über den Rücksitz aus und genoss, wie er noch nie etwas genossen hatte, ein verzücktes Lächeln tief ins Gesicht gegraben.

Catherine knote ihr Seidentuch fester unter dem Kinn zusammen; egal, die braunen Haare wehten ihr um Augen und Nase. Sie drehte sich zu Penny um, die alle Hände voll hatte, ihren weißen Strohhut, der ohnehin unter dem Kinn gebunden war, festzuhalten, damit er nicht davon flog. Konrad trug ein dümmliches Grinsen von einem Ohr zum anderen, seine Nase zur Sonne emporgehoben und schien in einer anderen Welt zu sein.

Sie hatte vor ihrer Übersiedlung alles über Deutschland gelesen, was sie nur in die Hände bekommen konnte. Man musste, wie sie an ihre Mutter Susan Carcerano schrieb, zwischen Stadt und Land unterscheiden. Die Großstädte vor allem zeigten noch fünf, sechs Jahre nach Kriegsende immer noch die Zerstörung durch die Bombardierungen. Stars und Stripes druckte Fotos mit Straßen voller Schutt zerstörter Häuser, Figuren des Schwarzmarkts, die sich um Fleisch und Eier gruppierten, amerikanische Soldaten, lächelnd, auf Panzern, die Süßigkeiten an Kinder verteilten. Auf dem Land gab es wenige Zeichen, die auf einen Krieg hindeuteten. Es war eine karge und doch atemberaubende Schönheit. Die sanften Hügel mit ausgedehnten Fichtenwäldern bewachsen, so dicht, dass sie dunkel und kühl erschienen. Malerische Täler voll bunte Wiesen und sprudelnden Bächen mit kristallklarem Wasser. Hin und wieder eine mittelalterlichen Burg, die der Landschaft eine romantische Note verliehen. Ein Eindruck völligen Friedens. Die kleineren Städtchen waren größtenteils von Bombenangriffen verschont. Der Baedeker schwieg sich über das Städtchen aus, in welchem die Familie stationiert war. Catherine fand es weder romantisch oder gar hübsch. Es hatte keinen sehenswerten mittelalterlichen Kern, wie andere in dieser Gegend. Fabriken und Brauereien beherrschten das Stadtbild. Die Bewohner schienen die Kargheit der Landschaft widerzuspiegeln. Bekannte in Chicago hatten sie gewarnt, dass die Deutschen allgemein als unfreundlich galten, und sie hatte darauf geantwortet, natürlich, wer könnte es ihnen verdenken. Nur einige Jahre nach Kriegsende, das Leben konnte kein Kinderspiel sein.

Chicago. Wie weit weg von hier das war. Sie vermisste ihr Zuhause mehr als sie erwartet hatte. Alles war so viel leichter dort, aber das war natürlich zu erwarten. Hier hatte sie wenigstens die Kaserne mit ihren Geschäften, Supermärkten und Restaurants. Und das war schon etwas, wofür sie froh war. In ihr Zuhause-auf-Zeit würde sie demnächst einziehen. Die Möbel waren schon geliefert, eine weitere Sendung mit Hausrat aus Chicago war unterwegs. Der Vermieter war überaus behilflich. Sie dachte an ihre erste Besichtigung des Hauses in der die Erasmus-von-Rotterdam Straße. Hatte alles in diesem Land so lange Namen? Alles schien so kompliziert und ungewohnt für sie, und sich wunderte sich mit einem Anflug von Panik, wie sie die nächsten drei Jahre hier überstehen würde. Sicher, sie erinnerte sich an einfache Worte und einige Grammatikregeln, aber sie traute sich nicht zu, ein längeres Gespräch auf Deutsch zu führen. Und doch hatte die Gelegenheit Deutsch zu lernen, zu ihrem Entschluss beigetragen, Mike auf die Überseeposition zu folgen. Bis zu ihrer Heirat hatte sie an einer Schule in Chicago unterrichtet und ihren Job erst aufgegeben, als Penny auf die Welt kam. Im College hatte sie ein Studium in Italienisch abgeschlossen, und wie Mike ermutigend sagte, „wenn du eine Sprache gelernt hast, ist es nicht schwer, eine andere zu lernen. Du hast das Zeug dazu, das hast du schon bewiesen."

Ich weiß nicht, dachte sie, es ist alles ein bisschen überwältigend im Moment. So viele neue Eindrücke.

„Keine Sorge," sagte Mike, „ich will nur ein paar Fotos machen, sonst nichts. Null Risiko."

Sie hatten sich der der Grenze genähert und fanden auch gleich die Abbiegung in das Grenzdorf, ein unebener Feldweg, auf dem der Wagen vorsichtig weiterschaukelte. Das Dorf lag in einem Talkessel, ganz friedlich, dem Anschein nach, wie Catherine feststellte. Etliche Stacheldrahtzäune kamen in Sicht.

War das die Grenze, fragte Catherine. Mike sagte, nein, die sind zum gegenseitigen Schutz von Kühen und Menschen. Aber sie beharrte darauf, dass diese Zäune höher schienen, sie sahen gefährlicher aus und das gab ihr zu denken.

"I don't know, Mike. Should we go back? This is giving me the creeps," sagte Catherine und zog an ihrem Kopftuch, das sich schon wieder zu lösen drohte. „Let's go home. "

Konrad hatte das Gespräch mitgehört, und das meiste davon verstanden.

„Das ist die Grenze, dort unter. Der kleine Bach. Ist ganz ungefährlich," sagte er zu Catherine. „Nur ein kleiner Bach."

„We'll go back but only after I have shot some picture near the border, sweetheart," sagte Mike zu seiner Frau. "Here we are. There is nothing to it, darling, really."

Da war es schon, das kleine Dorf, eine Handvoll Bauernhäuser, ein Stall hier, ein Hof da, größere Hallengebäude in der Entfernung. Eine Holzbaute, primitiv gebaut. Mike zeigte auf einen kleinen Bach, der neben der Straße floss.

„This is the border?" fragte Mike. Konnte das die berüchtigte Grenze sein? Er fand die Harmlosigkeit des kleinen Baches, der so fröhlich dahinplätscherte, fast enttäuschend. Er hatte sich die Grenze als sichtbare Materialisierung des Eisernen Vorhangs sehr viel mehr dramatisch vorgestellt.

Konrad deutete auf ein größeres Haus, dessen Scheune direkt neben dem Bach stand. „Von dort," sagte er, „ist vor kurzem ein Mann aus Sachsen, ein Geschäftsmann, mit zwei Lastern über die Grenze geflüchtet. Mit zwei Grenzpolizisten, die auch auf die andere Seite wollten. Sie wurden von einem schwer bewaffneten sowjetischen Auto verfolgt. Darüber haben wir in der Schule gehört. Finde ich doch irre."

„Look, Penny, a soldier, " bemerkte Catherine, „Can you see the guard in his uniform?" Penny folgte ihrem ausgestreckten Arm.

"Even carrying a gun," fügte Mike hinzu und deutete auf das Gewehr des Grenzsoldaten. Der musste den Straßenkreuzer gesehen haben, tat aber nicht dergleichen. Wahrscheinlich gab es genug Besucher an dieser Grenze, die fast schon etwas Normales geworden war.

In diesem Moment nahm er es von seiner Schulter und nahm das Auto in sein Visier. Catherine hielt den Atem an und Penny verkündete laut, „he looks mean, Daddy."

„Everything is okay, darling," sagte Mike und strich seiner Frau über den Arm. Catherine wunderte sich laut, ob solche Männer von Natur aus gewalttätig waren, oder ob sie sich nur unwohl in ihrer Haut fühlten, sich vielleicht sogar schämten, so einen niederen Posten innezuhaben, einen Job, der von ihnen verlangte, auf Befehl auf ihre eigenen Genossen, Brüder, andere Menschen wie sie selbst schießen zu müssen.

Mike sah sie von der Seite her an und sagte dann, dass sie Militär waren, wie sie selbst. Egal ob Ost oder West, Militär hatte die gleiche Aufgabe, überall auf der Welt. Waffen zu haben und sie zu gebrauchen, wenn der Befehl dazu kam.

Am letzten Bauernhaus vorbeifahrend, sahen sie jetzt auf der rechten Seite der engen Straße etliche Warnschilder, die verkündeten,

BORDER
U S ZONE
GRENZE
AMERIKANISCHE
ZONE.

„Schaut," rief Konrad, „da ist das Schild. Das haben sie schon oft in der Zeitung gehabt."
Die Schilder schienen provisorisch, sieben hölzerne Bretter zusammengenagelt, mit Schablone beschriftet, auf einen Pfahl genagelt.
Wie primitiv, dachte Catherine. Und laut sagte sie, „So this is the peace border. It looks so temporary."
Mike nickte und meinte, man konnte nur darauf hoffen, dass das Ganze eine vorübergehende Situation sei. Ob er das glaube, fragte Catherine. Mike zuckte die Schulter. Nein, es sah nicht danach aus.
Auf der andere Seite des Baches verlief eine Straße und dahinter sah sie Wohngebäude, Gehöfte, ein paar Autos. Es gab keinen Unterschied zwischen den zwei Dörfern. Bis auf die zwei Soldaten in grauen Uniformen, die die Straße herunter auf sie zukamen. Catherine ergriff plötzlich Mikes Arm. „We really should go back."
„Yes, we will, in a moment, " sagte der Colonel. „Don't worry. I just want to shoot some pictures. "
Er brachte das Auto zum Stehen, und Konrad erinnerte sich seiner Aufgabe, die Gäste über die Grenzlage zu informieren. Er holte sein Notizbuch aus seinem Rucksack und begann daraus vorzulesen:
„Also, die Zahl der Einwohner ist ungefähr vierzig."

„Das ist ein kleines Dorf," meinte Catherine. „Wo wohnen die alle?"

„Ja, die wohnen teils auf der östlichen Seite, also der Deutschen Demokratischen Republik, teils in der Bundesrepublik Deutschland. Und oft sind es Familien, die seit hunderten von Jahren in diesem Dorf lebten."

„Eine Familie wohnt hier, und auf der anderen Seite? Ja, das ist doch ganz normal," sagte Catherine.

„Ja, und der Bach wird auch die Grüne Grenze, und auch Friedensgrenze genannt."

„Ha!" sagte Catherine. Hast du das gehört, Mike? Friedensgrenze, ha!

Mike nickte, und schüttelte dann den Kopf.

„Ja, genau, ironisch, " sagte Konrad. „Nun zur Geschichte der Grenze: Also, im April 1945 besetzten die Amerikaner das Dorf auf der Bayrischen Seite, aber dann zogen sie sich in die Besatzungszone zurück, die ihnen zugewiesen war.

„Ja, das ist wahr," sagte Mike.

„Genau. Dann marschierte die sowjetische Armee in das gesamte Dorf ein, was überhaupt nicht vereinbart war. Die Dorfbewohner tauften das Dorf auf Stalinburg um. Die Russen nagelten einen roten Sowjetstern auf das Haus, wo der Kommandant wohnte, und auch ein Bild Stalins. Es gab auch ein sowjetischen Postenhäuschen und einen Schlagbaum.

„Die hatten Nerven," sagte Catherine.

„Ja, genau. Und jetzt brauchten die Bewohner russisch-deutsche Ausweise, wenn sie von hier, also vom bayrischen Dorf ins thüringische Dorf gehen wollten."

„Das war der Anfang vom Ende," sagte Mike.

„Ja, genau. Das Problem war, dass viele der Menschen nicht nur Familie in dem anderen Teil haben, sie bewirtschaften auch Felder und Wiesen in der ganzen Umgebung."

„Ja," sagte Mike, „es ist ein natürlich gewachsenes Dorf, aber die Sowjets nehmen keine Rücksicht darauf."

„Genau," sagte Konrad.

„Und im darauffolgenden Jahr haben wir die Russen hinter den Bach zurückgedrängt, und wir haben das Dorf wieder mit Amerikanern besetzt." Sagte Mike.

„So ist es," sagte Konrad. „Wenn man jetzt über die Grenze will, braucht man einen Passagierschein und einen kleinen Grenzschein."

„Wirklich!" Sagte Catherine. „Als würde man ins Ausland gehen."

„Die Soldaten drüben sind sowjetische Soldaten und auch von der VoPo, das heißt Volkspolizei, und das ist die DDR-Polizei." Sagte Konrad. Er hatte noch einen Punkt, den sein Geschichtslehrer ihm gegeben hatte.

„Die Lage der Situation ist prekär. Das heißt also, die Bauern können noch Felder auf der anderen Seite bewirtschaften, aber nur unter der Aufsicht der VoPo. Und was die sagen, gilt. Ansonsten können die von ihren Gewehren Gebrauch machen."

„Du meinst, die könnten die Bauern erschießen?" fragte Catherine ungläubig.

„Ja, doch," sagte Konrad, „ich denke, das meine ich."

Um seine Gäste nicht völlig vor den Kopf zu stoßen, fügte er hinzu, „Ich habe gehört, dass es viel Schmuggel an der Grenze gibt, und viele Flüchtlinge schleichen sich jeden Tag herüber, oder sie bestechen die Wachen. Also ganz so schlimm ist es wahrscheinlich nicht, denke ich."

„Very good," sagte Mike und nahm die Kameratasche vom Sitz neben Penny.

„Penelope, do not move, stay with mommy, " sagte er. Das Kind wusste, schon mit ihren drei Jahren, dass, wenn Daddy Penelope sagte, es keinen Widerspruch gab.

„Ich komme mit," sagte Konrad und machte Anstalten, auszusteigen.

„No," sagte Mike, „Du bleibst hier mit the ladies."

The ladies! Konrad war sich seiner enormen Wichtigkeit bewusst. Er war der Beschützer der Gruppe und musste somit im Oldsmobile warten. Wie dufte war das!

Mike machte sich, die Kameratasche über der Schulter, auf den Weg zum Bach hinunter. Konrad stand im Auto, um eine bessere Übersicht zu bewahren über die Dinge, die da kommen konnten. Aus einem der alten Bauernhäusern, an denen sie vorbeigefahren waren, kam ein drahtiger alter Bauer in brauen Overalls und einem Filzhut herausgetreten und schaute zu, wie der hochgewachsene Fremde mit der Schildmütze langsam dem Bach entlang ging.

„Da, ein alter Bauer," rief Konrad.

Auf der Straße gegenüber erschien ein dritter Soldat und richtete ein Fernglas auf Mike.

„Da, ein sowjetischer Soldat. Mit Fernglas," rief Konrad. "Was will der?"

„O God, make him turn back. Please don't go so close to the border, " betete Catherine laut. Auch Penny verfolgte den Gang ihres Vaters und fragte, ob die jetzt wohl bald schießen würden.

Konrad war sprungbereit.

Catherine ignorierte die beiden auf dem Rücksitz völlig; ihre Hände waren so fest gefaltet, dass die weißen Knöchel sichtbar waren. Sie presste sie an ihre Lippen. „Please!"

Sie schrak zusammen, als plötzlich eine Stimme dicht neben ihr sagte: „Was will denn der so nah an der Grenze. Hat der des Schilder denn net gsehn?"

Catherine griff sich ans Herz. My God! Sie hatte den Mann nicht gesehen. „Ich nicht verstehe," sagte sie hilflos, „do you speak English?"

„Ah so, Amerikaner natürlich," sagte der Bauer, „do schauts her. Des ist wohl eine Attraktion. Des ist a Malheur, ein Schand' ist des. Mir ham Familie dort drübm, die Grenz geht mittn durchs Dorf hindurch. A Schand ist des, a richtiga Schand."

„Genau," sagte Konrad. „Da haben Sie recht."

Der Bauer musterte den Jungen überrascht, er hatte nicht erwartet, dass jemand in dem großen amerikanischen Wagen Deutsch sprach.

„Sagen Sie, schießen die Grenzsoldaten wirklich?" fragte Konrad.

„Na scho, was glaubst den du, die schießen wenn sie jemanden irgendwie denken dass der verdächtig ist, zu nah an die Grenze kommt oder so etwas," sagte der Bauer.

„Tatsächlich," sagte Konrad. Das war ja richtig abenteuerlich. So harmlos war der Bach also schon lange nicht mehr. Er konnte es kaum erwarten, das alles dem Colonel zu erzählen. Und seinem Vati. Der Catherine lieber nicht; er wollte die Ladies nicht unnötigerweise beunruhigen.

Catherine verstand kein Wort von dem Austausch zwischen dem Jungen und dem Bauern. Sie hörte nur eine endlose Reihe von ch-Lauten, unwiederholbaren Konsonantenketten, Vokale, die in der Luft zu explodieren schienen. Sie sah von dem Bauer zu Mike, der am Bach entlangschlenderte, und dann auf Konrad, der aus seinem verzückten Zustand aufgewacht schien und von dem, was der Bauer sagte, offensichtlich beeindruckt war.

„Was sagt der Mann?" fragte Catherine ihn, aber er winkte ab. „Nothing," sagte er. „It's okay, don't worry."

Sie machte sich Sorgen, natürlich machte sie sich Sorgen. Mike weit weg am Bach blieb endlich stehen. Er schien den richtigen Ort für seine Aufnahmen gefunden zu haben. Er nahm umständlich die Kamera aus der Ledertasche und hielt sie in Richtung Wachturm und die hohläugigen Gebäude dahinter. Er nahm sich so viel Zeit, dass Catherine ihre Gebete hörbar hervorpresste. „Hurry up, please, God, make him hurry. Hurry."

Mike suchte noch immer den richtigen Winkel, das richtige Licht für seine Aufnahmen. Es dauerte eine Ewigkeit, aber endlich war alles so, wie es sein sollte. Die drei Soldaten beobachteten Mike durch Ferngläser. Er schoss mindestens fünfzig Fotos, die meisten von den Wachsoldaten, die kein Auge von ihm ließen, von den Gebäuden dahinter, von der Landschaft, die der im Westen glich, nur ruhiger schien, trist und tonlos. Wie Spinnen, die darauf warten, dass ihr Opfer in ihr Netz geht, dachte Catherine. Dann endlich setzte er die Kamera ab, packte alles wieder in die Tasche, und winkte dem Auto zu. Gemächlich schlenderte er zum Auto zurück.

Der Bauer wartete noch immer neben dem Auto, starrte gemeinsam mit Catherine und Konrad auf Mike. Sobald der Besucher in Hörweite war, rief er ihm etwas zu. Mike schüttelte den Kopf. „Sorry, I don't understand."

„Nächstes Mal bleibens auf dem Weg. Net so nah an den Zaun gehen. Die schießen," wiederholte der Bauer. „Sags ihm," sagte er zu Konrad.

Ich muss wirklich Deutsch lernen, dachte Catherine.

Mike schüttelte wieder den Kopf und zuckte die Schultern. Der Bauer machte eine wegwerfende Bewegung und ging brummend und kopfschüttelnd wieder auf seinen Hof zurück. Etwas, das wie „Ami" klang, hörte Catherine ihn noch laut sagen.

„What did he say?" fragte Mike und Konrad, mit einem Blick auf die Ladies, während Catherine ihr Kopftuch fest um die Haare band, sagte diskret, „Nothing. Just to not go so close to the border. They might shoot."

"Really?"

Sie traten die Heimfahrt an.

Mike war zufrieden mit sich selbst und in Gedanken verloren. Seine Bucket List kam ihm in den Sinn. Die Liste seiner Lebensziele, die er schon früh in seinem Leben begonnen hatte, als er nach dem Abschluss seiner Ausbildung zum Ingenieur zur USAF ging. Das Ingenieurwesen lag ihm im Blut, das Militär seine Berufung. Die Collins waren seit Generationen Militärmänner die immer auch Lösungen für irgendwelche Probleme zu finden suchten. Getrennt oder zusammen. Wenn sie Lösungen für Militärprobleme finden konnten, waren sie in ihrem Element.

Der Urgroßvater war aus Irland eingewandert und kämpfte unter General Ulysses S. Grant im Amerikanischen Bürgerkrieg. Zwischendurch reparierte er Pferdefuhrwerke, und das gab seinem Leben einen besonderen Sinn. Ein Spruch war von ihm überliefert, von ihm oder von Ulysses S. Grant, das wusste man nicht so genau. Der Spruch hieß, „Die Kunst des Krieges ist einfach genug. Finde heraus, wo dein Feind ist. Packe ihn so schnell wie möglich. Schlage ihn so hart du kannst und mach weiter. Und weiter. Immer weiter."

Der Großvater hatte im Spanisch-Amerikanischen Krieg in der Karibik gekämpft. Nach dem Krieg übersiedelte er mit der Familie nach Chicago und fand Arbeit bei der Umkehrung des Chicago River. Dadurch wurde die östliche Hälfte der Vereinigten Staaten in eine Insel verwandelte Das war eine technische Meisterleistung, auf die er sein ganzes Leben lang stolz war. Daher auch sein erstes Motto, „Geografie ist Schicksal." Wenn es die Zeit erlaubte, fühlte er sich berufen, Taschenuhren auseinander zu nehmen und wieder zusammen zu setzen. Daher auch sein zweites Motto, „Man kann seine Uhr nicht anhalten um Zeit zu sparen." Er war der Soldat, Ingenieur, Uhrmacher und Philosoph der Familie.

Auch von Mikes Vater war ein Motto überliefert: „Im Krieg vergessen wir jede Toleranz." Im Ersten Weltkrieg war er mit dem 332. Infanterie Regiment in der Schlacht von Vittorio im italienischen Veneto dabei. Er war ein Mann des Militärs und wie sein Vater hatte auch er einen zweiten Spruch für privat: „Du kannst ein Pferd zum Wasser führen, aber du kannst es nicht zum Trinken bringen," eine leichte Abänderung eines Zitats von Henry Ford, den er sehr bewunderte. Neben Henry Ford und Pferden galt seine Leidenschaft der Erfindung und Produktion eines Katzennussknackers, der auch als Türstopper fungierte und in Kriegszeiten sogar eine patriotische Rolle annahm, indem er zur Deckung des Bronzebedarfs bei den amerikanischen Kriegsanstrengungen beitragen konnte.

Auf Mike hatte er einen entscheidenden Einfluss. Erblich belastet mit Militär, Organisation und Technik sah Mike sein Leben als einen Ablauf von Projekten, Aufgaben, die es zu koordinieren galt. Vom Entwurf zur Durchführung. Fortschritt des Projekts. Zeitpläne und Budget. Abschluss des Arbeitstages mit Zusammenfassung des Erreichten und Planung für die nächste Etappe. Das Militär lag ihm ebenso am Herzen wie Wissenschaft und Technik. Und durch einen besonderen Glücksfall, dem Erbe der Vorväter und dem Zweiten Weltkrieg, konnte er beides harmonisch in Verbindung bringen und war so der vierte in der langen Kette seiner Familie mit ähnlichen Ambitionen.

Bilanzziehen war eines seiner Lieblingsbeschäftigungen.

Wie an diesem Samstagmorgen, im Juni. Er saß am Steuer des Oldsmobile, das ein Geschenk seiner Schwiegereltern war, die berufliche Verbindungen zu der Handelsschiffbauindustrie hatten und den Wagen nach Europa verschiffen konnten. Ein halbes Jahr vorher war er nach seiner Ankunft in Germany mit dem Auto vom Hafen in Bremen, der ein Nachschubhafen für die amerikanischen Truppen war, in die Stadt gefahren und hatte mit Stolz und Erleichterung bemerkt, dass das zerbombten Hafengebiete schon repariert war, und die gesunkenen Schiffe geborgen.

„Die Deutschen werden viel lernen von den Amerikanern," hatte er an Catherine geschrieben, die noch in Chicago war und sich auf die Übersee Reise mit Tochter Penny vorbereitete. „Meine Aufgabe wird die Mitarbeit bei dem Projekt sein, die deutsche Nation so umzuerziehen und umzubauen, dass sie nie wieder den Frieden in Europa gefährden würde."

Er dachte an die Stimmen in den Reihen der amerikanischen Militärregierung, die nach einer harter Behandlung Deutschlands in der Nachkriegszeit riefen, aber er stimmte nicht damit überein. Was er sah war ein Land mit überwiegend Frauen und Kindern, die eine nachsichtigere Besatzung und freundschaftliche deutsch-amerikanische Nachkriegsbeziehungen brauchten, keine bestrafende Bevormundung.

Die Bilanz, die er an diesem Morgen am Steuer des Oldsmobile zog, war recht positiv. Er war auf dem Weg, große berufliche Erfolge zu erzielen. Seine persönlichen Ziele waren ebenfalls in Reichweite und teilweise schon erreicht: Die Welt sehen, Gutes tun, Catherine Carcerano heiraten, und mindestens zwei Kinder haben. Golf auf St. Andrews in Schottland spielen, und eine Safari im Serengeti Nationalpark machen. Grenze Ost-West besuchten.

Die Welt sehen, teilweise fürs erste.

Done.

Amerika verteidigen.

Done.

Catherine.

Done.

Familie.

Done. Oder vielmehr, eine Tochter. Done.

Colonel.

Done.

Heute konnte er noch einen Eintrag abhaken: die Grenze zwischen Ost- und West-Deutschland.

Done!

Catherines Spannung löste sich erst, als das Städtchen wieder in Sichtweite kam. Sie schwor sich, nie mehr in dieses Dorf zu fahren, wo sie solche Ängste um ihren Mann ausgestanden hatte. Und jedes Mal, noch Jahre später, wenn Colonel Michael S. Collins Freunden zu Hause über seine Stationierung in Germany erzählte und zu dieser Gelegenheit die Fotos zeigte, die er damals geschossen hatte, gestand Catherine jedem, der es hören wollte, dass sie Todesängste um Mike ausgestanden hatte.

"Darling," sagte Catherine, „I need to learn German." Sie hätte dann den Bauern an der Grenze besser verstehen können, und ohne mit den Leuten sprechen zu können, fühlte sie sich isoliert und ihr Aufenthalt in Germany war nichts weiter als eine Verschwendung.

Der Colonel war begeistert von der Idee. Dann, so hoffte er, würde ihr das Leben in der neuen Umgebung besser gefallen. Verständnis ist der Schlüssel zum Glücklichsein, sagte er und Catherine musste lächeln. Mike war der ewige Optimist, für ihn war nichts unmöglich. Sie sagte ihm immer wieder, er hätte für die Hallmark Brothers arbeiten sollen statt für das Militär.

Er grinste. „I know. That's me, Mr. Wonderful."

„So, wie war's?" fragte Herr Beier seinen Sohn, als sie sich zum Abendbrot um den Küchentisch setzten. Konrad hatte eine ganze Menge zu erzählen. Vom Oldsmobile, „ein ganz irres Auto, der Hammer!"; von der Sensation, in einem Kabriolett zu fahren, „richtig irre, ein richtiger Hammer, Mann!"; von dem Bach, der nicht mehr nur ein Bach war, sondern eine wirkliche Grenze markierte; von den Warnschildern und vor allem von den drei Wachsoldaten, die ihn im Visier hatten.

„Im Visier," rief Ursel. „Hast du das gehört, Hermann? Sie hatten ihn im Visier. Sie hätten auf ihn schießen können. Ich habe dir doch gesagt, dass ich nicht wollte, dass er mit den Amerikanern fährt. Aber nein, dir war das egal. Du wolltest nur einen guten Eindruck bei ihnen machen."

„Aber jetzt rege dich doch nicht so auf, Ursel," sagte Herr Beier. Und zu seinem Sohn sagte er, „Jetzt erzähle mal keine Märchen. Wer hat geschossen? Wo warst du? Und der Colonel? Was hat der gemacht, damit die auf euch schießen wollten?"

„Ja also," gab Konrad klein bei, „ich war im Auto. Als Beschützer der Ladies. Der Colonel wollte nicht, dass ich mit ihm mitgehe. Und geschossen hat eigentlich tatsächlich keiner. Ich meine, sie hatten sicher ein Gewehr mit, irgendwo. Aber niemand hat geschossen. Der Colonel ist nur zur Grenze gelaufen und hat ein paar Fotos gemacht. Sonst hat er nichts gemacht. Das ist alles."

„Na bitte," sagte Herr Beier zu seiner Frau und gab seinem Sohn eine Kopfnuss, „wozu diese Aufschneiderei? Du regst deine Mutter nur unnütz auf."

Herr Beier fühlte sich persönlich verantwortlich dafür, die Ehre der Amerikaner gerettet zu haben.

Als Catherines Vermieter, aber ganz besonders als ihr Verehrer. Mittelalterlich ritterlich, eine Art Minnesänger, und sonstiges.

Ein tiefer Seufzer der Zufriedenheit entrang sich der Brust des Herrn Beiers. Das Leben eines Hausherrn war nicht beneidenswert. So viele Probleme. Aber eine dreifache Miete war auch nicht zu verachten.

„Ursel," schrie er, „bring mir meine Pantoffel und mein Pils. Jetzt sofort gleich."

Und Ursel brachte das Gewünschte heran, und der Herr des Hauses war's wieder zufrieden.

Die Frau im Tweed Rock

„Tremel ist mein Name. Frau Mathilde Tremel. Ich bin Berlinerin. Seit einem Jahr wohne ich in diesem kleinen fränkischen. In meinem früheren Leben war ich Klavierlehrerin. Bis ich meinen Mann kennenlernte, den Lorenz. Das war nach dem ersten Weltkrieg. Ich war eben mal dreißig. Gab Klavierunterricht, privat. Ich hatte zwischen zwanzig und fünfundzwanzig Studenten. Nadja Boulanger war mein großes Vorbild. Sie war damals in Paris, sie komponierte und dirigierte. Ich hatte Talent, aber nicht ihr Talent. Immerhin reichte es zu Privatstunden, und das Gute war, dass ich auch weiterhin meinen Beruf ausüben konnte, nachdem Lorenz und ich heirateten. Lorenz war die erste und einzige Liebe meines Lebens. Ich konnte mir nichts Schöneres vorstellen als für ihn da zu sein, ihn zu umsorgen. Er war Englischlehrer an einer Oberschule, und er war zweimal nach England gereist. Sein Traum war es, nach

Amerika auszuwandern, aber dann kam Hitler, der nächste Krieg, und aus dem Traum wurde nichts. Mein Lorenz hatte eine Leidenschaft für alles Englische. Er hätte einen guten Lord abgegeben, mit seinem edlen Kopf, dem dunklen gelockten Haar, ein voller Mund, sogar ein Grübchen am Kinn, er war ein schöner Mann, ein Mann von einer noblen Erscheinung. Als er damals eingezogen wurde, wohin sie ihn schicken würden, das wussten wir nicht, da hat er mir zum Abschied noch gesagt, wegen seiner Schellackplatten. Die Zukunft war so ungewiss, so beängstigend. Aber er sagte mir, ich soll, wenn möglich gut auf seine Schellackplatten aufpassen, besonders die von Maximilian Delphinius Berlitz, Sie retten vor was immer da auf uns zukommen würde. Die waren sein ein und alles, in die hatte er ein halbes Monatsgehalt gesteckt. Das waren sie ihm wert. Er war doch fest überzeugt, dass sie ihm bei seiner englischen Aussprache besonders geholfen hatten. Und der andre Grund war der Maximilian Delphinius Berlitz selbst. Na, erst einmal der Name! Der hieß eigentlich David Berlizheimer. Ich erinnere mich an den Namen, weil wir es famos fanden, dass er den langen Namen so ganz genial gekürzt hatte, Berlitz, leicht zum Erinnern. Und außerdem Delphinius. Lorenz sagte, dass das der Nachname des griechischen Gotts Apoll war. Jedenfalls kannten wir niemanden mit dem Namen Delphinius. Oder Maximilian. Der hatte nur sechzig Jahre früher eine Sprachschule gegründet, in Amerika, in Povidence, Rhode Island. Das hätte mein Lorenz auch zu gerne mal machen wollen. Er hatte immer den größten Respekt für Männer, die ihr Leben selbst in die Hand nehmen. Der hat es zu etwas Besonderem gebracht, hat er immer gesagt. Nun ja, das mag schon sein. Mein Lorenz, der hatte leider nie die Gelegenheit, etwas Besonderes aus seinem Leben zu machen. Der Hitler hat ihm die Zukunft geklaut. Die Leute haben dem Hitler geglaubt, dem Lügner, dass er ihr Leben besser machen würde. Er hatte nur seine eigenen Interessen im Sinn, das Volk war ihm egal. In den Tod hat er sie getrieben. Seitdem habe ich viel nachgedacht, wie es zu all dem kommen konnte, sechs Millionen Juden, achtzig Millionen Menschen alles in allem. Nach dem ersten Weltkrieg dachte ich immer, dass eine Generation lang genug ist, um sich an den Tod und die Gräuel des Krieges zu erinnern, und neue Kriege zu vermeiden. Aber das hat überhaupt nichts damit zu tun. Ich denke mir, vor zehntausend Jahren oder so, als die Menschen nicht mehr Sammler und Jäger waren, da mussten sie zusammenhalten, hatten die gleichen Rechte, Frauen wie Männer. Als sie dann an einem Ort sesshaft wurden, da fingen sie an, Teile der Erde als ihr Eigentum zu betrachten. Sie mussten das Eigentum gegen andere verteidigen. Manche waren stärker, manche schwächer. Die stärkeren wurden als Helden bewundert, die schwächeren wurden ausgenutzt. Die Stärkeren wollten mehr besitzen von der Umgebung, von der Nahrung, und sie brauchten Sündenböcke, damit sie den Krieg um das Mehr rechtfertigen konnten, und von denen, die dafür herhalten mussten, gab es genug. Menschen, die anders aussahen, an anderes glaubten, Frauen, Kinder. Wie lange soll das noch so weitergehen. Jetzt muss endlich Schluss damit sein. Jeder Mensch besitzt eine unantastbare Würde. Unantastbare Würde. Wenn wir das endlich begreifen und uns gegenseitig helfen gegen die Legitimierung, dass Gewalt in unserer Natur liegt, dann werden wir Mensch sein. Wie wir das erreichen? Ist doch nicht schwer. Für Gerechtigkeit stehen, gegen Despoten protestieren, ein Mensch den Menschen sein. Aber was wollte ich noch sagen? Ach ja, den Hitler hasse ich wie die Pest. Immer noch, und bis zu meinem letzten Atemzug. Und sage mir keiner, dass es keinen Unterschied gibt zwischen Hitler und Stalin. Beide haben Millionen von Menschen getötet. Des einen Ideologie basierte auf Rassismus und Antisemitismus, und des anderen auf der Schaffung eines totalitären Regimes. Hitler versuchte, ganze Gruppen von Menschen, besonders Juden, auszurotten, Stalin die Gesellschaft total zu kontrollieren. Ich hatte Freunde und Nachbarn, die in der Nacht von den Nazis abgeholt wurden. Die Leute sagen heute, und oft meinen sie es tatsächlich, sie hätten von nichts gewusst. Sie haben es alle gewusst. Die Gerüchte von der Exterminierung der Juden, ihr Verschwinden. Das Abtransportieren zu Arbeitslagern ist eine Sache. Die Vernichtung von Millionen ist eine ganz andere. Der abscheulich süßliche Gestank von verbranntem Menschenfleisch, das ist unverwechselbar. Das müssten wir doch alle gewusst haben. Wir alle tragen die Schuld. Nach dem Krieg bin ich oft durch die Ruine Berlin gegangen, hab mich an die Namen der Straßen erinnert, die es nicht mehr gab. Die Schuldfrage, immer wieder. Heuss sagt, dass wir von diesen Dingen wussten. Natürlich. Aber die Vergangenheit wird überall totgeschwiegen. Ach! Verschollen, das haben sie mir gesagt. Nicht einmal ein anständiges Begräbnis konnte ich ihm geben. Diese Bande. Kriegsende und ich war Kriegerwitwe, Witwe durch den Krieg. Das ist nicht doch auch nichts Normales. Wir hatten keine Chance für ein glückliches langes Leben zusammen. Es war machtpolitisch, total abwegig und sinnlos. Die Gemeinheit meines Landes, das ihn von mir riss, als wir gerade in der Mitte unseres Lebens standen. Wir hatten Pläne. Wollten ein Mädchen und einen Buben. Wollten zusammen lachen und alt werden, reisen. Zusammen sein in guten wie in bösen Tagen, bis dass der Tod euch scheidet. Nach dem Krieg wollten die anderen nur mit der Normalität beginnen, Mann Frau Kind, das war normal, und ich die Übriggebliebene, die Abnormale, allein, ohne Mann, ohne Kind, hungrig, voller Angst vor den Russen, vor dem Leben. Nur mit en Berlitz English auf Schellackplatten. Ich passte überhaupt nicht rein. Wenn ich irgendetwas war, dann war ich eine Erinnerung an den Krieg, die jeder vergessen wollte. Meine Rente, als die endlich kam, wie die von einer Million anderer Witwen, war zu wenig zum Leben und zu viel zum Sterben. Der Staat, die Ämter, sie alle sehen mich als Bedürftige, und sie wollen nun Information, immer wieder, über meine private Angelegenheiten, immer soll ich Auskunft geben. Der Amtsschimmel hat nie so laut gewiehert wie jetzt. Ich habe den Verdacht, sie müssen ihre Existenz rechtfertigten, deshalb sprießen sie überall aus dem Boden wie Unkraut im Frühling. Nee, nicht mit mir! Und sie sagen uns immer wieder, unaufhörlich, dass wir nicht in das Bild einer Normalfamilie passten, wir helfen nicht beim Normalisieren. Wir Kriegerwitwen sind ein Dorn in ihrer Seite. Eine Erinnerung an die schlimmen Zeiten. Eine Anklage an den Staat. Es passt nicht in die Propaganda der Regierung. Enthaltsamkeit und Zurückhaltung sollen wir üben, sagten sie mir damals. Ich weiß noch immer nicht, was das bedeutet, Enthaltsamkeit und Zurückhaltung? Wessen soll ich mich enthalten? Essen? Leben? Warum begraben sie uns nicht gleich am lebendigen Leib? Zum Teufel habe ich damals gesagt, zum Teufel mit der ganzen Bagage. Ich mache das nicht länger mit. Da hatte ich nun die Plattensammlung heil durch den Krieg durchgebracht, durch die Bombennächte, und das war alles, was noch von meinem Lorenz übrig war. So, was nun? Ich lerne Englisch, dachte ich, die Amerikaner sind die Sieger, Englisch ist im Kommen. Und das ist praktischer als Klavierstunden. Also an die Schellackplatten! Jeden Tag geübt, mit dem Maximilian Delphinius. „Besondere Anleitungen für Konversations-englisch." Mein Lorenz wäre stolz auf mich gewesen, denn das war kein leichtes Unternehmen. Ich hatte noch nie etwas anderes als Deutsch gesprochen. Noch dazu Englisch. Die Aussprache ist eine separate Sprache, hat er immer gesagt. Gut. Nach fünf Jahren war ich bereit, mich um einen Posten umzusehen. Und die Ämter haben das nicht gern gesehen. Ich, die ich ganz sicher einem womöglich kriegsgeschädigten Mann die Arbeit wegnehme, hätte der Familienminister das genannt. Es war mir auch klar, dass ich schlechter bezahlt werden würde weil ich eine Frau bin. Egal, ich bekam dann die Position einer Englischlehrerin an einer Volksschule, nicht in Berlin, sondern in dieser kleinen Stadt, wieder egal, Arbeit ist Arbeit. Niemand will heute Lehrer sein. 180 Mark im Monat. In Frankreich würde ich das doppelte verdienen. Anfangs dachte ich, Berlin verlassen? Nie! Aber dann war die Lage in der Stadt so unsicher. Viele sind aus Berlin weg, die Stadt ist ja hermetisch abgeriegelt. Also kam ich hierher. Anfangs hab ich den Umzug bereut, aber manchmal habe ich das Gefühl, dass ich diese Gegend nie mehr vermissen möchte. Komisch ist das. Dass ich, wenn mich das Schicksal wieder irgendwo weit weg von hier verschlagen würde, immer von der Lieblichkeit Frankens träumen würde, der sanften Landschaft umgeben von Hügeln und Wiesen, das Rauschen in den Bäumen, wenn man durch so einen Fichtenwald läuft. Komisch, wirklich. Sogar das Städtchen hier hat seinen ganz eigenen Charm. Nein, nicht die offensichtliche Fachwerkhausromantik anderer Städtchen. Aber die kleinen engen Gässchen, ganz versteckt. Die alte Stadtmauer unten am Fluss. Die ausgetretenen Steintreppen hier und da. Das alte Gymnasium, das schon ein halbes Jahrhundert lang dort steht. Natürlich vermisse ich Berlin, meine Bekannten dort, die es nicht mehr gibt, die Cafés, die nicht mehr existieren, mein altes Leben, das vorbei ist. Hier fand mich die Einsamkeit, zuerst war es bedrückend. Aber dann suchte ich das Positive, denn in diesen Zeiten lohnt es sich, Optimist zu sein. Und so wusste ich es zu schätzen, dass es hier fast keine Kriegsschäden gab, oder zumindest viel weniger als in großen Städten – wie in Berlin. Klein fand ich alles hier, aber die Kehrseite ist, dass es übersichtlich ist.

Andere Städtchen in der Nähe sind fast durchwegs hübscher, mittelalterlicher, charmanter, wollen schneller dein Herz erobern als diese Stadt, auf den ersten Blick. Aber dann erschließt sie sich langsam, zögernd, eine spröde Geliebte, als galt es, einen Schatz preis zu geben. Der Stadtpark ist ausgesprochen schön; ich gehe dort stundenlang spazieren. Die Mundart, die hier gesprochen wird, ist weicher als das Berlinerische. Wenn man durch die Altstadt geht, läuft man auf Goethes Spuren (sicherlich ist er nicht durch die Altstadt gelaufen, sondern hat in einem Hotel dort eine Nacht verbracht). Das sind einige der Schätze, die mir ins Auge gefallen sind. Auch gibt es hier billige Wohnungen, wie meine, billig im Vergleich zu Berlin, und ich kann zu Fuß zu meiner Arbeit laufen. Die Wohnung im ersten Stock, das Haus, ein altes Haus das früher sicher mal attraktiv war. Da sind Spuren eines alten Fachwerks, aber die Holzbalken müssten dringend repariert werden, denn es macht den Eindruck, dass es ganz schief steht. Ist aber, wie gesagt, nur der Holzbalken. Der Vermieter hat das Haus von seinen Eltern geerbt, schon vor dem Krieg, und er selbst lebt in einer anderen Stadt und lässt uns Mieter in Ruhe. Solange er die monatliche Miete kassieren kann, ist er zufrieden. Die Miete ist spottbillig im Vergleich zu Berlin, da kann man schon mal ein undichtes Dach in Kauf nehmen. Nicht bei mir, aber in der Mansarde über mir, was sage ich, Mansarde! Ein Verschlag unter dem Dach, neben dem Wäscheboden, eine Rumpelkammer. Da wohnt eine Flüchtlingsfrau, die Anneliese, jetzt habe ich doch den Nachnamen vergessen, fast noch ein Mädel, aber die kann sich zu helfen wissen. Hofmann, ja das ist es, Hofmann. Sie arbeitet tagaus, tagein in der Baumwollspinnerei, und lebt ganz allein. Ich selbst hatte nie Kinder, der Krieg! Wenn ich das arme Mädel im Treppenhaus sehe, denke ich oft, du armes Kind. Du armes, armes Kind. Aber Flüchtlinge sind gut im Überleben, sie haben keine andere Wahl, und nichts kann sie klein kriegen. Naja, ein schiefes Haus, ein gerades Haus, das ist mir egal. In meinem Wohnzimmer habe ich es mir gemütlich eingerichtet, und wenn man einen Schrank so an die Wand stellt, dass nichts danebensteht, oder wenn schon, dann muss man das eben auf eine Weise machen, dass alles gerade scheint. Hauptsache, ich habe ein Dach über dem Kopf. Wie gesagt, behaglich eingerichtet ist es, noch mit zwei Ohrensesseln aus der früheren Wohnung und dem alten Plüschsofa meiner Mutter. Sogar das schwarze Teegeschirr aus Japan hab ich noch, das mit den weißen eingelegten Blüten, Perlmutt oder Alabaster nehme ich an, welches mein Mann mir einmal von einer Reise mitbrachte. Nicht dass er je in Japan war. Obwohl ihn das sicher auch interessiert hätte. Zweimal in England war er, bei der Großtante eines seiner Schüler, irgendwo im Norden, Lake District glaube ich hieß die Gegend. Er hatte es dort in einem Geschäft gesehen und es hat ihm so gut gefallen, dass er es kaufte und mir mitbrachte. Er liebte England. Er sagte immer, meine Seele ist Englisch. Ich wollte auch immer einmal nach England reisen oder sogar nach Amerika, das Ausland fasziniert mich grenzenlos. Interessanterweise ist es ja bei uns im Augenblick, ja man kann fast sagen, international, mit den vielen Leuten, die aus aller Herren Ländern kommen und sich hier niederlassen. Hier eine neue Heimat gefunden haben. Obwohl sie es oft nicht als Heimat empfinden. Das mit der Heimat ist überhaupt so eine Sache. Die Nazis haben das Wort besudelt, es hört sich nicht mehr gut an. Aber es gibt kein anderes Wort dafür. Kein Synonym. Und dieses Wort Heimat, das wollen wir nicht mehr verwenden, weil wir uns davon distanzieren wollen, dass wir verantwortlich waren für das, was diese Verbrechen getan haben. Aber das Wort ist wichtig, und wir brauchen es, für uns selbst. Es beschreibt doch das, was wir kennen von klein auf, was wir verabscheuen oder lieb haben, oder beides. Wenn ich den Ausspruch einer Dichterin vorwegnehmen darf, die viele Jahre nach mir sagen wird: „Ich glaube, dass man das Zuhause nie verlassen kann; ich glaube, dass man die Schatten, die Träume, die Ängste und die Drachen der Heimat unter der Haut trägt, in den äußersten Augenwinkeln und möglicherweise im Knorpel des Ohrläppchens." Ich hätte es nicht besser ausdrücken können. Wie gut diese Worte sind. Das fühlen auch die Mieter, die bei mir unten im Erdgeschoss wohnen. Sie sind ebenfalls Flüchtlinge, also ebenfalls ist nicht richtig, ich bin ja kein Flüchtling, sondern bin eigentlich nur übersiedelt, und technisch bin ich ja nicht geflüchtet, wie das Fräulein Hofmann aus Ostpreußen, oder aber eben die Mieter aus dem Untergeschoss, die mit dem letzten Zug aus dem Sudetenland hierherkamen. Heimatvertriebene. Buchstäblich nur das, was sie auf dem Rücken trugen. Da war keine Zeit zum großen Einpacken und Planen, die Tschechen gaben ihnen ein paar Minuten, ihre Wohnung zu räumen und das war's dann schon. Ja, jedenfalls, ich wollte schon immer mal die Welt kennenlernen. Aber der Krieg hat uns da allen einen Strich durch die Rechnung gemacht. Wir sind die Survivors, wie es im Englischen heißt, die Überlebenden, und das ist das Einzige, was wichtig ist. Aber ich zähle mich zu den Glücklichen, ich habe die Plattensammlung meines Mannes, und darüber hinaus gönne ich mir hin und wieder eine der neuen Vinylplatten mit den Klavierkonzerten von Mozart und auch Beethoven. Ja, ich habe eine besondere Affinität zu Beethoven, stand doch mein Lorenz in einer direkten Nachfolge zu dem Dichter von Beethovens Neunter, oder genauer gesagt dem vierten Satz diese Sinfonie, ja, tatsächlich, Schiller. Der Text, die Worte alle Menschen werden Brüder, wo dein sanfter Flügel weilt, das allein gibt mir Mut für die Zukunft. Und auch die Amerikaner, die seit etlichen Jahren bei uns in der Stadt eingezogen sind, auch die geben mir Grund zur Hoffnung. Demokratie, das gibt mir Hoffnung. Dass die jungen Leute aufwachsen mit dem Vorsatz, dass es nie mehr Kriege geben darf, das gibt mir Hoffnung. Obwohl ich da meine Zweifel habe, ob das je Wirklichkeit werden wird. Seit kurzem gibt es in unserem Städtchen ein Amerika Haus mit speziellen Programmen für Kinder und Frauen, und ich bin dort, sooft ich nur kann. Eine super Idee, die die Amerikaner da hatten. Ich hatte schon einmal die Gelegenheit, einer amerikanischen Familie Deutschunterricht zu geben, und der Einblick in ihre Welt, das war schon interessant. Die Amerikaner haben mich unlängst wieder gefragt, ob ich einer anderen Familie Deutschunterricht geben konnte, und natürlich habe ich Ja gesagt. Man darf die Hoffnung nie aufgeben, dass wir gerechter werden, fairer miteinander umgehen, die Würde des anderen als unantastbar ehren. Eines Tages, vielleicht, werden wir alle Brüder werden. Nur dann haben wir eine Chance für eine menschliche Brüderschaft."

Leben in dieser Stadt

Liebe Mama,

Stell dir vor, ich nehme seit vorletzter Woche Deutschunterricht, den Mikes Sekretärin arrangiert hat. Der Untereicht findet bei uns zu Hause statt. Meine Lehrerin stammt aus Berlin, sie heißt Tremel, den Vornamen weiß ich nicht. Die Deutschen benutzen immer nur den Familiennamen, es ist viel formaler hier als bei uns daheim. Aber ich mag sie. Sie scheint in deinem Alter, nett mit einer Engelsgeduld, die ich auf jeden Fall benötigen werde. Sie hat silbergraues Haar, das sie in einen Zopf geflochten um den Kopf trägt, was ihr ein überaus altmodisches, typisch deutsches Aussehen verleiht.

Die vier Male, die sie hier war, hat sie immer denselben Rock getragen, einen braunen Tweed, der eine Handbreit über den Fußknöcheln endete. Ich wundere mich, ob sie genug zum Anziehen hat. Vielleicht ist er ihre Lehreruniform. Sie hat ein nettes Lächeln, das sie viel jünger erscheinen lässt. Penny scheint jeden Tag ein bisschen mehr zu wachsen. Sie liebt es, ihren Roller im Garten auf und ab zu fahren. Sie fragt jeden Tag nach Dir, wir alle vermissen Dich und Dad sehr.

*** *** ***

Liebe Mama,

Danke für deinen lieben Brief, und auch für Dein Angebot, der Frau Tremel ein care package zu schicken. Ich würde davon abraten, die Zeit dafür scheint schon vorbei zu sein und es könnte sie beleidigen.

Meines Wissens war Frau Tremel nie eine Nonne. Sie war Hausfrau, Klavierlehrerin und seit dem Krieg ist sie Witwe.

Ich vergaß, Dir zu schreiben, dass sie Englisch an der Volksschule unterrichtet, und gottseidank kann ich mit ihr auf Englisch über Dinge sprechen, die mir hier rätselhaft erscheinen, und sie hat immer eine gute Erklärung dafür. Ich habe so viele Fragen, und sie kennt die Gepflogenheiten und die Geschichte dieses Landes auf jeden Fall besser als ich.

Ich kann dir gar nicht sagen, wie viele neue Eindrücke ich jeden Tag habe. Und vieles von der Sprache, was ich vor Jahren in der High School lernte, dringt wieder an die Oberfläche. Ich habe vielleicht unfaire Vorurteile gegen die deutsche Sprache, finde sie hässlich, aber Frau Tremel sagt, dass das nicht so ist. Vielleicht kommt dieses Vorurteil von der Nazi Propaganda her, die militaristisch war mit ihren hässlich-gebrüllten Befehlen, die der Sprache keinen guten Dienst erwiesen hatten. Aber Deutsch war das nicht wirklich, was man da so in den Nachrichten gehört hatte, in den news reels und so, sagte sie.

Frau Tremel schlägt vor dass ich, wenn ich so weit bin, Gedichte lese von Eichendorff und Goethe und eine Sprache höre, die in Zärtlichkeit und Liebe dem Italienischen oder Französischen in nichts nachstand. Naja, mal sehen. Wir üben viel mit der Aussprache, alle die Konsonanten und Vokale, besonders die Umlaute...

*** *** ***

Liebste Mama,

Fürchterlich, was der Clark Familie in Cicero geschah, nur weil sie in eine weiße Nachbarschaft einziehen wollten. Ich schäme mich richtig für die Weißen, die ihr so etwas angetan haben. Danke für den Leitartikel von der Chicago Tribune. „Wenn Mehrheiten richtig sind, dann nicht, weil sie Mehrheiten sind, sondern weil sie Recht haben. Wenn Mehrheiten ihre Macht missbrauchen, um einer Minderheit Unrecht zuzufügen, haben sie immer Unrecht." Wir sind froh, dass diese Zeitung den Mut hat, das Richtige zu tun. Man hat auch hier über den Cicero Race Riot berichtet und es hieß, dass es der erste Rassenaufstand war, der im lokalen Fernsehen übertragen wurde. Viertausend weiße Randalierer waren daran beteiligt, meistens Jugendliche. Wie fürchterlich! Du fragst, wie es den Deutschen finanziell, beruflich usw. geht. Man sagt hier, dass sich das Land langsam erholt, sie sprechen sogar davon, dass es in einigen Jahren einen wirtschaftlichen Boom geben soll. Nein, über Hitler wird nur dann gesprochen, wenn die Leute sich über die Gegenwart beschweren. Dann wird er heraufbeschworen wie ein hässliches Gespenst. Der Mord an den Juden wird mit keinem Wort erwähnt. Manchmal frage ich mich, ob sie alle an Gedächtnisschwund leiden.

Ja, ich denke manchmal an Mark Twain und seinen Aufsatz über die Schreckliche deutsche Sprache. Er hatte vollkommen recht mit seinen Beobachtungen. Es gibt viele Flüchtlinge hier in dieser Stadt, wie ich unlängst von der Deutschlehrerin erfahren habe. Schreckliche Geschichten von einer Nachbarin, die als dreijähriges Mädchen aus Ostpreußen fliehen musste, nachdem die Eltern von der russischen Armee ermordet worden waren. Eine Bekannte hatte Mitleid mit ihr und hat sie mit auf die Flucht genommen. Sie wuchs im Waisenhaus bei Nonnen auf. Unvorstellbar, dieses Elend. Aber sie hatte Glück, sie ist wenigstens am Leben.

Im Winter soll es hier sehr kalt sein. Naja, wie Chicago, nehme ich an. Sie nennen es das Sibirien von Deutschland. Frau Tremel sagt, dass der Sommer nur zwei Monate dauerte, dann ist es schon wieder sibirisch kalt. Wenn der Wind dreht, kann man den Hefegeruch der Brauereien riechen. Ich habe das Bier, das hier gemacht wird, gekostet. Das muss man ihnen lassen: ihr Bier ist recht gut.

Die Menschen hier sind wie das Wetter, sagt Frau Tremel. Sie sehen die Dinge, wie sie sind, ohne rosafarbene Brille, ehrlich bis aufs Mark, wenn man sie einmal als Freunde hat, könnte man sich keinen besseren wünschen. Außerdem arbeitswütig sollen sie sein, aber das waren sie schon vor dem Krieg, oder das hat man ihnen wenigstens nachgesagt.

Unsere Nachbarn sind mir ein Rätsel. Sie haben die Angewohnheit, zu allen Stunden des Tages auf Kissen im Fenster zu liegen, obwohl es nichts Bemerkenswertes auf der Straße zu sehen gibt. Wenn ich ihnen zuwinke, starren sie mich an, ohne eine Miene zu verziehen. Frau Tremel sagt, dass sie irgendwann einmal sicher zurückwinken würden, man muss nur geduldig mit ihnen sein. Ich sagte ihr, „I'll believe it when I see it." und Frau Tremel hat gleich eine grammatikalische Übung daraus gemacht. Italienisch hilft ein bisschen, aber ich habe noch einen langen Weg um Deutsch einigermaßen fehlerfrei zu beherrschen.

*** *** ***

Liebste Mama,

Heute bin ich mit Frau Tremel in die Stadt gefahren. Wir parkten das Auto und dann gab sie mir eine private Tour und Einführung in die Geschichte und die Sehenswürdigkeiten der Stadt. . . zu Fuß.

Ich habe mein erstes Paar „Wienerle" mit Senf probiert, es soll eine Delikatesse von hier sein, wie der Verkäufer mit Gummischürze und Bauchladen aus Messing mir stolz erklärte. Frau Tremel sagte, der Mann sei ein „Wärschtlamo". Versuche, das einmal auszusprechen! Drei Vokale, acht Konsonanten. Schrecklich. Ich hatte keine Ahnung, dass solche Worte überhaupt existieren dürfen. Es sollte ein Gesetz dagegen geben. Jedenfalls, die Bedeutung ist kleine Wurst. Und ich sagte ihr, dass der Mann mir leid tut. Sie fand es sehr komisch.

Danach gingen wir noch ins das Rathaus und auf den Farmers Markt. Daneben steht eine alte Kirche mit einer Kanonenkugel im Fenster aus dem Jahr 1553. Also, 1553 gab es daheim gerade mal Felder mit viel wildem Chicagoua Knoblauch… Frau Tremel zeigte mir auch das Haus, in dem sie wohnt. Es ist so schief wie der Turm zu Pisa, und genauso alt.

Anschließend gingen wir noch in ein Café, wo ich zum ersten Mal auf Deutsch bestellte: eine Tasse Kaffee mit einem Stück Schokoladentorte.

*** *** ***

Liebe Mama,

Ich bin ganz Deiner Meinung mit dem Zweiundzwanzigsten Zusatzartikel zur Verfassung der Vereinigten Staaten. Kein Wunder, dass die Regelung, die eine Amtszeitbegrenzung vorschreibt, ratifiziert wurde. Wenn ich mich recht an meinen Geschichtsunterricht erinnere, war Franklin D. Roosevelt viermal in das Weiße Haus gewählt worden, 1932, 1936, 1940 und 1944. Ich finde die Änderung großartig. Die Stars and Stripes haben endlich den Text gedruckt: "Niemand darf mehr als zweimal in das Amt des Präsidenten gewählt werden, und keine Person, die das Amt des Präsidenten länger als zwei Jahre einer Amtszeit innehatte oder als Präsident fungierte, für die eine andere Person zum Präsidenten gewählt wurde, darf mehr als einmal in das Amt des Präsidenten gewählt werden."

Nun zu Deiner Frage, welche Feste wir hier feiern. Das größte Fest ist wahrscheinlich das Oktoberfest, das im September stattfindet. Da gibt es Bier und Bratwürste, und natürlich Bier in großen Maßkrügen. Dieser Feiertag begann 1810 mit der Hochzeit von einem Prinzen mit einer Prinzessin. Sie hieß Therese, daher Theresienwiese, wo die Party stattfand bis auf heute, jedes Jahr im September.

Natürlich auch Weihnachten. Frau Tremel sagte, dass der Weihnachtsbaum wirklich eine deutsche Tradition ist, auch die Idee, den Heiligen Nikolaus zu feiern.

Das neue Jahr feiern sie mit Feuerwerken und einem Getränk, das Feuerzangenbowle heißt und wird mit Rotwein, Rum, Orangen, Zitronen, Zimt und Nelken gemacht.

Dann gibt es den Mardi Gras, der hier Karneval oder Fasching heißt. Am Montag vor dem Fasching haben sie den Rosenmontag, da gibt es Umzüge, oft mit politischem Inhalt.

Zu Ostern werden ausgeblasene Eier bemalt und an Zweige gehängt.

Wir sind neulich zu der Grenze gefahren, das ist die Grenze zwischen dem russisch besetzten Teil Deutschlands und dem amerikanischen Sektor, wo wir wohnen. Was ich schockierend fand ist, dass es diese Grenze inmitten einer unglaublich schönen Natur gibt. Du siehst bunte Wiesen und grüne Wälder, idyllische Bauernhöfe und kleine lustige Bäche, und dann findest du heraus, dass der Bach die Grenze ist, und wenn du ihn überschreitest, kannst du von den sowjetischen Soldaten erschossen werden. Die Leute in diesen Dörfern haben oft Familie auf der anderen Seite der Grenze, die sie nur mit besonderen Ausweisen besuchen dürfen, und wer weiß, was die Zukunft noch bringen wird.

*** *** ***

Liebste Mama,

Es wäre herrlich, wenn Du uns besuchen könntest. Ich habe Dir so viel zu zeigen. Weißt Du schon, wann Du kommen kannst? Wir würden uns so auf Dich freuen!

Heute will ich Dir etwas über die Kaserne schreiben, in der Mike arbeitet. Frau Tremel sagt, sie hat ihre eigene Geschichte. Und Hitler war ein Teil dieser Geschichte. Stell Dir vor, er hatte er vor weniger als dreißig Jahren die Ehrenbürgerurkunde dieser Stadt überreicht bekommen, mit blutigen Händen, stelle ich mir vor. Er wollte ein tausendjähriges Reich, und dafür ließ er Reihe Baracken bauen, die er General-Hüttner Kaserne nannte. Was niemand ahnte war, dass er weniger Abwehr als Angriff im Sinn hatte, und die Bombentrichter in der Nähe des Bahnhofs sind noch immer Zeugen von dieser traurigen Zeit.

Es gibt drei von diesen Bombentrichtern in der Innenstadt. Meist erkennt man sie an den mannshohen

Holzzäunen, die sie vor neugierigen Blicken schützen sollen. Aber jeder Mensch weiß genau, was sich dahinter versteckte." Unsere Soldaten benannten die Kaserne in Kingsley Baracks um. Den Bewohnern war das egal. Für sie ist die Kaserne für immer einfach die Kaserne, so wie wir, die neuen Ankömmlinge aus Amerika, kurz und bündig die Amis sind. Mike sagt mir gerade, dass er nächste Wochenende ein Barbecue für ein paar seiner Kollegen veranstalten will. Er wird alles organisieren und ich freue mich darauf. Ein Barbecue ist genau das, was ich brauche, denn ich habe mächtig Heimweh nach Dir und Dad, nach meinem Haus und dem Chicagoer italienischen Rindfleisch! Ganz zu schweigen von einem guten Corned Beef Sandwich!

*** *** ***
*** ***
***

Mike war froh, dass Catherine endlich Gefallen an der Stadt gefunden hatte. Er fand, es war an der Zeit, dass sie ein paar Freunde und Kollegen einluden. Ein Barbecue wie daheim in den Staaten, mit Al, Pete, Bill, Zack und OJ. Nur so, ein gutes altmodisch-amerikanische Barbecue wie zu Hause, das er ziemlich ernsthaft vermisste.

Nein, es wäre schlimm, wenn er Heimweh bekommen würde, lachte Catherine, das könne sie nie erlauben. Es war genug, dass sie schon darunter litt. Die Barbecue Idee war fabelhaft. Mike war ein Meister im Grillen, und der Supermarkt in der Kaserne hatte alles, was dafür gebraucht wurde. Hamburgers natürlich, und steaks, buns, potato salad, chips, und nicht zu vergessen: das örtliche Bier. Mike meinte dass vor allem OJ ihm auch gut bei der Vorbereitung helfen könnte, denn es war doch noch ziemlich viel zu tun.

Und auch ihre neue Freundin, Frau Tremel, musste bei diesem Barbecue dabei sein, sagte Catherine. Das wäre sicher eine neue Erfahrung für sie.

Die Deutschlehrerin nahm erfreut die Einladung an. Sie war neugierig, mehr über die Familie und das Leben ihrer Schülerin zu erfahren.

„Was mache ich mit den Nachbarn, wie verhalte ich mich richtig?" fragte Catherine, als sie zusammen das Haus in der Erasmus-von-Rotterdam Straße Nummer vierzehn verließen. Sie wollten zusammen das neu eröffnete Amerika Haus in der Stadtmitte besuchen.

„Soll ich sie grüßen, wahrnehmen, ignorieren? Die Fensterschauer verunsichern einen total."

„Das ist okay, Frau Collins. Winken Sie ruhig Ihren Nachbarn zu, wenn Sie wollen. Wenn nicht, ist das auch kein Problem. Sie sollten das tun, wonach Sie sich fühlen," sagte Frau Tremel. Etliche Nachbarn lagen in ihren Fenstern.

Catherine fühlte sich nach Winken.

Keine Reaktion.

„Okey dokey," sagte Catherine und öffnete die Autotür für ihre Deutschlehrerin.

Frau Beck, Hausnummer acht, die rein zufällig gerade ihr Kopfkissen in das Wohnzimmerfenster gelegt hatte, beobachtete durch ihr Fernglas, das auch gerade zufällig neben dem Kopfkissen lag, wie die Amerikanerin von Hausnummer vierzehn die Tür des Oldsmobile, der wie üblich über die Hälfte der Erasmus-von-Rotterdam Straße einnahm, für eine andere Frau öffnete, und ihr sorgfältig in das Auto half. Vielleicht war die neue eine Engländerin, dem Rock nach zu schließen.

„So viele Fremde hier in unserer Nachbarschaft, das ist schon recht auffällig," sagte sie zu Herrn Linde nebenan in Hausnummer sechs, der just in diesem Moment dem Drang nachgab, ein bisschen frische Luft durch sein Wohnzimmerfenster zu atmen.

„Baumwoll Rock," fügte Frau Beck noch hinzu, und drehte an ihrem Fernglas herum. „Nein, falsch. Tweed Rock."

„Engländerin," konterte Herr Linde. „Hier steht es schwarz auf weiß, Tweed, englisch twid, der, Wollgewebe auch Streichgarnen in Körperbindung. Der Volksbrockhaus A bis Z Wiesbaden."

„Ach, ist das schon wieder die Frau mit dem Baumwoll Rock?" meldete sich Frau Spätling, die neben Herrn Linde auf dem Kissen lag, zu Wort. „Die kommt doch mindestens zweimal in der Woche zu den Amis."

„Ach, was Sie nicht sagen," rief Frau Dornmüller, Hausnummer fünf. „Ich dachte schon, sie wohnte auch hier. So, Sie glauben also, sie kommt nur zweimal in der Woche? Mir kommt das ja viel öfters vor als nur zwei Mal."

„Was für eine Körperbindung?" wollte Frau Beck wissen.

„Körperbindung? Habe ich Körperbindung gesagt? Da bin ich mir nicht sicher," sagte Herr Linde und wackelte mit dem Kopf. Er schlug den Brockhaus wieder auf. „Körper…Körperbindung. Köperbindung wollte ich sagen, ohne R."

„Und was genau ist das?" Details waren der Frau Beck schon immer wichtig, man musste der Sache immer auf den Grund gehen.

„Na eben Köper," sagte Herr Linde, indem er in seinem Buch blätterte. „K, Kö, Köp, hier, Köperbindung. Eine Art der Fadenverbindung. Wusste ich's doch," sagte er, und schlug das Buch zu, dass es durch die Erasmus-von-Rotterdam Straße nur so hallte und schallte.

Oliver James, Tuskaloosa, AL

Die Wettervorhersage für den Barbecue Sonntag war ausgezeichnet, und Mike kaufte im Kasernensupermarkt alles, was zu einem guten amerikanischen Barbecue erforderlich war: Holzkohle, Steaks, Hamburger, Steaksauce, Chips, Ketchup und Senf. Das Barbecue sollte mindestens so gut sein wie das, was er fast jedes Wochenende zu Hause in Chicago machte.

Mike hatte seinem Fahrer OJ gesagt, er solle am Sonntagmorgen bei ihm vorbeischauen. Catherine hatte ihm eine „Honey-Do" Liste gegeben mit verschiedenen Projekten, die noch erledigt werden mussten, und Mike dachte, ein zusätzliches Paar Hände wäre eine gute Idee. OJ kam pünktlich um 10 Uhr. Zuerst schoben sie den langen Gartentisch und die Gartenstühle in den Schatten der Terrasse. Dann waren noch sechs Bilder aufzuhängen, zwei über dem Sofa im Wohnzimmer, zwei in der Diele, und zwei in der Küche. Mike und OJ gingen mit Hammer und Drill, einer Schachtel Nägel und Schrauben mit Feuereifer an die Arbeit.

"Oh, Honey, auch das," sagte Catherine und deutete auf das Bücherregal im Wohnzimmer. Auch das wäre noch zu reparieren.

Auch das wurde repariert. Und weil gerade der Drill zur Hand war, drillten die beiden noch etliche Löcher in die Hauswand draußen, wo Catherine Blumentöpfe aufhängen wollte.

Mit ein paar Flaschen Bier aus dem Kühlschrank betrachteten sie zufrieden ihr Werk. Dann bemerkte Mike, dass das Gras schon wieder gewachsen war.

Er rief durch das offene Küchenfenster, ob sie nicht auch noch das Gras mähen sollten. Es war schon wieder gewachsen, seit der Vermieter es das letzte Mal gemäht hatte. Catherine freute sich, dass die beiden Männer solch einen Arbeitseifer zeigten.

Gesagt, getan. OJ mähte den Rasen, oder eigentlich die Rasenwiese, nicht nur im Garten hinter dem Haus, sondern auch in dem kleinen Garten vor dem Haus, während Mike beschäftigt war, die Holzkohle anzuzünden. OJ kam aus dem Vorgarten zurück und sagte zu Mike, dass er von unzähligen Menschen in Fenstern beobachtet wurde, wie er den Rasen mähte.

Mike zuckte die Schulter. Sie haben wahrscheinlich nichts Besseres zu tun, sagte er.

OJ schüttelte den Kopf. Er glaubte eher, dass sie noch nie einen dunkelhäutigen Menschen gesehen hatten.

So kam es, dass OJ noch bei den Collins im Garten war, lange nach dem Mike geplant hatte, dass OJ wieder in die Kaserne fahren sollte. Weil er aber nun einmal hier war, sollte auch das in Ordnung sein, fand Mike. Schließlich waren sie alle Kollegen und er war sicher, dass die anderen Soldaten sich zu benehmen wussten. Catherine schaute durch die Spitzengardinen der Küche auf die Straße. Die Nachbarn lagen in ihren Fenstern; sie unterhielten sich über die Straße hinweg, aber Catherine konnte kein Wort davon verstehen. Frau Tremel war die erste, die am Nachmittag eintraf. Sie trug dieses Mal ein helles Sommerkleid anstelle des Tweed Rocks, und hatte ihren Haarzopf in einen Chignon gesteckt. Sie sah hübsch aus. Als Catherine sie fragte, warum sie kein Wort von dem verstehen konnte, was die Nachbarn redeten, wusste ihre Lehrerin auch keine Antwort darauf. Vielleicht sprachen sie im lokalen Dialekt? Sie selbst brachte Catherine Hochdeutsch bei. Das war die Sprache, die in Hannover gesprochen wurde, oder so glaubt man jedenfalls. Und ein bisschen Berlinerisch, natürlich. Ob sie auch Hochdeutsch in Berlin sprachen, wollte Catherine wissen. Naja, sagte Frau Tremel, das kommt darauf an. „Wir können, wenn wir wollen."

Nach und nach kamen die anderen, alles Mitglieder der 303rd Aircraft Control and Warning Squadron, drei nahmen Notiz von OJ, zwei andere ignorierten ihn. Alle machten es sich im Garten gemütlich. Ihre diversen Autos, zwei Jeeps, einen Mustang, und einen Buick, hatten sie vor und hinter den Collins Oldsmobile geparkt, und die ganze Erasmus-von-Rotterdam Straße hatte den Anschein eines langen Parkplatzes.

Die Nachbarn berieten, ob man zur Tat schreiten solle oder nicht. Die Beiers, Hausnummer zwölf, so wusste Frau Beck, verbrachten den ganzen Sonntag bei seiner Schwester und dem Schwager zum Blutwurstessen in einem nahegelegenen Dörflein. Sie einigten sich darauf, abzuwarten. Inzwischen konnte man sich ja mal informal treffen und ein Narrativ quantitativ vorzubereiten, bevor man mit offener Feldschlacht begann, die auf alle Fälle erfolgreich verlaufen musste.

Inzwischen fachsimpelten Mike, Al und zwei andere Soldaten über die beste Methode, ein spektakuläres Barbecue zu erzielen, über die verschiedenen Holzkohlenarten und die verschiedenen Techniken, jene auf die bestmögliche Art aufzuschichten, so dass ein ebenmäßiges Brennen ermöglicht wurde. Dasselbe galt dann für die Vorbereitung des Fleisches. Sollte man die Steaks extra noch mit einem Gemisch aus verschiedenen Gewürzen einreiben oder sich auf die Wirkung der Steak Sauce verlassen? Pete bemerkte, dass ihnen die Holzkohle ausgehen würde, bevor das Barbecue fertig war. Kein Problem! Mike schnitt mit der elektrischen Säge noch ein paar trockene Baumäste von der Kastanie ab. Das wäre eigentlich die Arbeit für den Gärtner/Vermieter gewesen, aber der hätte sicher nichts dagegen gehabt.

Es war ein Nachmittag, wie er nicht hätte schöner sein können. Die Kastanienbäume hinter dem Haus lieferten einen kühlen Schatten, das Bier war kalt und gut, und der Grill arbeitete auf Hochtouren.

OJ beobachtete alles aus vorsichtiger Ferne, abseits von den Männern, und nahm nicht an den Konversationen teil. Er kannte natürlich die Kollegen, die der Einladung Mikes gefolgt waren, von der Kaserne her, aber das hier war Freizeit, und für die meisten Soldaten aus dem Süden der Vereinigten Staaten galten andere Integrationsregeln für die Freizeit als im Berufsleben. OJ war ein Pragmatist und hielt es nicht der Mühe wert, diese Regeln in Frage zu stellen. Er fühlte sich nie ganz wohl in der Gegenwart einer Party mit ausschließlich Weißen, obwohl es seine Landleute waren; er zog es vor, eine sichere Distanz zwischen sich und ihnen zu bewahren. Am liebsten wäre er unsichtbar gewesen. Als Mike kurz ins Haus ging, um mehr Fleisch zu holen, nahm der die Gelegenheit wahr und fragte ihn, ob er ihn noch brauche. Mike verstand und sagte ihm, dass das okay sei. Dann aber fiel ihm ein, dass er doch noch einmal zurück zur Kaserne musste und er fragte ihn, ob er nicht bleiben konnte, um ihn später noch einmal in die Kaserne zu fahren.

Und so blieb OJ. Er holte sich ein Bier und lehnte sich an eine der Kastanien. Aus dieser sicheren Entfernung beobachtete er die anderen.

Frau Tremel und Catherines hatten auf zwei bequemen Liegestühlen unter den Kastanien Platz genommen und beobachteten Penny, die im Sandkasten spielte. Frau Tremel hatte noch nie einem Barbecue beigewohnt und fand das alles ganz schön interessant. Aber ehrlich gesagt, eine Kaffee-und-Kuchenstunde war ihr doch lieber als so ein Grillnachmittag mit all dem Rauch und biertrinkenden Militärmännern. Über das Bier waren die sich einig: Besser als alles, was in den Staaten zu kaufen war. Besonders auch das lokale Bier, das man in Jacks Bar bestellen konnte. Das würde er eines Tages bestimmt vermissen, meinte der junge Bill. Ja, das und die Fräulein der Stadt, meinte sein Freund, der Zack, oder doch eigentlich Zachary hieß, aber eine Abkürzung seines Namens bevorzugte.

Frau Tremel sah, dass ein junger Mann sich von den anderen Gästen fernhielt. Er stand schon die ganze Zeit gegen die Kastanie gelehnt und wenn er in sie hätte verschwinden können, hätte er es sicher getan. Vielleicht war er schüchtern? Sollte sie Catherine bitten, ihn an ihren Tisch zu rufen? Sollte sie es selbst tun? Sie entschied sich für das letztere und winkte ihm zu, und er kam zögernd näher, immer wieder einen Blick auf die anderen Männer werfend.

„Catherine, wer ist dieser nette Mann?" fragte sie ihre Schülerin.

„Oh, das ist O.J., der Fahrer meines Mannes," antwortete Catherine, einen Blick auf Mike werfend.

„Please," sagte Frau Tremel zu OJ, und wies auf den leeren Stuhl neben ihrem. „Setzen Sie sich doch."

OJ blieb stehen. Er wusste, dass es keine gute Idee war, den Vorschlag der älteren Frau anzunehmen. Es könnte die Situation zuspitzen, in der er sich ohnehin schon bis an den Rand des Erlaubten bewegte. Andrerseits, hier war Deutschland, und Jim Crow war einen Atlantik weit entfernt. Die Versuchung war groß. Der eine oder andre weiße Soldat sah zu ihm herüber, machte aber keinerlei Anstalten, sich einzumischen.

Er setzte sich zögernd und nickte Frau Tremel lächelnd zu. Sie streckte ihm die Hand entgegen und sagte, „Hello, my name is Frau Tremel. Please sit. What's your name?"

„I'm OJ. OJ Miller. Pleased to meet you, Mrs. Tremble, ma'am." Er nahm ihre Hand und schüttelte sie leicht. Das ist der Brauch hier in Germany, sagte er zu sich. Ein schöner Brauch. Er musste lächeln. Die Deutschen hatten die seltsamsten Namen. Aber dieser war leicht zu merken, die Lady war so dünn und zart wie ein Blatt, und das konnte sehr gut im Wind zittern. Mrs. Tremble!

„Oh Jay?" sagte die Frau freundlich und schüttelte ihren Kopf. Hatte er Oh Jay gesagt? Sie habe diesen Namen nie vorher gehört. OJ. War das nicht auch der Name eines Vogels. Sie habe das irgendwo gelesen.

Jetzt musste OJ lachen. Diese Frau war informiert. Genau, sagte er, ein schöner Vogel, ein blauer Vogel, „a Blue Jay, not an OJ." Es gäbe sie überall in den Staaten, auch in Alabama. Ihr Englisch sei sehr gut.

Er hatte sich neben sie gesetzt.

Frau Tremel war geschmeichelt. Es tat immer gut, dieses Kompliment von einem waschechten Amerikaner zu empfangen.

"Was für ein netter junger Mann," sagte Frau Tremel zu Catherine. "So nett."

Frau Tremel hatte noch nie die Gelegenheit gehabt, sich mit einem dunkelhäutigen Amerikaner zu unterhalten und sie mochte ihn. Würde er etwas dagegen haben, ihre Fragen über Amerika zu beantworten. Über sein Leben in Amerika?

Nein, sagte OJ, „Fire away."

Dann solle er doch bitte etwas über sich erzählen, sagte die Lehrerin.

„Okay." Er war Leutnant OJ Miller, oder eigentlich Oliver James Miller, war in Tuscaloosa, Alabama, zu Hause und seit den letzten zwölf Monaten Mitglied der 303rd Aircraft Control and Warning Squadron.

Mit so schönen Namen wie Oliver und James, warum die Abkürzung auf OJ? wollte sie wissen.

Oh das! Er erzählte ihr, dass er die beiden Namen hasste, die auf seinem Taufschein standen, besonders den ersten. Oliver, für ihn war das eine Farbe, eine Frucht, aber nie im Leben ein Männername. Und James, ein Allerweltsname. Aber in der Kombination von O und J fand er, dass das ganz gut klang. Schon in der Elementary School hatte er sich für das OJ entschieden, vor allem der zweite Buchstabe, das J gefiel ihm. Kurz und bündig, Oh Jay.

Das sei aber doch schade, meinte Frau Tremel. Oliver sei ein ganz besonderer Name. Er symbolisiere Weisheit, Frieden, Reinheit, sogar Segen. Sie sagte, er sollte doch auf seinen Namen Oliver stolz sein. Es sei ein schöner Name.

"Well, thank you," erwiderte OJ, er würde es sich überlegen. Und dann fügte er mit einem Zwinkern hinzu, dass er als kleiner Junge schon überrascht und glücklich war, als er seinen abgekürzten Name in der Nationalhymne wiederfand: „Oh Jay can you see…

Frau Tremel lachte herzlich, und mit ihr Mike und die anderen, die sich an den Tisch gesetzt hatten, als OJ seine Nationalhymne intonierte.

Sie sagte ihm, dass er eine schöne Stimme hatte. Er war sicher musikalisch. Sie selbst spielte das Klavier und war vor dem Krieg Klavierlehrerin. Ob er auch ein Instrument spielte?

Er sagte ihr, dass sein Vater ihm zu seinem fünfzehnten Geburtstag ein Saxofon geschenkt hatte.

Frau Tremel nickte. Ja, dieses Instrument kannte sie auch In den Clubs in Berlin konnte man Saxophonmusik hören, vor dem Krieg jedenfalls.

OJ fragte sie, ob sie Jazz gern hatte. Frau Tremel bedauerte, dass sie sich mit Jazz nur sehr wenig auskannte. Erst seit ein paar Jahren wurde Jazz im Radio gespielt, hin und wieder. Er liebe Jazz, sagte OJ, er selbst hatte eine große Sammlung von Jazz Platten, mit Miles David, Ella Fitzgerald, Nat King Cole, was gab es Besseres auf der Welt!

Warum er Jazz so sehr mochte, wollte sie wissen, was daran so besonders war.

Jazz, meinte er, konnte wie viele andere Musikarten verschiedene Gefühle hervorrufen, man konnte gut dazu tanzen, er hörte es einfach gern, fühlte die Melancholie einer Melodie ganz tief in der Magengrube. Sobald er die Augen schloss, versetzten ihn diese Songs an einen Ort, an dem er sich entspannen konnte. Das war für ihn die Kraft der Musik.

Und wie ihm Germany gefiel, fragte sie.

Zum ersten Mal in seinem Leben konnte er jede Kneipe betreten, in jedem Geschäft einkaufen und ein paar von seinen Kumpels konnten sogar mit einer weißen Frau ausgehen. Vielleicht starrten die Deutschen sie an, aber sie werden nicht verhaftet oder verprügelt. Jetzt wisse er, wie es war, irgendwohin zu gehen und sich keine Sorgen machen zu müssen, ob man als Schwarzer bedient werden würde. Er musste hierher kommen und sich von den Nazis lehren lassen, dass ein schwarzer Mann nicht anders ist als jeder andere. Es gefalle ihm so gut, dass er überlege, seine Dienstzeit zu verlängern.

Frau Tremel schüttelte den Kopf. Sie hatte diese Antwort nicht erwartet.

Ja, nickte OJ, so sieht die Wirklichkeit aus für eine schwarzen Soldaten in Deutschland. Und diese Stadt ist so ganz anders als seine Heimatstadt Tuscaloosa in Alabama. Die Kopfsteinpflaster Straße mochte er besonders. Das gab es daheim nicht. Die Main Street, weniger als eine halbe Meile lang, mit kleinen „mom and pop" Läden, und das war schon alles. Hier gab es nicht nur Bäckereien und Metzgereien, ein Kaufhaus, Schuhgeschäfte, Parks und viele Restaurants mit ausgezeichnetem Bier, nicht zu vergessen die Männer, die hot dogs auf der Straße verkauften.

„Die kenne ich," sagte Catherine, „sie sind eine Sehenswürdigkeit."

Mike und die anderen hatten sich wieder dem Grillen zugewandt.

OJ sagte leise, dass er es schätzte, wie freundlich die Einwohner in diesem Städtchen zu ihm waren. Er sei nicht daran gewohnt. Deutschland sei wie ein Paradies für ihn. Seine Heimatstadt Tuscaloosa hatte eine alte Universität hatte, sagte er, aber sie war ihm verschlossen.

Frau Tremel verstand nicht.

Er erklärte, mit einem Blick auf die anderen Soldaten, dass er der jüngste von drei Söhnen eines Pfarrers der First Baptist Church seiner Heimatstadt war. Die Familie war vom "Black Mecca" in Harlem, New York, wo viele Schwarzen aus dem Süden und der Karibik immigriert waren, nach Alabama gezogen, auf Suche nach Möglichkeiten und neuen Lebensgrundlagen.

Der älteste folgte in den Fußstapfen seines Vaters, und der mittlere war Lehrer. Er selbst hoffte, nach Absolvieren der Wehrpflicht beim Militär Medizin zu studieren. Seine Mutter arbeitete als Bürokraft bei der Air Force Base. Die Eltern wollten, dass er und seine Geschwister eine gute Ausbildung erhielten und das College besuchten. Seine Brüdern hatten die Tuskegee Universität besucht, eine private Universität, an der dunkelhäutige Amerikaner studieren durften. Seine Eltern engagierten sich wie viele ihrer Freunde ebenfalls für die Bürgerrechte und waren aktiv beteiligt an Gemeindeorganisationen, die sich für Gleichberechtigung und Aufhebung der Rassentrennung einsetzten.

„Ich glaubte, dass das schon vor langem geschehen war," meinte Frau Tremel.

Nein, sagte er. Die Universität verweigerte den Bewerbern die Zulassung mit der Begründung, dass sie überschrieben und geschlossen waren, aber wir wussten, dass die Universität die dunkelhäutigen Studenten nicht aufnehmen würde, weil es Widerstand gab gegen die Aufhebung der Rassentrennung. Vor zwei Jahren erst wurden zwei Studenten die Erlaubnis gegeben, sich an der University of Alabama in Tuscaloosa einzuschreiben. Aber das war noch lange nicht ein Erfolg für die dunkelhäutige Bevölkerung. Der Gouverneur von Alabama, George Wallace, war für Rassentrennung.

„Nein," rief Frau Tremel, „obwohl die Studenten dort studieren durften? Das kann ich nicht glauben."

Doch, genauso war's, bestätigte Catherine OJs Darstellung. Rassentrennung jetzt, Rassentrennung morgen, Rassentrennung für immer. Das ist es, was Wallace will. Es bräuchte den Befehl eines Präsidenten, den Studenten Zugang zu der Uni zu gestatten, und dann hätte der Gouverneur keine andere Wahl als zu gehorchen.

Seine Kinder werden es besser haben, sagte OJ. Wenn sie einmal alt genug sind und studieren wollen, werden sie, vorausgesetzt ihre Noten sind gut, an der Uni in ihrer Heimatstadt studieren können. Er selbst hoffte, nach dem Militär an einer Uni weiter zu studieren, einer Uni, die Dunkelhäutige zulässt.

Und das Militär? Wie sieht es mit der Situation der Dunkelhäutigen im Militär aus, wollte Frau Tremel wissen. „Wir sind körperlich integriert, aber nicht geistig," sagte OJ. ‚Aber es werden langsam Fortschritte gemacht. Das heißt, es gibt die Gesetze, aber in den Köpfen der Weißen sind wir immer noch nicht auf derselben Ebene. Wir sind eine Art Untermensch."

„Oh ja," sagte Frau Tremel, „ich kenne das. Ein Problem mit der Vorstellung, dass die menschliche Würde der Untermenschen nicht unantastbar ist. Wir hatten das unter Hitler, und es existiert weiter fort, in der gleichen Form, nur leicht abgeändert. Das Böse in unserer Gesellschaft."

„Ja, Gott sei Dank für Präsident Truman," sagte Mike, der an den Tisch zurückgekehrt war. „Truman hat ein Jahr nach dem 2. Weltkrieg das President's Committee on Civil Rights gegründet und 1948 die Executive Order 9981 gegeben, die das Militär anwies, die Rassentrennung zu beenden," erklärte er Frau Tremel.

„Was war das?" Fragte Frau Tremel.

„Das war der Befehl zur gleichen Behandlung und Chancengleichheit für alle Personen in den Streitkräften, ohne Rücksicht auf Rasse, Hautfarbe, Religion oder nationale Herkunft. Und die Mehrheit der Offiziere hatten keine Probleme damit. Die Air Force hatte sich immer and die Politik des Präsidenten gehalten und sie ist jetzt vollständig integriert. Viele Dunkelhäutige wurden auch für den gegenwärtigen Koreakrieg rekrutiert, und es war nur eine Frage der Zeit, wann auch die Marines vollständig integriert sein würden."

„Genau," sagte Catherine, und fügte hinzu, dass die allgemeine Bevölkerung sah, dass die Dunkelhäutigen tapfer waren, sich aufopferten als Flieger, Soldaten oder Matrosen, und dass sie ihren Platz hatten unter den Helden Amerikas.

Ihr Blut und ihr Schweiß waren die gleichen wie die anderer, weißer Patrioten.

Frau Tremel nickte. „Dann gibt es also Hoffnung, dass diese Welt einmal eine bessere werden wird," sagte sie. Ihre drei Tischgenossen stimmten ihr verhalten zu.

Gegen Ende des Nachmittags holte Mike seine Kodak und verewigte diesen Barbecue-Nachmittag mit Familie und Freunden in der Erasmus-von-Rotterdam Straße vierzehn.

„Say cheese," sagte er, und alle, auch Penny auf dem Arm von Catherine, krähten „Cheese!"

Es wurde ein perfektes Gruppenbild, in dem ein lächelnder OJ neben Catherines Englischlehrerin stand, ein Bild von scheinbarer Harmonie und Brüderlichkeit. Ein Bild, einer Utopie ähnlicher als der zeitbedingten Wirklichkeit.

„Ich werde mich immer an diesen Nachmittag erinnern," sagte Frau Tremel zu Catherine, als sie sich verabschiedeten.

Von der Ordnung

„Ordnung ist das halbe Leben," sagte Hermann Beier gerne, und Ursel Beier ergänzte es mit ihrem Lieblingsspruch, „Wer den Pfennig nicht ehrt, ist des Thalers nicht wert, und der Erasmus soll übrigens etwas Ähnliches gesagt haben," und so richteten die beiden ihr Leben aus in Harmonie. Er war fest davon überzeugt, dass er seine relative Wohlhabenheit seinem Sinn für Ordnung verdankte, und sie war nicht weniger davon überzeugt, dass ihre Sparsamkeit die Grundlage ihres beider Glückes war.

Ordnung hatte er auch im Sinn, als er mit seiner Frau und Konrad an jenem Sonntagabend nach Sonnenuntergang von seiner Schwester zurückkam. Sie betrieb in der Nähe einen Bauernhof und Herr Beier brachte ihr zweimal im Monat Küchenabfälle, die als Schweinefutter im Stall landete. Die Schweine fraßen alles das, wofür Frau Beier in der Küche keine Verwendung fand. Er war zufrieden, denn er hatte wieder für die Ordnung gesorgt, daheim und im näheren

Umkreis. Ursel Beier war stolz, dass ihre Sparsamkeit einem allgemeinen Nutzen zugutekam, und das brachte sie auf immer neue Ideen. Seitdem es wieder eine Lokalzeitung gab, hatte sie sogar für das Zeitungspapier noch eine Verwendung gefunden. Sie schnitt die Seiten in kleine Stücke und verwendete sie als Klopapier – „für hinterlistige" Zwecke," wie Herr Beier meinte.

Vor dem Besuch im Bauernhof waren sie erst zu der Müll-Deponie gefahren, die seit jeher am Rande der Stadt in der Nähe von einer Kiesgrube existierte, um den Inhalt des Volkswagenkofferraums zu deponieren. Das meiste davon kam von der Tankstelle unweit von der Erasmus-von-Rotterdam Straße. Während sich die Brüder und der Onkel um die tägliche Führung der Tankstelle bemühten, war er verantwortlich für den wöchentlichen Abtransport von Dutzenden Flaschen mit Motoröl, Getriebeöl, Bremskühlflüssigkeit, sowie etlichen Farbeimern, die vom kürzlichen Renovieren der Hausnummer vierzehn übrig waren. Außerdem lud er alles andere, was sich so über zwei Wochen an Abfall ansammelte, in seinen Volkswagen und warf es in die Müll-Deponie, wo es einträchtig neben schon verrosteten Eisenstangen und anderen Metallüberresten, Haushaltabfall, alten Helmen, Gummireifen, Häuserschrott, leeren Konservendosen und dem Abfall von den Bombentrichtern landete.

„So," sagte Herr Beier, „jetzt ist wieder Ordnung zu Hause." Er hätte natürlich auch den Müll von den Pferdefuhrwerken abholen lassen, aber Ursel bestand darauf, dass sie das Geld dafür schon wieder in die eigene Tasche stecken konnten. Und da sie sowieso beim Schwager und seiner Familie zum Mittagessen blieben und auch auf diese Weise Geld sparten, konnte man die Müllhalde einen lohnenswerten Umweg nennen.

Es war ein herrlicher Tag gewesen, Herr und Frau Beier hatten Blutwurst mit Sauerkraut zu Mittag gegessen, und alles mit einem guten Maß Bier hinuntergespült. Jetzt waren sie verständlicherweise erschöpft und freuten sich auf einen ruhigen Abend zu Hause. Vor allem Konrad war nach seiner Maß Bier so müde, dass er auf dem Rücksitz wie ein großer Kater zusammengerollt schnarchte.

„Du, was ich sagen wollte," sagte Frau Beier, und Herr Beier horchte auf. Es war nie ein guter Beginn, wenn seine Frau „Du, was ich sagen wollte" sagte. Er hatte wie immer recht.

„Wir sollten eine Mauer zwischen unserem Haus und der Nummer vierzehn bauen, und zwar hinten im Garten," sagte sie.

„Eine Mauer? Warum? Unser Drahtzaun ist doch gut genug," sagte Herr Beier.

„Aber eine hohe Mauer wäre besser. Hohe Mauern machen gute Nachbarn, hat meine Mutter immer gesagt," sagte sie. Das stimmte keinesfalls; Frau Beiers Mutter hatte nie etwas Ähnliches gesagt, im Gegenteil. Sie hatte sich zu ihren Lebzeiten mit den Nachbarn vorzugsweise über den Zaun hinweg unterhalten, - stundenlang. Aber Herr Beier gab jedes Mal klein bei, wenn Ursel ihre Mutter, beziehungsweise den Geist ihrer Mutter ins Spiel brachte. Dieses Mal hatte sie sich getäuscht.

„Wirklich?" sagte er. „Da bin ich aber anderer Meinung. Es gibt schon genug Mauern in der Welt. Wir sollten sie abbauen, nicht neue dazu bauen. Und außerdem, was hast du nur gegen unsere Nachbarn? Das sind doch ganz attrak…ganz nette Leute."

„Gut. Schön. Solange du nicht dauernd über den Zaun guckst," sagte Frau Beier, und damit war die Diskussion fast zu Ende, denn Herr Beier konnte an kein gutes Gegenargument denken. Sie hatte nicht unrecht. In der letzten Zeit hatte es plötzlich eine Menge Arbeit entlang des Zaunes gegeben, und er hatte fast jede freie Minute dort verbringen müssen. Aber das war wirklich nur der frischen Luft wegen. Und wie gesagt, jemand musste sich ja um die Arbeit entlang des Zaunes kümmern.

„Es war ja wirklich nur der frischen Luft wegen," sagte er noch, und er hörte noch das „Hah!" seiner Gattin, aber dann beanspruchte die sehr kurvenreiche Landstraße mit ihren unzähligen Schlaglöchern seine ganze Aufmerksamkeit.

Bis sie dann zu Hause angekommen waren, hing der Haussegen wieder gerade. Herr Beier hatte seiner Frau versprochen, dass seine Gartenarbeit nun beendet sei und er kein Verlangen mehr habe auf frische Luft. Die Luft im Hause sei frisch genug. Die Welt war wieder in Ordnung, und um der häuslichen Ordnung willen war er bereit, seiner Angetrauten ein paar unwiderstehliche und versöhnliche Honigworte ins Ohr zu flüstern, wie Schnutzelputzelchen und ähnliches. Konrad, auf dem Rücksitz schnarchend, bekam von all dem nichts mit.

Frau Beier hatte ihrem Gemahl schon ein Feierabend Pils bereitgestellt und war eben dabei, seine Pantoffel zu holen, als es an der Hausklingel Sturm läutete. Herr Beier fuhr so zusammen, dass ein Teil des Pils auf dem Stragula des Wohnzimmers landete.

„Ja zum Donnerwetter, wer ist denn das so spät in Nacht und Wind," schrie er und tappte auf den Socken zur Tür. „Komme ja schon, bin ja schon da, wo brennt es denn?"

Eine Gruppe von Nachbarn, er zählte mindestens zehn Gesichter, zehn gewöhnlich ausdruckslose, meist nicht unfreundliche Gesichter, aber im Moment eher blutrünstig als unfreundlich.

„Die Amis," sagte Herr Linde von gegenüber. Er hatte seinen Stock mitgebracht, denn er war seit ein paar Wochen offiziell kriegsversehrt. Seit er aus dem Krieg zurückgekehrt war, hatte er gehinkt, niemand wusste, warum dem so war. Jetzt aber war er ein bescheinigter Kriegsversehrter, und sein Hinken war offiziell. Man beließ es dabei, wunderte sich aber trotzdem, was es in Wirklichkeit war. Wollte er vielleicht bloß die zusätzliche Kriegsversehrtenrente beziehen? Wusste man's denn?

„Sie haben die Sonntagsruhe gestört," ergänzte Herr Trompeter, etwas atemlos. Der Weg von der Nummer sechs zur Nummer zwölf war anstrengender als erwartet. Er liebte es, nach einem Sonntagmittagessen ein ausgedehntes Mittagsschläfchen auf dem Sofa im Wohnzimmer zu machen. Der Grillnachmittag der Amerikaner hatte ihn davon abgehalten, und er war ziemlich ungehalten.

„Unsere Sonntagsruhe, auf die wir ein gesetzliches Recht haben," betonte Herr Tiefenbacher. „Ein Recht welches gesetzlich verankert ist."

„Das fing schon am Morgen an, so gegen 11 Uhr." Frau Bamberger zeigte auf ihre Armbanduhr, ein Mitbringsel von der Insel Sylt von ihrer Hochzeitsreise vor zwanzig Jahren. „Ein Mitbringsel aus Sylt," sagte sie zu Herrn Tiefenbacher, der neben ihr stand.

„Fesch, muss ich schon sagen." Er war beeindruckt. Seine frühere Erfahrung mit Vermögensverwaltung hatte ihn gelehrt, dass ein Urlaub auf der Insel Sylt nicht für die hoi polloi sein konnte. Man musste schon an Mitteln verfügen, um dort auf Pension zu wohnen. Das war auch vor dem Krieg schon so gewesen. Und Frau Bamberger mit ihrem Rauchwarengeschäft hatte sicher besagte Mittel. Fesch.

„Plötzlich war da ein Hämmern und ein Drillen," sagte Herr Nürnberger, Schornsteinfeger von Hausnummer zwei. Er ließ das Wort auf seiner Zunge so tirilieren, dass man das Drillgeräusch daraus hören konnte. „Ein Drillen," wiederholte er mit Genuss. Es erinnerte ihn an dem Moment, wenn er seine Bürsten durch die Kamine drehte, um den Ruß von den Kaminwänden zu lösen. So eine elektrische Drillbürste wäre eine Erfindung, die seine Arbeit sehr erleichtern würde Ein Drillen. DRRRiLLLen. Ob es so etwas schon in Amerika gab?

„Und vergiss das Sägen nicht," sagte Frau Nürnberger, Angestellte im Kaufhaus, ebenfalls Hausnummer zwei.

„Wer war das, bitte? Von wem ist hier die Rede?" sagte Herr Beier, denn ihm ahnte Unangenehmes. Bis dahin hatte er noch die naive Vorstellung, dass er dieser Sache, was immer sie sei, noch Herr werden könne, aber selten in seinem Leben hatte er sich so geirrt. „Wo hat wer was gemacht?"

„Na, deine Amis," sagte Frau Bamberger. Als Absolventin der Berufsschule, Hauptfächer Schreibmaschine und Stenografie, stand sie gewöhnlich über dem gewöhnlichen Duzen, aber es war ja schon dunkel und ein Du gab dem Ganzen einen Hauch von Vertraulichkeit, Du bist einer von Uns, sagte es, und Wir sind vereint gegen Die. David gegen den Goliath. Amerikanismus in voller Blüte.

„Meine Amis? Wieso MEINE Amis?" Herr Beier hatte das Duzen wohl gehört und es war ihm nicht wirklich unangenehm, er selbst hätte wohl nie die Nerven dazu gehabt, jemanden wie die fesche Frau Bamberger zu duzen, - doch im Moment gab es Wichtigeres zu tun. Vielleicht konnte er mit ihnen räsonieren. Vernünftiger Diskurs war angesagt. Oder vielleicht sollten sie sich erst mal tüchtig ausreden. Schweigen, also.

„Ja und dann am Nachmittag, die Musik haben die für die ganze Straße gespielt." Herr Dornmüller hielt tatsächlich einen Zettel in der Hand, auf dem Herr Beier dreizehn Punkte erspähte. Der pensionierte Lehrer aus der Hausnummer fünf hatte sich bestens auf dieses Treffen vorbereitet. Her Beier nahm an, dass diesem Treffen ein anderes vorausgegangen war, in dem Inhalt und Taktik dieser

Attacke entschieden wurden, während er sich an Bier und Blutwurst erfreut hatte.

„Also, ich möchte ja nichts Unrechtes sagen, aber trotzdem, der Rauch war nicht angenehm. Die ganze Nachbarschaft hat gequalmt," fügte Frau Dornmüller, stellvertretende Souschefin in der amerikanischen Kaserne hinzu, eine Stelle, die sie dank ihres Nachbarn Mr. Collins, bekommen hatte. Sie war seit Jahren die beste Kundin der Frau Bamberger und konnte immer darauf rechnen, bei ihr ihre Eckstein 5 Cigaretten zu bekommen, selbst wenn sie Nachtschicht bis um vier Uhr morgens in der Kasernenküche hatte. Nicht dass ihr Mann glücklich darüber war, wenn sie erst gegen vier Uhr ihre Eckstein 5 Cigaretten rauchend nach Hause kam. Aber die Amis boten viel bessere Arbeitsplätze, die viel besser bezahlt wurden, als sie sonst hätte verdienen können. Ihr Gehalt ermöglichte es, einen Lebensstil zu führen, der vor den Amis unerreichbar war. Erst unlängst waren sie in der Lage, zu einem Jeep Meeting in Ambergate, Derbyshire, England zu reisen, per Bahn mit der DB und der GBR, Kanal Überquerung, und mit zwei Übernachtungen mit Frühstück. Undenkbar wäre so etwas gewesen vor der Anstellung in der Kaserne.

„Inebriert waren die," sagte Herr Tiefenbacher, Hausnummer drei, „das Bier floss den ganzen Nachmittag in Hülle und Fülle. Was das alles gekostet haben muss."

„Inebriert, und sogar benusselt, würde ich sagen, als wären sie die einzigen Leute auf der Welt." Frau Bamberger hatte Gefallen gefunden am inebriert. Das stand sicher in einem der Bücher, die Herr Tiefenbacher immer in seiner Aktentasche bei sich trug. Vielleicht hatte er es sogar aus dem Duden? Sie hegte seit langem und insgeheim eine immense Bewunderung für den Wortschatz des Rechtsanwalts. Ein Mann, der Rechtswesen studiert hatte und den Duden las wie ein anderer einen Liebesroman, musste doch allein schon dadurch hervorragend sein.

„Benusselt? Ach was! Rücksichtslos war das," sagte Frau Beck, „rücksichtslos bis ins Kleinste. Traue nie jemandem, der am Sonntag zu viel trinkt, das hat schon mein Waldemar gesagt. Vor allem einem Chirurgen. Am Montag kann die Hand da immer noch zittern. Der hat gewusst, wovon er sprach."

„Und das Rasenmähen hast du doch vergessen," Frau Spätling schubste ihren Oskar an.

„Ach ja, das Rasenmähen. Die mähen am Sonntag den Rasen! Wo gibt's denn das? Ich bin mir nicht bewusst, dass das Rasenmähen in irgendeinem Land auf der Welt am Sonntag erlaubt wäre. Ich müsste da mal nachsehen, aber ich . . . Da bin ich mir nicht sicher," sagte Herr Linde und wackelte mit dem Kopf. Er hatte eigentlich seinen Volksbrockhaus A bis Z mitbringen wollen, hatte sich aber dann doch dagegen entschlossen. Gehstock und Volksbrockhaus, das hätte er doch nicht geschafft.

„Und ihre Autos!" Frau Bamberger erinnerte sich, dass sie einmal fast ihren Hanomag vor dem Haus von Herrn Tiefenbacher geparkt hätte. Er wäre dort sicher gut aufgehoben gewesen. In letzter Minute hatte sie ihn wieder in dem Schuppen im Hinterhof geparkt.

„Ach ja, ihre Autos, die ganze Straße war voll damit."

„Vollgeparkt mit Autos. Man überlege sich das mal. Unsere schöne Erasmus-von-Rotterdam Straße," sagte Frau Bamberger.

„Kein Platz zum Spazierengehen."

„Vorbeiquetschen muss man sich immer an deren ihren Straßenkreuzern." Das war völlig korrekt. Der Herr Trompeter war zwischen dem Oldsmobile und der Gartenhecke steckengeblieben. Seit er eine Position beim Gesundheitsamt gefunden hatte, hatte er einige Pfund zugelegt, war aber noch nicht auf sein Gewicht von vor dem Krieg gekommen. Immerhin, er war steckengeblieben und das hatte ihm im Grunde gar nicht so missfallen. Es war nicht leicht, in der Nachkriegszeit extra Pfunde anzulegen.

„Der Gehsteig ist zum Gehen da, da muss ich gar net erst im Brockhaus nachschauen." Herr Linde wieder.

„Was denken denn die sich überhaupt?" Fügte Frau Spätling hinzu.

„So was gibt's doch nicht!" Herr Trompeter hatte eigentlich das Thema ausgeschöpft, aber er mochte seine eigene Stimme im Chor der anderen.

„Und das Drillen." Herr Nürnberger war immer noch in Gedanken bei dem elektrischen Kaminbesen. Wer könnte so etwas wohl erfinden. Er hatte einen Schwager, der Konditor war und praktisch veranlagt. Er hatte vor Jahren einmal ein Gebäckstück kreiert, eine Schokoladenrolle mit Schlagsahne gefüllt, welches er seinem Schwiegervater zu Ehren Schlotfeger nannte. Die Nürnbergers konnten auf eine lange Tradition von Kaminkehrern zurückblicken. Da musste doch auch ein kreativ veranlagtes Genie darunter sein.

„Ja, das Drillen. Mitten am Sonntagnachmittag fangen die an."

„Wo wir alle unsere Ruhe verdient haben." Das war der Herr Trompeter noch einmal.

„Das war schon immer so. Du sollst den Sabbat heilig halten. So heißt es in dem guten Buch. Tradition ist wichtig für uns Deutsche." Pfarrer Schnapp meldete sich zu Wort und erntete Beifall von Herrn Dornmüller.

„Und der müssen wir treu bleiben. Auch wenn wir die Ami im Land haben," meinte Herr Linde. Loyalität zählte viel in seinem Beruf. Ein Kriminalpolizist ohne Loyalität war eine gefährliche Sache.

„Ami oder sonst was, das erlauben wir nicht. Da sind wir zu einer Anzeige bereit." Der Rechtsanwalt hatte gesprochen.

„Nicht in unserem Lande," wiederholte Frau Spätling.

„Und den Rasen haben die auch gemäht," fing Frau Dornmüller wieder an. Sie hatte die Reihe der Delikte ihrem Gedächtnis anvertraut.

„Ja, das war ein Schwarzer, und die bringen ja eigentlich Glück," sagte Frau Beck, „Ich habe nicht einmal das Fernglas gebraucht, um das festzustellen."

„Nein, Sie denken an die Schornsteinfeger," verbesserte Herr Tiefenbacher sie, „und eventuell eine schwarze Katze, unter gewissen Umstünden."

„Ja," rief Herr Nürnberger, „welche Schornsteinfeger meinen Sie denn? Und übrigens Glückwunsch, Sie verwenden den Begriff korrekt. Die amtliche Bezeichnung für meinen Beruf lautet Schornsteinfeger, nicht Kaminkehrer oder Schlotfeger oder gar Rauchfangkehrer. Die meisten Leute…"

„Den habe ich auch gesehen, ich dachte mir, wo kommt der denn her?" Frau Bamberger. „Man sieht ja sonst keine in unserer Gegend. Das letzte Mal, als ich auf Elba war…

„Und dass der so was kann!" wunderte Herr Trompeter sich. Er selbst hätte sich das Rasenmähen nicht zugetraut.

„Vorne und hinten, fesch, muss ich schon sagen," sagte Frau Bamberger noch mit Bewunderung.

Herr Beier kam endlich zu Wort.

„Ja," sagte er, „da muss ich ihnen leider recht geben, meine Herrschaf …" Aber seine Worte fanden wenig Beachtung.

„Wir wollten schon die Polizei rufen, aber naja," sagte der Rechtsanwalt zu Herrn Linde, der enthusiastisch nickte. Die Kollegen von der Polizei hätten endlich etwas zu recherchieren gehabt.

„Da haben wir gedacht, die sind doch nicht von hier," sagte Herr Tiefenbacher, „wir wollten doch keinen internationalen Inzident auslösen."

„Und außerdem, Sie sind ja eigentlich dafür verantwortlich, was die in Ihrem Haus so alles machen," schob der Rechtsanwalt ein.

Jetzt hatte Herr Beier langsam genug. Sein gemütlicher Abend im Kreise der Familie mit Pantoffeln und Pils war in weite Ferne gerückt. Er hatte einen guten Grund, unangenehm zu werden. „Also Moment mal. Ich bin überhaupt nicht verantwortlich. Wo kämen wir denn da hin, wenn ...

„Ist ja gut, Hermann, reg dich nicht auf," beschwichtigt Frau Beier ihren Mann. Die lauten Stimmen hatten sie aus dem Badezimmer geholt, wo sie sich eben das Gesicht mit einer dicken Schicht Nivea eingecremt hatte. Man musste ja etwas tun für seine Schönheit im mittleren Alter, vor allem, wenn nebenan eine Hollywoodfrau wohnte. Ihr Nivea schneeweißes Gesicht hatte eine wundersame Wirkung auf ihn.

„Wir reden dann mit ihnen morgen, das wird nicht wieder passieren," sagte Herr Beier versöhnlich und wollte schon die Haustür wieder schließen.

„Verdammt richtig, das nächste Mal brummen wir denen ein Strafgeld auf," sagte Herr Linde, „das gibt den Kollegen bei der Polizei wenigstens auch was zu tun."

„Und Möbel haben die auch verschoben, das haben wir ganz vergessen. Alles Dinge, die verboten sind. Das hab ich zwar nicht mit meinen eigenen Augen gesehen, auch nicht per Fernglas, aber das konnte jedermann hören, diesen Lärm von Möbelschieben," behauptete Frau Beck. „Und abgesehen davon, Möbelverschieben an einem Sonntag bringt außerdem Unglück. Genau wie unter einer Leiter laufen."

„Ich habe das auch nicht persönlich aus nächster Nähe gesehen, aber mein erster Gedanke war, das sind Gartenmöbel. Ein unvergessliches Geräusch, wie

Fingernägel auf einer Schiefertafel, es hörte sich an wie schwere Gartenstühle, wenn man sie auf Beton verschiebt," nickte Herr Linde. „Einer wie ich von der Kripo hat so etwas im Gefühl."

„Genau, steht hier auf Schwarz auf Weiß. Der Ordnungswidrigkeitengesetz, oder OwiG, sagt, ordnungswidrig handelt, wer ohne berechtigten Anlass oder in einem unzulässigen oder nach den Umständen vermeidbaren Ausmaß Lärm erregt, der geeignet ist, die Allgemeinheit oder die Nachbarschaft erheblich zu belästigen oder die Gesundheit eines anderen zu schädigen." Herr Tiefenbacher steckte seinen Taschenkalender wieder in die Hemdbrusttasche.

„Steht das so im Volksbrockhaus?" fragte Herr Nürnberger.

„Da müssen Sie Herrn Linde fragen. Ich hab's aus meinem Taschenkalender. Als Rechtsanwalt kenne ich mich natürlich aus in diesen Angelegenheiten."

„Du, wir sollten uns wirklich einen anschaffen!" sagte Frau Beier ganz unnötigerweise, denn Herr Beier erwiderte, „Ich hab doch schon einen Taschenkalender."

„Nach den Umständen vermeidbaren Ausmaß Lärm erregt," rief Frau Spätling.

„Erheblich zu belästigen," sagte Herr Schulze, Rechtsanwalt.

„Die Gesundheit eines anderen zu schädigen," erboste sich Herr Trompeter. „Die Gesundheit! Stellen Sie sich das mal vor."

Die Nachbarn, die sich eben noch zu beruhigen schienen, kamen wieder in Fahrt.

„Welche Gesundheit haben die denn geschädigt," wollte Herr Beier wissen.

„Um meinen Schlaf haben sie mich gebracht," sagte Herr Trompeter und bliess seine Backen auf.

„Und belästigt haben sie uns alle."

"Wir werden sonst eine Lärmanzeige beim Ordnungsamt stellen."

„Das geht doch nicht, dass sie uns ihre Ordnung aufoktroyieren." Herr Tiefenbacher konnte das Verb richtig auf seiner Zunge zergehen fühlen wie Butter.

„Das ist aber ein fesches Wort, aufoktroyieren. Wie buchstabiert man das denn?" fragte Frau Bamberger und vergaß für einen Moment ganz, weshalb sie hier war.

„Danke, Frau Bamberger. Steht ja im Duden. Mit Ypsilon."

„Ypsilon er e en?"

„Nein, Ypsilon i er e en."

„Mit i? Das ist ja interessant. Ein fesches Wort. Auch der Inzident gefiel mir."

„Wenn die Ami das nicht verstehen, sollen sie in ihrem eigenen Land bleiben, mit ihren Jeeps und Panzern, und sonst noch."

„Bei uns gibt's so was auf alle Fälle nicht, wir haben Rechte und Ordnung, wir sind ein Rechtsstaat."

„Da wehren wir uns ganz entschieden."

„Beim Hitler wäre so was auch nie geduldet gewesen."

„Datum und Tatzeit des Lärms haben wir hier vermerkt, und auch die Namen und Anschrift von und allen, die wo sich ebenfalls von einer Ruhestörung belästigt fühlen." Herr Dornmüller schwang den Zettel in der Luft. „Und das ist nicht alles. Wie hat unser Kant gesagt, der große Philosoph der Deutschen? Die Ordnung ist die Verbindung des Vielen nach einer Regel. Und wir sind die Regel. Und die Vielen. Und auch die Ordnung. Wir sind das alles."

„Ja, das hat er wohl. Sein Zitat ist hier richtig am Platz. Ich muss schon sagen, der Erasmus von Rotterdam kann ein richtig kluger Kopf gewesen sein," sagte Frau Dornmüller und schubste ihrem Anvermählten zärtlich in die Seite.

„Und eine Beschreibung der Art des Lärms und dessen Intensität haben wir auch." Frau Beck liebte die Details, dies sie während des Grillnachmittags dank ihres Fernglases festhalten konnte."

„Die sollen ein Bußgeld zahlen, denen Amis muss man eine Lektion erteilen..."

Endlich hatten sie sich alles Leid von der Seele geredet und traten ihren kurzen Heimweg an.

Ein tiefer Seufzer entrang sich der Brust des Herrn Beiers. Das Leben eines Hausherrn war nicht beneidenswert. So viele Probleme. Aber eine dreifache Miete war auch nicht zu verachten.

„Ursel," schrie er, „bring mir meine Pantoffel und noch ein Pils. Jetzt sofort gleich."

Und Ursel brachte das Gewünschte heran, und der Herr des Hauses war's wieder zufrieden.

Anneliese á la Jane

Anneliese Hofmann war sprachlos. Ihre Freundin Monika hatte ihr eben eröffnet, dass sie nichts dagegen hätte, nach Amerika zu heiraten.

„Kannst du dir das vorstellen, nach Amerika zu heiraten? Wir sind jetzt schon vier Jahre in dieser Bude, mal nach Amerika könnte mich schon reizen."

Seit Jahren teilte Monika schon ihren Arbeitsplatz im vierten Stock der Baumwollspinnerei mit Anneliese, aber die Idee, nach Amerika zu heiraten, war ihr eben erst gekommen. Meinte sie das im Ernst? War da sogar ein Heiratsantrag im Spiel?

„Was du nicht sagst. Nach Amerika heiraten. Hat dein Freund dir einen Heiratsantrag gemacht?" Fragte Anneliese.

„Der Aal? Dass ich nicht lache. Der hat doch eine Frau und Kinder in Amerika. Und auch so, ich würde ihn nie heiraten, und wenn er der letzte Ami auf der Welt wäre."

„Wirklich? Warum heißt er eigentlich Aal? Das klingt so schlüpfrig." Anneliese machte eine schlangenhafte Bewegung mit ihrem Arm.

„Was weiß ich, ist eben amerikanisch. Aal klingt doch ganz gut, finde ich."

„Haben die alle so seltsame Namen wie dein Freund?" wollte Anneliese wissen.

„Ja, sicher, das ist ebenso. Vielleicht haben die keine Zeit für lange Namen. Time is money, sagt der Al immer. Zeit ist Geld."

„Das finde ich aber komisch." Anneliese schüttelte wieder den Kopf. "Wieso ist Zeit Geld? Zeit ist Zeit und Geld ist Geld. Wenn ich so viel Geld wie Zeit hätte, wäre ich ganz schön reich."

„Ist ja egal. Aber ich stell mir das manchmal so vor. Ein so neues Land, so ein großes Land, und Amerika obendrein. Da müsste ich nie mehr kochen. Die haben doch alles in Konservendosen."

„Was meinst du in Konservendosen? Alles Essen?"

„Genau. Du brauchst nur einen Dosenöffner. Dose auf, Brot, Erbsen, Suppe oder was immer in den Topf werfen, und das Essen ist fertig."

„Ich kann's nicht glauben!"

„Genau, und die großen Autos. Stell dir vor: ich in einem weißen Kabriolett, mit wehenden Haaren, wie die Jane Mansfield."

„O Gott, ich finde sie so schön," Anneliese kam richtig ins Schwärmen. "Ihre Haare! Ich sag's schon, so eine Haarfarbe wäre ein Traum. Du, ob der Tom mir die Haare so färben kann?"

„Ja geh zu, du? Du meinst, du willst die Haare so blond tragen wie die Jane Mansfield?" fragte Monika die Freundin zweifelnd. "Jetzt spinnst du aber. Ob du überhaupt gut damit ausschaust? Ich mein, dein Haar ist doch eh braun blond, aber halt net so blond wie das von der. Und was wern die Leut dann sagen, wenn du so daherkommst."

„Das ist mir egal. Wir sind jung, und ich möchte anfangen zu leben. Jetzt, das ist unsere Zeit. Und warum nicht. Ich mag ihr Haar. Und außerdem, wen stört es? Niemand hat mir geholfen, damals...

„Wann damals..."

„Du weißt schon, Ostpreußen, die Flucht von dort."

„Wie alt warst du da."

„Gerade mal drei."

„Drei? Wie hast du das geschafft? Deine Eltern sind doch im Krieg umgekommen. Die Russen und so, hast du doch mal erzählt."

„Ja, da weiß ich nichts davon. War bei einer Nachbarin, die hatte Mitleid mit mir. Über die Ostsee, es war so kalt, und ich hatte immer Hunger. Dann das Waisenhaus hier in der Stadt. Die hatten einen Platz frei, dann die Volksschule mit Ach und Krach, nicht richtig abgeschlossen, ab vierzehn dann in die Fabrik. Den Rest kennst du ja. Wie du, seit Jahren am gleichen Arbeitsplatz."

„So, also, da gibt's wirklich niemanden hier?"

„Nee, Familie nicht. Komisch, ich erinnere mich nur an meine Großmutter auf dem Bauernhof, die Küken. Sie war immer gut zu mir, hat mich immer getröstet. Ihre Schürze hat nach allem Möglichen gerochen, Honig und Heu..."

"Naja, jedenfalls, wegen dem blond. Ich weiß net," Monika war noch immer nicht überzeugt. Wasserstoffblondes Haar auf der Filmleinwand war eins, selbst so einen wasserstoffblonden Kopf zur Schau zu tragen, war etwas ganz anderes. Er würde wie eine Bombe einschlagen, in der Fabrik, in der Nachbarschaft, in der ganzen Stadt. Die Leute würden mit dem Finger auf sie zeigen. Aber sie kannte ihre Freundin, und sie bewunderte ihren Mut. Wenn jemand in dieser Stadt so etwas sich zu tun traute, dann war es Anneliese. Und warum auch nicht. Sie hatten zusammen in der Fabrik vor vier Jahren angefangen, frisch von der Volksschule weg, gerade mal vierzehn Jahre alt. Und seitdem, tagein, tagaus, die Baumwollspinnerei. Da musste man schon mal Dampf abgehen lassen, um nicht total verrückt zu werden.

Tatsächlich war Anneliese von ihrer eigenen Idee so begeistert, dass sie gleich am nächsten Abend, nach Beendung ihrer Schicht, beim Friseur Stefan in der Karolinen Straße vorbeischaute, und dieser Entschluss brachte sie ihrem Traum einen großen Schritt näher. Stefan wusste mehr oder weniger, wie er eine wasserstoffblonde Jane Mansfield aus der kleinen Anneliese zaubern konnte, und tatsächlich verließ sie ein paar Stunden später den Stefan Friseursalon mit einer neuen wasserstoffblonden Haarpracht, vorsichtshalber unter einem Kopftuch verborgen, erwartungsvoll und ziemlich aufgeregt.

Monika war beeindruckt, als Anneliese am nächsten Morgen ihre Haarfarbe vorstellte. „Anneliese Mansfield! Du siehst ja toll aus," sagte sie, „wieviel hat das denn gekostet?"

„Eine ganze Menge," lachte Anneliese. „Aber es war es wert. Ich esse eine Woche lang nur Brot und Wasser, und die nächste nur Wasser und Brot."

A Very Strange, Enchanted

Boy

Jacks, wie die Bar neben der Kaserne hieß, war der richtige Ort für die beiden Freundinnen, Annelieses weiß-blonde Haarpracht einer Feuerprobe zu unterziehen Sie hatten sich auf den Samstag verabredet. Samstag war Schwarzenacht bei Jack. Montag, Mittwoch, Freitag und Sonntag war Weißenacht. Dienstag, Donnerstag und Samstag war Schwarzenacht. Rassentrennung in einer kleinen fränkischen Stadt, und nicht nur, weil die Bewohner Amerika nacheiferten. Die Weißen hatte einen Tag mehr zum Vergnügen als die Dunkelhäutigen, und das war eben nun einmal so, wie Monika sagte. Die Weißen waren eben immer im Vorteil. In Amerika. Überall auf der Welt. So ist es eben.

Dunkelhäutig oder weiß, Anneliese war es egal. Amerikaner waren sie doch alle. Und alle wirkten sie alle so wohlhabend, so gutaussehend und so lässig. In ihren sauberen neuen Uniformen, gut genährt. Der ganze American Way of Life gefiel ihr. Es war schwer, dieser Lebensart zu widerstehen, egal, welche Hautfarbe ein Mensch hatte!

„Die anderen Frauen in der Fabrik werden von Neid erblassen," sagte Monika. Sie wusste, dass es die Mädchen mit amerikanischen Freunden waren, die beneidet wurden. Sah sie doch manchmal junge Frauen am Arm amerikanischer Soldaten durch die Altstadt spazieren gehen, gutaussehende Paare, Wohlhabenheit ausstrahlend, mit Luxus eingedeckt. Wer mochte das schon nicht zu einer Zeit, in der Selbstverneinung, Enthaltsamkeit, Selbstverzicht angesagt waren?

„Bist du sicher, du willst zur Schwarzenacht gehen?" fragte Monika ihre Freundin. „Wir können doch genauso gut erst morgen gehen, haben wir ja auch noch frei." Sie hatte eigentlich keine große Lust, einen Schwarzen Amerikaner kennenzulernen. Die Weißen hatten logischerweise mehr Geld zur Verfügung als die Schwarzen, schon von der Geschichte der Rassentrennung in Amerika her, obwohl sowohl Schwarz wie auch Weiß Essen und Zigaretten in Hülle und Fülle anboten.

„Naja, ist mir eigentlich egal. Ich habe gehört, dass die Dunkelhäutigen netter sind," sagte Anneliese. „Die Weißen sind oft nicht so nett, und ich habe genug von Menschen, die nicht nett sind. Ja, ich will auf jeden Fall am Samstag gehen."

„Na gut, ich komme mit, obwohl ich ja eigentlich Country und Western mehr dufte finde als Boogie-Woogie. Aber Anneliese, tu mir bitte den Gefallen und verliebe dich nicht. Nicht in einen Schwarzen. Das gibt zu viele Probleme."

„So ein Quatsch," lachte Anneliese. „Ich verliebe mich nicht in eine Farbe. Wenn, dann in einen Menschen. Und außerdem, ich weiß gar nicht, was das ist. Verlieben. War noch nie verliebt, und werde es auch in der Zukunft nicht sein. Liebe! Das Gerede davon ist doch alles Blödsinn."

„Das nächste Mal gehen wir auf jeden Fall zur Weißenacht," sagte Monika, als die beiden sich vor der Fabrik verabschiedeten.

Am Samstag trafen sie sich, wie verabredet, vor Jacks. Monika konnte sehen, dass Anneliese sich diesen Besuch etwas hatte kosten lassen. Über einem neuen Petticoat Unterrock, der sie wie eine Wolke umschwebte, trug sie einen neuen weitschwingenden rosa Rock, auf den sie einen Handteller großen Stoffpudel genäht hatte, wie sie es im High Society Teil der Bunten Illustrierten im Salon Stefan gesehen hatte. Der Rock stellte ihre Taille gut zur Schau, und der enganliegende weiße Pulli passte zu den Stöckelschuhen mit den weißen Spitzensöckchen. Mit ihrem schockierend weiß-blond gewelltem Haar und einer rosa Heckenrose hinter dem Ohr (von einem Busch im Vorgarten der Baumwollspinnerei), hätte sie Jane Mansfield jederzeit die Waage halten können.

„Du siehst ja super aus," sagte Monika bewundernd.

"Hat mich ja auch genug gekostet. Jetzt brauche ich nur Bewunderer." Anneliese war schon wieder ganz aufgeregt und streifte ihr Kopftuch vorsichtig ab. "Vielleicht bringen die ihre Ami Frauen mit, die sicher alle wie die Jane Mansfield aussehen."

Jacks hatte eine Theke, an der ein halbes Dutzend Leute saßen, mehr Paare tanzten schon auf der Tanzfläche in der Mitte des Raums zu einer beschwingten Musik, oder saßen an den Tischen.

Kaum hatten Anneliese und Monika sich an einen der Tische gesetzt, als zwei junge Soldaten sie zum Tanzen aufforderten. Annelieses Herz klopfte laut, als ihr Tanzpartner sie auf die Tanzfläche führte. Die Jukebox spielte einen Song, der ihr unbekannt war. Ihr Partner war groß, dunkel und gutaussehend. Er lächelte sie an und sagte, "Good evening, Fräulein Jane Mansfield. My name is OJ. Call me OJ."

„Was hat er gesagt?" fragte Anneliese ihre Freundin, die neben ihr mit ihrem Tanzpartner war.

„Er sagt er heißt Oh Jäi. Du sollst ihn einfach Oh Jäi nennen."

„Oh Jäi? Ich bin die Anneliese. Was ist das für ein Name, Oh Jäi?"

„What is she saying," fragte OJ seinen Freund, der mit Monika tanzte.

"She wants to know who you are."

„Oh, okay. Wait."

Da fummelte Oliver James Miller an seiner Uniformjacke herum, bis er seine Ausweiskarte fand, auf dem sein Name stand, Miller, OJ, und darunter seine Heimatstadt: Tuscaloosa, Alabama, United States.

Anneliese hielt das Dokument in das schummrige Licht der Deckenbeleuchtung und betrachtete es aufmerksam.

„Ein O und ein Jot," sagte sie. Kein Name. Aber hier, TUS KA LOO SA. Tuscaloosa. Tus. TUS. ka Ka loo sa. Loo sa.

Damit nahm das Schicksal seinen Lauf.

Manchmal stolpert man über etwas und macht das Schicksal, das einen bis dahin nichts zur Kenntnis nahm, auf uns aufmerksam. So fing alles damit an, dass das Fräulein mit ziemlicher Mühe über Tuscaloosa stolperte und etliche Male versuchte, Herr oder Frau über den seltsamen Namen zu werden.

"Taska lusa". Der Soldat lachte. Sie stimmte in sein Gelächter ein. Der Name war zu amüsant, besonders die ersten beiden Silben, die sie betonte.

"Darling," sagte OJ Miller, "you are very funny. Isn't she funny, Dan, that German Fräulein Jane Mansfield?"

Er hatte sie Jane Mansfield genannt. War sie wirklich so hübsch wie der amerikanische Superstar? Vielleicht. Sie lachte ihr hohes, mädchenhaftes Lachen; sie fühlte sich schön und bewundernswert, und ganz ausnehmend besonders attraktiv mit ihren teuren neuen weißblonden Haaren. Sie konnte sich nicht erinnern, sich jemals so schön gefunden zu haben. Die Idee mit den Jane Mansfield Haaren war genial gewesen. OJ beugte sich zu ihr und korrigierte ihre Aussprache. "TAS KA LU SA," sagte er.

Sie roch nach Zitrone und Holz, nicht unangenehm, aber der Geruch erinnerte ihn an zu Hause, wenn seine Mutter den Hausputz machte. Sie wäre nicht begeistert, wenn sie ihn jetzt sehen könnte. Er mit einem hübschen German Fräulein an seiner Seite. „Trouble," würde sie sagen, „trouble!" Er verscheuchte den Gedanken und konzentrierte sich auf seine Tanzpartnerin.

"TAS KA LU SA. It's a town, darling, the size of your town, and it's named in honor of an Indian chief, Tuscaloosa. Tuscaloosa, that name means black warrior. It's American history, you know?"

Sie schüttelte den Kopf, sie verstand nichts außer DAHling. Die rosa Heckenrose fiel aus ihrem weißblonden Haar. Sie sah bezaubernd aus, und es war ihm egal, dass sie kein Wort von dem verstand, was er ihr erklären wollte.

OJ hob die welkende Blume auf, roch an ihr und stecke sie sich in ein Knopfloch an seiner Uniform. „Mona Lisa," sang er mit einer tiefen, samtigen Stimme mit dem Lied mit, das aus der Jukebox kam, „men have named you. You're so like the lady with the mystic smile."

Nach ein paar weiteren Versuchen hatte Anneliese wenigstens die Aussprache besser im Griff. TAS KA lusa. "Stress on the penultimate syllable. Taska LUUUSA," sagte OJ. "Taska LUUUSA."

"Taska LUUUSA," wiederholte sie.

Zitrone und Holz. Ob das ein German perfume war? Vielleicht würde das auch Jane gefallen. Jane? Jenny, verbesserte er sich, Jenny hieß das Mädchen, das auf ihn daheim wartete, oder auch nicht. Es war immer gut, wenn ein Mädchen daheim auf einen Soldaten wartete. Gab ihm einen Grund, wieder nach Hause zu wollen. Nein, es war nichts Formales. Sie kannten sich seit der ersten Klasse. Nicht einmal ein richtiges Girlfriend. Friend, das war sie, sonst nichts. Wie war er auf Jane gekommen? Aber Jenny war weit weg, und Nat King Cole wartete in der Jukebox.

Taska LOOSA, wiederholte die junge Frau an seiner Seite eifrig.

"Good enough," sagte OJ und sah sich um. Es waren ausschließlich dunkelhäutige Soldaten im der Bar, und er fühlte sich sicher. No trouble here, mother.

Der Mona Lisa Song war zu Ende gekommen. OJ warf eine Münze in die Jukebox, wählte seinen Lieblingssong von Nat King Cole, "Nature Boy." Er sang mit Nat King Cole, und sie mochte seine warme Stimme so nah an ihrem Ohr. Sie hatte nie gewusst, wie schön die englische Sprache sich anhörte.

„There was a boy
A very strange, enchanted boy.
They say he wandered very far,
very far over land and sea
a little shy and sad of eye
but very wise was he.
And then one day a magic day

110

he passed my way and while
we spoke of many things
fools and kings This he said to me
"The greatest thing you'll ever learn is
just to love and be loved in return."

"Ich spreche kein English," sagte sie überflüssigerweise. „Leider."
"And I don't speak your language," he smiled. "Dancing is our language. The greatest thing you'll ever learn is just to love and be loved in return."
Anneliese mochte die Melodie, weich, schmiegsam, die Stimme dieses Nat King Cole war bezaubernd, aber sie mochte OJs Stimme noch lieber. Das war alles so neu für sie. In den Armen eines Mannes, gehalten zu werden. Tanzen erforderte keine Sprachfähigkeiten, und ihre Körper kommunizierten überraschend gut, es war wie eine Magie, dieses Tanzen. Anneliese hatte keine Ahnung, wie Tanzen funktionierte. In seinen Armen musste sie das nicht wissen. Er führte er sie, bestimmt und sicher, und sie wiegte sich und drehte sich mit ihm und seine Gegenwart war beruhigend und doch aufregend, und alles war so neu und himmlisch und unerwartet. Geborgenheit, dachte sie. Geborgenheit war, was sie empfand. Sie schloss ihre Augen, dieses Gefühl der Geborgenheit war so überwältigend, dass sie hoffte, der Tanz mit diesem Mann OJ aus Taska Irgendwas würde nie mehr aufhören.

Doch irgendwann hörte die Melodie auf und zögernd löste sie sich aus seiner Umarmung. OJ führte sie an ihren Tisch zurück. Sie zeigte auf den freien Stuhl. „Bitte," sagte sie. Monika war mit ihrem Partner an der Theke, - umso besser. Sie wollte noch ein bisschen Zeit allein mit ihrem Tanzpartner verbringen, der sie ebenso verzaubert hatte. Wie war sein Name doch gleich. Tas...Tas...Lus... Lusa? Er lachte laut, während sie sich noch immer mit dem neuerlernten Namen amüsierte. Er wurde das quid pro quo einer Unterhaltung, und schließlich verkürzte sie ihn auf LUSA and lachte ihn damit ausgelassen an: Lusa. Lusa. Sie hatte den Namen für ihn gefunden, und außerdem ein paar Brocken Englisch gelernt. Lusa. DAHling. Nat King Cole. "The greatest thing you'll ever learn is just to love and be loved in return," sang er in ihr Ohr.

Die Kumpel des Leutnants überhörten den neuen Namen, mit dem sie ihn foppte, Lusa, DAHling, Lusa. Es hörte sich an wie "Loser," Verlierer. Sie gönnten ihm, dass er sich eines der German Fräulein geangelt hatte, aber sie hätten es nicht gemocht, wenn jemand sie Loser genannt hätte.

Aber OJ zuckte nur mit seiner Schulter und ließ sie ihren Spaß haben. Er wusste, dass er alles andere als ein Verlierer war. Als er ein Baby war, so wurde ihm erzählt, gab ihm seine karibische Urgroßmutter vor ihrem Tod den Obeah, einen Segen der Südsee Inseln, der ihn davor bewahrte, je ein Verlierer zu sein. Er hatte Gewinnerblut in seinem DNA. Er lächelte zwar über diesen Aberglauben, und wenn ihn jemand fragte, ob er ihnen Glauben schenkte, hätte er abgewehrt, Nein, natürlich nicht. Es sind bloß Märchengeschichten der Südsee, sonst nichts; andererseits waren sie Teil seiner Familiengeschichte. Nein, er war alles andere als ein Verlierer; der Obeah war auf seiner Seite.

Anneliese fand ihn nett und zärtlich und verspielt. Sie mochte seine dunklen Augen, geheimnisvoll und beruhigend, sie passten zu seiner ruhigen, samtenen Stimme, der sie ewig zuhören wollte, ohne ein Wort von dem zu verstehen, was er sagte; sie hatte ihre eigene Melodie, die sie umarmte und tröstete. Er war groß und stark, sie hatte seine Muskeln durch seine Uniform hindurch spüren können, und sie fühlte sich zum ersten Mal in ihrem Leben, beschützt. Egal was kommen wird, dachte sie, mit ihm an meiner Seite kann mir nichts Schlimmes geschehen.

Monika kam wieder an den Tisch und drängte Anneliese zum Gehen. Erst aber musste sie als Dolmetscher fungieren. Sie übersetzte, als OJ Anneliese fragte, ob er sie am kommenden Dienstag wiedersehen durfte.

„Yes," strahlte Anneliese, „hier bei Jacks."

Er nickte und hielt die Heckenrose an seine Nase, atmete ihren Duft tief ein.

„Not goodbye, just until later," sagte er.

„Komisch, nicht wahr" sagte sie später auf dem Heimweg zu Monika. "Ich habe ihn heute zum ersten Mal getroffen und es ist, als hätte ich ihn mein ganzes Leben lang schon gekannt."

Monika sah sie von der Seite her an. „Du hast dich doch etwa nicht in ihn verliebt, oder?" fragte sie.

„Verliebt? Ach was, natürlich nicht. Glaube ich. Ich weiß es nicht. War ja noch nie verliebt. Ist das, was verliebt sein ist?"

„Du wüsstest es, wenn du verliebt wärest," sagte Monica.

„Es macht dir also nichts aus, dass er ein Schwarzer ist?" Sie persönlich hatte keinen Kontakt zu ihrem Partner entwickeln können und machte schon Pläne, zur Weißenacht zu gehen.

„Ein Schwarzer, sagst du? Das Wort mag ich nicht. Es hört sich so … so nicht nett an. Ja, er hatte dunklere Haut als ich. Aber das ist mir nicht wirklich aufgefallen, es war nicht wichtig," antwortete Anneliese. „Er war nett, so lieb und er … ich war noch nie so glücklich wie diese Nacht."

„Du wirst ihn also wiedersehen?" fragte Monika, und wunderte sich wieder über die Freundin. Wer hätte das gedacht, dass sie auf Schwarze steht. Unglaublich.

„Ja, das hab ich ihm mit ihm ausgemacht. Dienstag, hoffe ich. Nein, ich weiß, dass ich ihn am Dienstag wiedersehen werde. Er wird da sein. Er wird immer für mich da sein. Ich habe das im Gefühl. Ich bin mir dessen sicher. Ich weiß es ein hundert Prozent. Ist das das Verliebtsein?"

Die Heckenrose

Der Lieutenant aus Taska Lusa ging ihr nicht aus dem Sinn. Am Montag nach der Arbeit, ging sie in einen Buchladen in der Ludwig Straße und verlangte ein Englisch Deutsches Wörterbuch. Der Verkäufer legte ihr zwei Wörterbücher vor: ein schmales Deutsch-Englisches, und ein dickeres Deutsch-Englisch und Englisch-Deutsches Wörterbuch. Das letztere kostete 23 Mark. Sie entschied sie sich für das kleinere für vier Mark fünfzig.

Der Dienstag kam, und OJ wartete schon im Jacks auf sie. Ihr Wiedersehen war so spontan und natürlich, als hätte zwischen dem ersten Mal und diesem nur ein kurzer Moment gelegen. Sie strahlte ihn an und hielt ihm ihr Wörterbuch entgegen.

„Ich möchte ab jetzt alles verstehen, was Sie mir sagen," sagte sie.

Er lachte und sagte, „One Moment." Dann langte er in die rechte Innentasche seines Jacketts und holte ebenfalls ein Wörterbuch hervor, die dickere Ausgabe.

„Aha," lachte sie. „23 Mark. Das war zu teuer für mich. Ich freue mich aber, dass wir die gleiche Idee hatten."

Es war alles so leicht und natürlich zwischen ihnen. Sie fühlte sich geborgen bei ihm, und genoss dieses Gefühl, das sie in ihrem ganzen jungen Leben noch nie gespürt hatte. Jemanden, dem sie in die Augen blicken konnte, und der sie mit so viel Zärtlichkeit anschaute. Sie hatte das Gefühl, dass niemand sie wirklich je gesehen hatte. Bis jetzt. Er sah sie wirklich.

„Oh," sagte er, „I have something for you."

Er langte in die linke Jackett Innentasche und zog ein flaches Päckchen hervor, in Seidenpapier gewickelt.

„Für mich?" fragte sie. Sie starrte auf das rechteckige Päckchen. Biss sich auf die Lippe, wusste nicht, wie sie reagieren sollte. Sie konnte sich nicht erinnern, je in ihrem Leben ein Geschenk erhalten zu haben. Die Schwestern im Waisenhaus hatten kein Geld für Geschenke, und später, der Krieg, nur Sorgen, Entbehrungen, Angst. Keine Zeit für Geschenke.

„Go on, open it," sagte OJ und schob es näher zu ihr hin. Dann erinnerte er sich an das Wörterbuch und schlug es auf. „Für ... die Rose."

Sie wickelte vorsichtig die Verpackung auf und fand ein seidenes Kopftuch bedruckt mit kleinen wilden Röschen auf einem silbernen Hintergrund.

„Oh, meine Rose." Die kleine Heckenrose, die aus ihrem Haar gefallen war. Er hatte sie aufgehoben und sie sorgfältig in das Knopfloch seiner Uniform gesteckt. Wie oft hatte sie sich seitdem daran erinnert. Er hatte es nicht vergessen. Wie gut das tat, dass jemand sich an sie erinnerte.

„Wie schön," sagte sie, und drehte sich vor der Spiegelwand hinter der Bar mit dem Tuch auf ihrem Haar, „Wunderschön."

„Wie schön," wiederholte er und blätterte hier und da in seinem Wörterbuch und sagte dann in haltendem Deutsch, „Du...wunderschon...Apfel." Er sah sie erwartungsvoll an. Sie sah ratlos aus.

„Ich Apfel? Ich bin kein Apfel. Was meinen Sie ... meinst du damit?"

Er versuchte wieder, „Du ... Venus...Apfel?"

Sie verstand nicht. „Tut mir leid, OJ. Aber ich weiß nicht, was du ... Sie ... du ... mir sagen willst. du wunderschön, Apfel, Venus. Was immer du meinst, ich glaube du willst mir sagen dass ich dir gefalle. Und das ist genau das, was ich dir sagen möchte. Ich mag dich sehr. Du gefällst mir auch."

Sie verstanden nur ein paar Worte in der Sprache des anderen, aber das machte keinen Unterschied. Sie hielten sich bei der Hand und einmal strich er ihr zärtlich über die Wange, und sie liebte diese Geste und wollte mehr davon.

An jenem Dienstagabend führte er sie in ein Restaurant in der Stadtmitte, und sie bemerkte die Blicke der Leute, die sie musterten und dann ihre Köpfe zusammensteckten und hinter dem Paar her tuschelten. Ein dunkelhäutiger Mann, ein amerikanischer Soldat natürlich, mit einer jungen Frau, einer Weißen mit weißblond gefärbtem Haar unter einem silbernen Seidentuch auf den Kopf, was das gekostet haben muss, noch dazu dieser amerikanischer weitschwingender Pudelrock, und in Pfennigabsätzen! Tsk. Wenn das kein Grund für einen Skandal war!

Anneliese ahnte, dass sie nicht in das Bild der Frau passte, welches sie in ihrer Umgebung jeden Tag sah. Selbstverleugnung, Sparen, jeden Pfennig beiseitelegen, nur dadurch konnte man einem Mann seine Liebe beweisen. Sie konnte es in ihren Gesichtern lesen, dass sie ihr vorwarfen,

Geld für Kleidung und Kosmetik zu verschwenden. Vielleicht war sie sogar eine Prostituierte? Wusste man es denn? Wenn jemand solche Luxusartikel so deutlich zur Schau stellte, dann konnte diese Verbindung nicht auf Zuneigung gegründet sein, so dachten sie wahrscheinlich. Käufliche Liebe, sicherlich.

Aber das Getuschel, das Gerede, die verächtlichen Blicke – all das machte ihr nichts aus. OJ selbst hatte keine Augen für die anderen, er war aufmerksam und selbstbewusst, und er war stolz auf seine Begleiterin. Er behandelte sie äußerst respektvoll und sie liebte jeden Augenblick an seiner Seite.

Nach und nach lernten sie sich besser kennen. Mit Hilfe ihrer Wörterbücher, Notizhefte und viel Geduld erfuhren sie voneinander, und ihre Vergangenheit gewann Form und Sinn.

OJ war der jüngste von drei Söhnen eines Pfarrers der First Baptist Church in seiner Heimatstadt. Der älteste war Pfarrer wie der Vater, und der zweitälteste war Lehrer. Seine Mutter arbeitete als Bürokraft bei der Air Force Base. Die Eltern wollten, dass er und seine Geschwister eine gute Ausbildung erhielten und schickten sie auf eine private Universität, an der dunkelhäutige Amerikaner wie er selbst studieren konnten. Die Eltern und ihre Freunde kämpften für die Bürgerrechte und engagierten sich für Gleichberechtigung und Aufhebung der Rassentrennung.

Anneliese nickte begeistert. "Yes, das ist gut, important. And you? What want you?", fragte sie.

OJ sagte, er wollte Arzt werden. Er hoffte, Medizin zu studieren.

„Das ist gut," sagte Anneliese. „Du wirst Gutes tun für die Menschen."

OJ sah sie nachdenklich an. „Was machen dich Engel?" fragte er. „So viel Liebe, für Menschen, für alle. Du have no falsch, einfach, gut. Ein groß Herz."

„Ach, im Waisenhaus haben wir ein altes Lied gelernt. Es heißt an den Mond. Da haben die Schwestern gesagt, wir sollen das singen, wenn über uns die Flieger am Himmel brummten, und der Mond weit weg. Wir hatten Angst vorm Sterben Das Lied. Ich singe es für dich, soweit ich es noch weiß.

Füllest wieder Busch und Tal
still mit Nebelglanz,

Lalalala

Jeden Nachklang fühlt mein Herz
froh- und trüber Zeit,
wandle zwischen Freud und Schmerz
in der Einsamkeit.
Fließe, fließe, lieber Fluss!
nimmer werd ich froh,
so verrauschte Scherz und Kuss,
und die Treue so.

Lalalala…

Ich besaß es doch einmal,
was so köstlich ist!
daß man doch zu seiner Qual
nimmer es vergisst!

Lalalala…

Selig, wer sich vor der Welt
ohne Hass verschließt,
einen Freund am Busen hält
und mit dem genießt,

was, von Menschen nicht gewusst
oder nicht bedacht,
durch das Labyrinth der Brust
wandelt in der Nacht.

„So schön. But sad. Was ist Bedeutung?" fragte OJ.

„Also. Das Lied sagt, dass wir Liebe und Freunde verlieren, sogar unsere Familie, alles, was wir lieb haben. Und dass Menschen uns enttäuschen. Aber dann ist die Einsamkeit in der Nacht auch ein Trost, der Mond ist wie ein Freund, die Natur, der Fluss, das alles versteht uns besser als die Menschen. Aber auch, dass wir selig sind, überglücklich sind, wenn wir irgendwie, irgendwann und gegen alles, was das Leben uns so gemein in den Weg schmeißt, einen Liebsten gefunden haben. Wie ich dich. Und ich bin selig. Wegen dir. Selig."

„Selig," wiederholte OJ und berührte zärtlich ihre Lippen. „Okay, wo ist … where is my Wörterbuch. Selig…blessed. Oh! Blessed. Ich love this word. Selig."

Danach trafen sie sich, sooft sie Zeit finden konnten. Sie zeigte ihm alles, was sie an der kleinen Stadt mochte. Sie gingen in Cafés und den schönen Park am Rande der Stadt; sie führte ihn durch die Kirche im Zentrum mit dem hohen gotischen Altar, den er bewunderte. Sie besuchten etliche andere Restaurants und sogar das einzige Kino, das neben deutschen Filmen auch hin und wieder amerikanische zeigte.

Schließlich, denn sie wollte, dass er jeden Raum in ihrem Lebenshaus kennenlernte, selbst die kleinsten Kammern, sie wollte nichts vor ihm verborgen halten, alle ihre Erfahrungen mit ihm teilen – „Ein Bild war wert eintausend Worte," war das nicht, was sie sagten? – schließlich also brachte ihn zu dem Waisenhaus, in dem sie zwölf Jahre ihres Lebens verbracht hatte. Sie stellte ihn den Schwestern vor.

„Das ist mein liebster Freund. Er kommt aus Amerika," sagte sie stolz. Die Schwestern in ihrem weißen Habit lächelten ihn freundlich and und fragten ihn nach seinem Namen.

„Oliver James, Ma'am," antwortete er.

Ein schöner Name, sagten sie, ein Name, der Weisheit, Frieden, Reinheit, Segen symbolisiere, und ja, Gott mit Ihnen. Anneliese strahlte. Sie konnten jeden Segen gebrauchen, jetzt, wo sie sich in einem so gegenseitig glücklichen Zustand befanden.

Irgendwann einmal hörte sie auf zu zählen, wie oft sie sich getroffen hatten. Jedes Zusammensein brannte sich tief in ihre Erinnerung ein. Es musste lange dort aufbewahrt werden, und keine Einzelheit durfte vergessen werden.

Dann lud sie ihn in ihre Mansarde ein. Es war ihr Zuhause, auch wenn es nicht mehr als ein Holzverschlag auf dem Dachboden eines schiefen alten Hauses war.

Als sie am nächsten Morgen aufwachte, sah sie blinzelnd in seine Augen. Sie wunderte sich, wie lange er auf seine Ellbogen gestützt, sie im Schlaf beobachtet hatte, gewartet hatte, bis sie die Augen aufschlug. Trübes Licht filterte durch die Dachluke über dem Bett in das kleine Zimmer. Sie konnte sich nicht erinnern, je besser und ruhiger geschlafen zu haben, und sie sagte ihm das. Er nickte lächelnd, küsste sie. „Me too. My Angel."

Später, als er sich zum Weggehen fertig machte, versuchte er, seine Erscheinung in ihrem gebrochenen Spiegel neben der Tür zu überprüfen. Es war nicht leicht. Dann fragte er sie, „Why do you live here?"

Sie verstand nicht, suchte aus seinem Gesicht abzulesen, was er meinte. Er holte sein Wörterbuch hervor.

„Hier… nicht good enough for you," sagt er, deutet auf die Balken, das enge Bett, den kleinen Küchentisch mit dem Spirituskocher, einem dreibeinigen Hocker, und dem alten wackeligen Wandschrank. Sogar den kleinen blinden gebrochenen Spiegel neben der Holztür schloss er ein.

Sie folgte seinen Augen und da verstand sie, was er dachte, was er sagte.

„Ach ja," sagt sie, „ich weiß, was du sagst. Aber das ist ja nur vorübergehend. Ich habe nur ein paar Habseligkeiten, und da ist die Dachkammer gut genug. Ist ja nicht für immer. Weißt du, ich habe doch mit vierzehn von der Schule weg müssen, und vom Waisenhaus, und da gab es gottseidank Arbeit für mich in der Fabrik, und das alles hier," sie fing das kleine Zimmer mit einer kurzen, wegwerfenden Handbewegung ein, „das ist alles, was ich mir leisten konnte. Das ist mein Palast, und gut genug für mich. Willst du ein Geheimnis wissen?"

Sie lachte ihn an. Er küsste sie. Er liebte es, wenn sie in ihrer Sprache redete, die er noch nicht verstand, nur ein Wort hier und da, aber er konnte sich vorstellen, was sie sagte. Er liebte es, ihrer Stimme zuzuhören, ihr Mienenspiel zu beobachten, mit seinen Fingern durch ihr langes blondes Haar zu fahren.

„Ich lege mein Geld auf die Seite,' sagte sie, „für später. Weißt du, die Miete ist wenig, richtig spottbillig. Gibt keine adere wie die in der ganzen Stadt. Ist ein Dach über dem Kopf. Wenn es regnet, dann stelle ich eben die Waschschüssel auf. Und so schlecht ist es doch gar nicht. Weißt du, ich hab so viel Schlimmes erlebt, viel schlimmer als das hier. Vielleicht könnten wir mal die Wände tapezieren, ein Sofa dort in die Ecke, vielleicht auch einen Sofatisch davor, was denkst du? Das wäre doch ganz anheimelnd. Ist das ein Luftschloss?"

„Luftschloss? Wait. Let me look that up. I have no idea what you are saying. But I like it." OJ küsste sie wieder. Sie mochte seine Liebkosungen, wollte sie für immer festhalten.
"Du bist so lieb."
„Lieb?" fragt er.
„Ja, das," sagt sie und küsste ihn.
„Like, ich liebe dich?"
„Ja, das auch. Ich hab dich lieb."

Er versorgte sie. Er wollte sie verwöhnen mit allem, wozu sie selbst nie Geld ausgegeben hätte. Jedes Mal, wenn er zu ihr kam, brachte er Dinge mit, die er in den Läden der Kaserne gefunden hatte.
„Wieder ein Mitbringsel, OJ? Was mache ich mit all den Sachen?" Seidenstrümpfe, Schokolade, Kaffee aus Kolumbien, den sie sich mit einem Melitta Filter selbst brühten, sogar eine Flasche Shalimar Parfüm und unzählige andere Schätze. Sie wusste schon gar nicht mehr wohin mit all den Kostbarkeiten.
„You need a chest of drawers, die Kommode," sagte er einmal, als der Berg von Geschenken sich in der Ecke häufte. Und das nächste Mal brachte er in seinem Jeep tatsächlich eine neue Wäschekommode mit, die er im Kasernengeschäft entdeckt hatte. Und einen schönen großen Wandspiegel mit einem goldenen Rahmen, der den gebrochenen ersetzte und ihrer Dachkammer den Eindruck eines edles Palais verlieh, oder zumindest jenem schmalen Teil der Holzwand. Die Kartons mit Kaugummi, Reservedosen, Schokoladetafeln, Kaffee, Dokumente und andere Papiere, die in einem Pappkoffer unter der Matratze waren, bekamen ein neues Zuhause in der zweiten Schublade, und Anziehsachen in die oberste. Das Shalimar bildete die Krönung obenauf. Solch ein Luxus. Sie schlug in ihrem Wörterbuch nach, wie man

verwöhnen sagte. „Pamper." So niedlich, dachte sie, wie Pampelmuse. Pampel.

„You pampel me," sagte sie und er verstand nicht. „Pampel," wiederholte sie und zeigte auf das neue, das einzige Möbelstück in ihrer Mansarde, das nicht angebrochen oder irgendeinen Defekt aufwies. „You pampel me." „I pamper you. I understand." Er musste lachen. Er hatte nie so viel Glück gekannt. Pampel, how sweet. Seine Eltern würden sie so lieb gewinnen, wie er sie liebgewonnen hatte.

Sonntag war ihr freier Tag, und manchmal konnte er es so einrichten, dass das auch sein freier Tag war. Einmal kam er mit einem eleganten weißen Sonnenhut für sie.

„Wozu der Sonnenhut?" fragte sie lachend, und betrachtete sich in dem neuen Spiegel neben der Wäschekommode.

„Because today we are going for a ride." Er drehte sie zärtlich im Kreis. Er hatte Mike zu einer Besprechung in einen nahegelegenen Ort gefahren und konnte den ganzen Tag über das Auto verfügen. Mike selbst hatte ihm die Erlaubnis dazu gegeben. Nicht dass er seinem Boss gesagt hätte, mit wem er den Tag verbringen würde.

Das weiße Oldsmobile Convertible war vor der Haustür des alten schiefen Hauses geparkt. Anneliese traute ihren Augen nicht. Ihre Reaktion wechselte zwischen tiefster Beeindruckung und höchster Begeisterung, und sie tanzte ausgelassen ein paar Mal um das Auto herum. „Für uns?" fragte sie immer wieder. „Wie die Kutsche des Aschenputtels." Als sie durch die Stadt fuhren, sah er sie immer wieder von der Seite an. Sie sah so frisch aus wie der Morgen, seine Traumprinzessin, in ihrem rosa Sommerkleid und dem weißen Sonnenhut. Die Leute blieben auf der Straße sehen und sahen ihnen bewundernd und wahrscheinlich mit viel Neid nach.

„Ich fühle mich wie ein Filmstar," lachte sie und streckte ihr Gesicht der Sonne entgegen." Oder wie in einem Traum, von dem ich nie aufwachen möchte."

OJ verstand nicht jedes Wort, das Anneliese sagte, aber wie immer wusste er genau, was sie meinte. Er fühlte das Gleiche wie sie. Nie wieder, so glaubte er, würde das Leben so gut sein zu ihm wie in diesem Augenblick, in dieser Zeit, in dieser Stadt, mit dieser Frau. Es konnte nicht für immer sein, es war gebunden an seine Situation als amerikanischer Soldat im Nachkriegsdeutschland, wo er frei war, und Dinge genießen konnte, die für ihn in den Staaten außer Reichweite waren, und wieder sein würden, wenn seine Zeit hier zu Ende ging. Aber das war noch lange weg, und bis dahin wollte er jeden Moment in diesem Paradies voll auskosten mit diesem Engel, in den er sich verliebt hatte. Und vielleicht, wer weiß, es war eine Zeit des Wechsels, vielleicht war tatsächlich nichts unmöglich. Man konnte doch immer nur hoffen.

Abschied voneinander nehmen war immer ein Problem, und er war gewöhnlich spät dran, sich wieder in der Kaserne zu melden.

Es war gerade vor Sonnenaufgang, als er sich aus der Mansarde schlich. Er glaubte, dass das ganze Haus noch im tiefsten Schlaf lag. Da begegnete er im Treppenhaus einer älteren Frau. Sie hatte einen Schlafrock an, ihre blonden Haare waren in einem Zopf geflochten. Er erkannte sie trotzdem sofort wieder von dem Barbecue Nachmittag bei Mike, die Deutschlehrerin von Mrs. Collins. Die Eselsbrücke funktionierte. leaf - wind – tremble: Mrs. Tremble!

„Hello Mrs. Tremble, right?"

Sie wusste ebenfalls sofort wer er war und zog ihren Schlafrock fester um sich zusammen.

„Oh hello. Sie sind der OJ. Hello. Forgive me, I am surprised to see you here. Do you . . . are you an . . .

acquaintance, a . . . friend of Fräulein Hofmann?" fragte sie ihn.

„Yes, Fräulein Hofmann."

„Ach so. Good. Excuse me." Sie lächelte, nickte, und ging weiter die Treppe hinauf zu ihrem Appartement.

Bei ihrem nächsten Treffen später erwähnte er zu Anneliese, dass er „Mrs. Tremble" auf der Treppe begegnet war. „I ran into Mrs. Tremble on the staircase."

"Frau Tremel? Von unten? Du kennst sie? Die hat dich gesehen? Was hat sie gesagt?"

Gesagt... sagen... gesagt. Said. „Was hat sie . . . she said? Nothing," er amüsierte sich über die Panik in ihrer Stimme. "Don't worry. She is a nice lady."

Anneliese bedauerte, dass sie nicht mehr Geld ausgegeben hatte und auch Englisch-Deutsch nachschlagen konnte. „Wörrrie. Was mag das wohl heißen?"

Einmal fragte sie ihn, "Sind wir jetzt eigentlich verlobt?" Sie war überrascht, als sie sich das sagen hörte. Verlobt? Sie wusste nicht einmal, wie man das auf Englisch sagte. Es kam so plötzlich. Wenn sie ihm etwas Bestimmtes sagen wollte, dann sah sie die Worte erst in ihrem Deutsch englischen Langenscheidt nach und meistens konnte er aus ihrem Wörterpuzzle Sinn machen. Aber dies?

Er lachte und wiederholte, "Verlobt? What is that? Girl, you need to learn more English, and I need to get proficient in German. But it's so damned difficult."

"Nothing," sagte sie. „Vergiss es." Aber dann änderte sie ihre Meinung und schlug ihren Langenscheidt auf. Verlobt. "Enga-ged. Enga-ged. Sind wir enga-ged?"

"Engaged?" OJ war vollkommen überrascht. "How did you get that idea? Ja, du bist ... my girlfriend. We're having fun, for now. Later, who knows. For now, Boyfriend maybe if you like, okay?"

Sie kniff die Augen zusammen und kräuselte ihre Nase. Sie musste nachdenken. "Boyfriend," wiederholte sie. "Ich bin dein Boyfriend? Nein, du bist mein Boyfriend."

Sie mochte die Antwort nicht.

„Hast du jemanden? Eine Frau? Bist du vielleicht gar verheiratet und hast mir nichts davon gesagt?"

Er verstand nicht.

„Deine Frau," wiederholt sie und deutet auf ihren Ringfinger.

„Oh Frau, like Frollein," wiederholt er. „No, no Frau."

„Gut," sagte Anneliese. „So, dann willst du heiraten? Ich meine, irgendwann einmal? Hast du vielleicht eine Freundin zu Hause?"

„What?" Er verstand nicht.

Sie deutete auf seine Hand und umfasste ihren Ringfinger.

Er begriff noch immer nicht. Da nahm sie die Schleife aus ihrem Haar und wand es um seinen Finger in einen Ring.

„Oh that," sagte er. „Marry? Yes, some day. Not yet." Er schüttelte seinen Kopf. "I want to become a doctor, set up my practice. Then get married."

Er sah, dass sie plötzlich traurig aussah. Hatte er ihr den Eindruck gegeben, dass jetzt schon mehr von dieser Beziehung zu erwarten war? Er war so vorsichtig gewesen. Sie kannte seine Situation nicht. Wusste sie vielleicht doch von seinen Plänen?

„Es tut mir leid," sagte er und meinte es ehrlich. „Aber spät, ich muss back to the barracks. See you on Sunday, okay?" Er nahm das Band von seinem Finger und strich es über ihren Ringfinger, presste seine Lippen darauf und stand auf.

„Almost forgot. Next time, we will go looking for an apartment."

"Was hast du gesagt?" fragte sie.

„Bye, darling, love you."

„Warte, was?"

Aber er zog schon die Tür hinter sich zu.

„Fiancé would be even better," sagte er auf der Treppe hinunter und lachte leise. Er hatte seine eigenen Gedanken dazu. „But I don't know how . . .yet."

Als Anneliese am Morgen zu ihrem Arbeitsplatz in der Fabrik ging, fühlte sie sich übel. Seit einigen Tagen schon passierte es, dass sie sich am Morgen in der Toilette übergeben musste.

„Wie siehst du denn aus," fragte Monika, als sie an ihren Arbeitsplatz zurückkehrte.

„Hab keine Ahnung, mir ist dauernd schlecht," erwiderte Anneliese und schüttelte sich. Wahrscheinlich hatte sie irgendetwas Unrechtes gegessen am Tag zuvor.

„Jeden Morgen?" fragte Monika. „Dir ist jeden Morgen schlecht?"

„Ja, das sagte ich doch schon. Muss irgendetwas gegessen haben, was mir nicht bekommen ist."

„Du bist dir doch im Klaren, was das bedeutet. Du bist schwanger!" sagte Monika so laut, dass die anderen Arbeiter von ihrer Arbeit aufsahen und sie neugierig anstarrten. Was hatten sie da gehört? Das Flüchtlingsmädchen war schwanger? Überrascht waren sie nicht im Geringsten.

Anneliese hielt mit ihrer Arbeit inne. Der Gedanke einer Schwangerschaft war ihr nicht in den Sinn gekommen. „Natürlich nicht," sagte sie laut. Das konnte es nicht sein.

Oder doch?

Die anderen tuschelten weiter. Erst die neue Haarfarbe, sagten sie, und dann der skandalöse Seidenschal, den sie einmal mitgebracht und ihnen gezeigte hatte. Heckenrosen auf Silberseide. So ein Luxus.

Und nun das.

Ein Blinder hätte das sehen können.

Sie muss jetzt die Konsequenzen tragen, das Heideröslein, half ihm doch kein Weh und Ach, musste es eben leiden.

Und hatte die Monika ihnen nicht auch bis in die letzte Einzelheit erzählt, dass ihr farbiger Liebhaber sie immer in einem Straßenkreuzer in der Gegend herumfuhr?

Sie denkt, sie ist etwas Besseres als wir?

Also bitte, natürlich war sie jetzt schwanger.

Das kommt davon.

Röslein, Röslein, Röslein rot, Röslein auf der Heide.

Um 17 Uhr desselben Tages wusste Al, dass Anneliese schwanger war.

Um 17:16 Uhr erfuhr OJs Vorgesetzter, dass OJ ein deutsches Fräulein in andere Umstände gebracht hatte.

Um 17:37 Uhr wurde OJ in das Büro des Kommandanten geordert. Er wurde informiert, dass er eine halbe Stunde hatte, seinen Koffer zu packen. Korea.

OJ fragte nach dem Grund der Versetzung.

Ihm wurde gesagt, er habe zu gehorchen, nicht Fragen zu stellen.

OJ gab sich damit nicht zufrieden.

Was war passiert, wollte er wissen. Warum?

Das ist ein Befehl, ein Befehl ist ein Befehl. Soldat. Er hat Befehlen zu gehorchen.

Nur einen Tag länger?

Nein war die Antwort, absolut nicht. Befehl ist Befehl.

Eine Stunde nur?

NEIN.

Aber...

SOLDAT!
Um 18:07 Uhr war der Abflug. OJs Versetzung war komplett. Nicht mehr, nicht weniger.

Am Abend wusste es die ganze Kaserne. OJ war auf dem Weg nach Korea. „That dog," grinste Al. Wie eine Minderheit seiner Kollegen war auch Mike Collins davon überzeugt, dass ein segregiertes Militär für ständige Peinlichkeit in den Außenbeziehungen sorgte. Das Gegenteil war der Fall: die Vorgesetzten glaubten, dass es beleidigend für das deutsche Empfinden war, Truppen integriert zu haben. Die Deutschen, so hörte er, wollten eine Segregation in Weiß und Schwarz. Die Konkurrenz zwischen weißen und schwarzen Truppen um deutsche Mädchen führe zu ernsten Problemen und wäre ein wesentlicher Grund für ihre Ablehnung der Integration. Mike bat darum, anderer Meinung zu sein.

Jetzt schüttelte er den Kopf. OJ war kurzfristig nach Korea versetzt worden, weil er angeblich eine deutsche Freundin hatte, die angeblich schwanger war? War das alles wahr? Warum war diese Versetzung so Hals über Kopf erfolgt? Er wusste von etlichen ähnlichen Fällen, und er wusste auch, dass es keinen Sinn hatte, viele Fragen zu stellen. Es war die Situation des amerikanischen Militärs, die im Wechsel begriffen, alles andere als perfekt war. Er würde seinen Freund vermissen, er hatte ihn gemocht. Hatte sogar seine Heimadresse in seinem schwarzen Adressenbuch, welches Freunden vorbehalten war.

Catherine war entsetzt. Sie erzählte es Frau Tremel, erzählte ihr, was sie vermutete: dass das Fräulein, die Nachbarin von der Mansarde, ein Baby erwartete. Sie erzählte ihr, was das Militär getan hatte, was es immer unter diesen Umständen tat: den vermutlichen Vater verschwinden lassen.

„Wie, verschwinden lassen?" fragte Frau Tremel.

„Sie versetzen die Soldaten. So weit weg wie nur möglich. In seinem Fall, Korea. Verwischen jede Spur. Das Fräulein wird nie erfahren, wo ihr Liebhaber ist."

„Ist das, weil er dunkle Haut hat?" fragte Frau Tremel.

„Ja, genau. Das ist so," sagte Catharine. „Das Militärs weisen alle Vaterschaftsansprüche deutscher Mütter zurück. Es ist verboten, dass dunkelhäutige Soldaten ihre weißen Freundinnen heiraten."

An jenem Sonntag wartete Anneliese vergeblich auf OJ. Er kam auch nicht am nächsten Abend in ihre Mansarde, noch am folgenden Sonntag. Sie litt immer noch an morgendlicher Übelkeit und die Kollegen in der Fabrik fingen an zu tratschen und mit dem Finger auf sie zu seigen. Endlich ging sie zum Frauenarzt, der ihren Verdacht bestätigte. "Nach all dem, was Sie mir sagen, sind Sie zehn Wochen schwanger. Den Termin für die Geburt lege ich auf Mitte Mai April fest."

„Das kann nicht sein, Herr Doktor. Das darf nicht sein," sagte sie.

Doch, sie hatte es irgendwie gewusst, geahnt. Ein Baby auf die Welt bringen, ohne den Vater, ohne einen Mann, ganz allein. Wie sollte sie das tun? Sie hatte keine Familie, niemanden, der ihr helfen konnte. Es konnte nicht wahr sein, es durfte nicht wahr sein.

"Herr Doktor," sagte sie zögernd, "Ich bin nicht sicher, ob ich das Baby behalten kann."

"Welche Bedenken haben Sie," fragte der Arzt. "Sie sind jung, Ihr Baby wird sicher gesund sein. Was ist das Problem?"

"Das Problem ist, dass … dass ich es wahrscheinlich allein haben werde. Die Verantwortung dafür ist zu groß."

"Dem Baby ist das alles egal. Es will leben, stark werden, wachsen, eine eigene Person werden. Sie werden eine Mutter sein, ein Leben in die Welt setzen, und das neue Leben wird sich behaupten, mit Ihnen oder ohne Sie. Das ist wichtig, sonst nichts."

„Das andere Problem ist ... Macht es einen Unterschied, dass der Vater Amerikaner ist?"

„Ein weißer oder schwarzer Amerikaner?"

„Wieso fragen Sie? Mein Freund hat dunkle Haut, dunkler als meine."

„Ach so, das wusste ich natürlich nicht. Ja dann. Es tut mir leid, um Sie. Und um Ihr Baby."

„Was meinen Sie? Ich verstehe nicht, was Sie mir sagen wollen. Warum...?"

„Sehen Sie nicht, wie die Welt um sie herum agiert? Reagiert? Wissen Sie nicht, dass beide Länder, Amerika und Deutschland, besessen sind? Besessen von der Hautfarbe. Und das kann, das wird Ihr Leben beeinflussen. Vielleicht sogar zerstören. Ja, das Leben des Babys und auch Ihr Leben."

Anneliese verstand nicht, was der Arzt sagte. Wieso zerstören. Wegen einer Farbe, einer Hautfarbe? War er irrsinnig? War die ganze Welt verrückt?

ZWEITER TEIL

Die Entscheidung

„Meiner Meinung nach hast du zwei oder drei Möglichkeiten," sagte Monika. „Die erste ist, und das ist meiner Meinung nach die beste, dass du es wegmachen lässt. Ich kenne jemanden, der das für dich erledigen kann."

Dass du es wegmachen lässt. „Eine Abtreibung?" fragte Anneliese. „Ich weiß nicht," sagte sie und erinnerte sich an die Worte des Frauenarztes. Das Baby will leben und wachsen, stark werden. „Als Mutter, darf ich das überhaupt? Das ist doch ein Mensch, wird es sein, ist es schon."

„Es ist ein Ding, kein Mensch," sagte Monika und schüttelte den Kopf.

Der Zufall wollte es, so sagte Monika, dass sie die Adresse der Frau in ihrer Handtasche hatte, die gegen eine Gebühr Abtreibungen machte. Sie wohnte unweit der Fabrik.

„Sie soll ganz gut sein, aber macht die Abtreibungen nur in den ersten Monaten. Für später kann sie nichts garantieren.

Nicht dass sie überhaupt eine Garantie gibt. Alles wird geheim gemacht, das verstehst du doch. Paragraf 218, bis zu fünf Jahre Zuchthaus, ein Risiko für die Frau."

„Und für mich? Ist es ein Risiko für mich?"

„Nicht wenn du das heute oder morgen wegmachen lässt. Aber je länger du wartest, desto gefährlicher wird es. Einmal soll da eine gewesen sein, die zu lange gewartet hat und dann starb. An einer Blutvergiftung, ist einfach verblutet. Also ich an deiner Stelle würde sofort hingehen."

„Sofort? Nein, das muss ich mir überlegen."

„Was gibt's da zu überlegen? Wenn das Baby so aussieht wie der Vater, was meinst du, wie es ihm ergehen wird?"

„Wieso? Was meinst du?"

„Ein schwarzes Baby. Die Leute reden jetzt schon über dich, und das wird noch schlimmer werden, wenn das Baby dann kommt."

Anneliese schüttelte den Kopf.

"Wie wird so eine Abtreibung überhaupt gemacht?" fragte Anneliese.

"Was weiß ich, mit einem Haken, Kleiderhaken oder ähnlich. Damit wird das Ding erstochen und dann wird es herausgezogen, und so treibt es ab, kommt also aus dir heraus."

„Hat so ein Baby schon Nerven oder Gefühle, oder so etwas?" wollte Anneliese wissen.

„Es ist ein Ding, kein Baby. Warum sagst du dauernd Baby zu dem Ding in dir? Es ist kein Baby, sondern ein Gewächs, das du aus dir herausspülen musst."

Ihr Inneres mit einem Drahthaken anzugreifen, um alles zu zerstören, aus ihrem Körper herauszuzerren, Beinchen Ärmchen, Glied für Glied, was dort in ihrem Innern war. Sie versuchte sich an ihre eigene Kindheit zu erinnern. Nur die Großmutter kam in ihren Sinn, die alte Frau mit der Schürze und dem roten Kopftuch. Sie glaubte, sie hätte sich vielleicht unter der Schürze versteckt, sie erinnerte sich an den Geruch, Seife, Honig und der Geruch des Bauernhofs. Und an die Küken, die sie in ihrer kleinen Hand hielt, von der Großmutter, wie weich sie waren, und wie wehrlos. Und der lange Treck über die Ostsee und weiter, kalt und hungrig, bis sie einen Platz fand bei den Ursulinen im Waisenhaus. Ihr Kind sollte es besser haben. Sie selbst musste arbeiten, aber sie würde ein Auge darauf halten, dass es gut untergebracht war und sicher und immer genug zu essen hatte. Ihr Kind sollte das alles haben, was sie selbst entbehrt hatte. Sie wollte, dass es in Sicherheit wachsen durfte, jetzt in ihrem Bauch und später.

Der Gedanke an eine Abtreibung machte ihr um ein Großes mehr Angst um das Leben, das sie in sich wusste, als dieses Leben in diese Welt zu bringen.

„Woher weißt du das eigentlich alles? Wie fürchterlich das sein muss. Nein," sagte Anneliese entschlossen, „ich kann das nicht. Nicht mit OJs Baby."

Je länger sie darüber nachdachte, desto mehr entschied sie sich für die Geburt. Endlich etwas, was ihr eigen sein würde, mit oder ohne OJ. Aber OJ würde wieder zu ihr kommen, wenn er erst einmal von ihrem, seinem Baby wusste. Dieses Baby war für sie, nach all den Verlusten der Vergangenheit, von Familie und Heimat, von Liebe und Sicherheit, endlich etwas, was sie besitzen konnte. Das war es wert, das war alles wert. Ihr eigenes, ihre Schöpfung, ihr Fleisch und Blut. Ihre Familie.

Monika konnte sie nicht verstehen. „Bist du wohl religiös," fragte sie. „Wäre die Abtreibung eine schwere Sünde in deiner Religion?" fragte sie. „Hast du Angst, davor, in die Hölle zu kommen?"

Daran hatte Anneliese gar nicht gedacht.

„Nein," sagte sie, „wie kommst du darauf. Nein, das ist es nicht. Überhaupt nicht. Ich will endlich etwas besitzen, das mir gehört. Jemand, der mich braucht. Das Baby braucht mich. Weißt du, die Verantwortung, für das Kind zu sorgen. Familie. Das hatte ich doch nie. Endlich meine Familie. Das Baby wird meine Familie sein, ich werde für ihn sorgen und wir werden einander haben und füreinander da sein."

"So, also, wenn du es behalten willst, das wäre die zweite Möglichkeit. Von der ich dir dringend abreden würde. Oder wenn du es trotzdem haben willst, dann gibt es noch die dritte Möglichkeit."

„Was meinst du damit?"

„Dass du es zur Adoption aufgibst," sagte Monika. „Und in der Situation, in der du bist, ist es ehrlich gesagt, die einzige. Wenn du glaubst, du kannst es behalten, dann träumst du. Das kannst du doch gar nicht. Die werden es zuerst in ein Waisenheim stecken, und dann…"

„Was sagst du da? Wer sind die? Ist die ganze Welt verrückt geworden?"

"Wer weiß. Wenn du es auf die Welt bringen wirst, dann werden sie es in ein Waisenheim stecken," sagte Monika.

„Wieso, das können die doch nicht," Anneliese war entsetzt. „Wer ist überhaupt die? Wer kann das bestimmen? Ich lasse das nie zu. Es ist doch mein Baby."

„Der Staat," sagte Monika, „die Behörden. Das ist wer."

„Das glaube ich dir nicht. Das ist grausam. Du bist grausam. Ich dachte du wärst meine Freundin."

„Ich bin deine Freundin," sagte Monika, und sie glaubte es sogar. Vielleicht hätte sie Al nichts von Annelieses Übelkeitsanfällen erzählt sollen, vor allem, ohne sicher zu sein, dass es mit einer Schwangerschaft zu tun hatte. Aber Gewissensbisse hatte sie nicht. Ihrer Meinung nach hatte sie das richtige getan. Sie mochte OJ nicht, wie er sich an die Anneliese herangemacht hatte. Er hatte sie ausgenutzt. Die vielen Geschenke, die er ihr machte. Sie sogar mit dem Oldsmobile seines Chefs in der Gegend herumzufahren, als sei sie weiss-gott-wer. Das alles war ihr nicht recht. Wie Al das mit den Übelkeitsanfällen aufgefasst hatte, war ja nicht ihre Schuld. Sie hatte ihm gegenüber lediglich und ganz nebenbei erwähnt, dass es der Anneliese dauernd schlecht war und dass das ein Zeichen dafür sein könnte, dass sie schwanger war. Dass Al es weitererzählen würde und dass das Militär so darauf reagieren würde, das hatte sie ja nicht gewusst. Nein, sie konnte ihre Hände rein waschen in dieser Angelegenheit. Sie würde dem armen Mädchen beistehen, ihr den besten Rat geben, sie darauf vorbereiten, was sie erwartete.

„Du brauchst jetzt eine Freundin wie mich," sagte sie. „Die Wirklichkeit ist grausam Sie werden es in ein Waisenhaus schicken. Ich könnte das alles schönreden, aber damit tue ich dir keinen Gefallen. Für das Amt bist du eine, die sich mit einem Schwarzen abgegeben hat. Egal was du dir vorgemacht hast. Die werden dich alle möglichen Namen nennen, dich und dein Kind. Nicht direkt in dein Gesicht, aber hinter deinem Rücken. Die und alle anderen werden das tun. Die werden dich Negerhure nennen, und das wirst du dein Leben lang sein. Und wer will dich jetzt schon heiraten?"

Anneliese starrte sie an. Sie versuchte, zu verstehen, was Monika eben gesagt hatte. Sie konnte es nicht. Nur den einen Gedanken konnte sie fassen, das kann alles doch nicht wahr sein. Waisenhaus? „Du meinst, das Baby wird in ein Waisenhaus kommen. Wie's schon mir ergangen ist?"

„Ja, genau das sage ich."

„Nie in meinem Leben." Anneliese überkam das Gefühl, plötzlich nicht mehr atmen zu können. Sie versuchte, ruhig zu bleiben. „Nie in meinem Leben," wiederholte sie. „OJ würde das nie zulassen. Er hat mich immer beschützt. Er wird wiederkommen, irgendwann einmal."

„Das kannst du dir auch aus dem Kopf schlagen, je wieder von OJ zu hören," sagte Monika. „Verstehst du noch immer nicht? Er war nie an dir interessiert. Sonst hätte er sich nicht aus dem Staub gemacht, sonst hätte er dich nicht sitzen gelassen. Außerdem mögen die Oberen im Militär es nicht, wenn ein Schwarzer mit einem weißen deutschen Mädchen etwas hat. Das ist sogar verboten. Das musst du doch verstehen. Niemand mag das. Er ist über alle Berge verschwunden. Das Beste ist, du vergisst ihn."

„Nein, das ist er nicht. Er hat mir doch gesagt…"

Monika seufzte. Sie hatte genug. Das Mädchen wollte einfach nicht die Tatsachen begreifen. „Wach endlich auf. Du bist in einem Traum. Dein Ami ist weg. Ich hab dir doch gleich gesagt, du sollst dich nicht mit einem Schwarzen einlassen. Das hast du jetzt davon…"

Anneliese stand von ihrem Stuhl auf. „Nein, kein Wort mehr von dir. Du bist alles andere als eine Freundin," sagte sie. Nach diesem Tag existierte ihre Arbeitskollegin nicht mehr für sie.

Anneliese entschloss sich nach diesem Gespräch, die Sache selbst in die Hand zu nehmen. Sie glaubte einfach nicht, dass das, was Monika gesagt hatte, stimmen konnte. OJ hätte sie nie von einem Tag auf den nächsten sitzen gelassen. Erstens hatte niemand gewusst, dass sie schwanger war. Als Monika sah, dass ihr übel war, war sie es, die sie gefragt hatte, ob sie schwanger war. Er konnte es nicht gewusst haben. Trotzdem fühlte sie in der Magengrube, das Monika irgendwie mit seinem Verschwinden zu tun hatte. War sie zur Kaserne gegangen und hatte es ihm gesagt? Oder seinem Vorgesetzten? Sie kannte doch außer Al niemanden dort. Oder hatte sie es Al gesagt, und der hatte im vollen Wissen, was geschehen würde, es weitererzählt. Das war das eine. Das andere war, dass er sich doch mit ihr am Wochenende wieder treffen wollte. Wenn er sich wirklich aus dem Staub machen wollte, hätte er sie im Glauben gelassen, dass sie sich wiedertreffen würden? Nach all den vielen Malen, die sie so glücklich zusammen waren? Und doch. Warum war er plötzlich verschwunden, ohne ihr irgendeine Nachricht zukommen zu lassen. Er schuldete ihr wenigstens eine Erklärung für sein Verschwinden. Und sie schuldete ihm die Enthüllung, dass er Vater sein würde.

Sie musste der Sache auf den Grund gehen. Irgendjemand musste doch eine Adresse von OJ haben. Er hatte das Recht zu wissen, dass sie schwanger war. Er hatte das Recht zu wissen, dass er ein Kind in Deutschland haben würde, egal, was er mit dieser Information anfangen würde. Er würde sich vielleicht sogar darüber freuen, natürlich würde er sich darüber freuen. Er würde sie wieder in seine Arme schließen wollen, und dann, bitte Gott, könnten sie alle zusammenleben, in Amerika oder egal wo immer. An all dem war kein Zweifel, es war die einzige Lösung.

Sie nahm sich einen Nachmittag frei und ging in die Kaserne. Sprach mit einer Frau in einem Vorzimmer.

Nein, der Kommandeur war leider nicht zu sprechen. Wie war der Name des in Frage stehenden Soldaten? Der Vorname, Nachname.

„OJ."

„OJ? Das ist doch kein Vorname. Kein Nachname ist bekannt?"

„Doch schon. Müller, Miller, oder so."

Anneliese mochte den Blick nicht, den die Frau ihr zuwarf. Er störte sie. Warum konnte man nichts über einen Soldaten mit dem Namen OJ herausfinden. So groß war die Kaserne doch gar nicht.

„Zwanzigtausend Soldaten," sagte die Frau, „das nennen Sie nicht groß? Woher kam denn Ihr Soldat? Wissen Sie wenigstens das?"

Annelies mochte auch den Ton nicht, mit dem die Frau sprach. Sie fand ihn beleidigend. Aus Alabama, sagte sie.

„Stadt?"

„Lusa?" sagte Anneliese.

„Existiert nicht."

„Dann Tasca Lusa?" bot Anneliese an.

„Keine Information über einen OJ aus Tasca Lusa. Tut mir leid."

Anneliese fand sich auf der Straße wieder. Nichts. Auch gut. Das alles machte keinen Unterschied. Nicht wirklich. Sie ging an Jacks Bar vorbei, die schon für den Abend geöffnet war. Sie hatte auch daran gedacht. Sie wollte eine Nachricht hinterlassen. Sie bat den Barkeeper hinter der Theke, ihr Kuvert mit der Aufschrift „OJ Tasca Lusa," und „Dringend," zweimal unterstrichen, für ihren Boyfriend aufzuheben und es ihm zu geben, falls er ihn einmal sehen sollte. Vielleicht konnte man ihm das ja auch nachschicken, wo immer er jetzt war. Sie war fest entschlossen, dass ihr Kind seinen Vater kennen sollte. Niemand hatte das Recht, es ihm zu verweigern.

Aber sie wollte nicht so leicht aufgeben. Zwei Tage später war sie wieder in der Kaserne. OJs Vorgesetzter war wieder nicht zu sprechen. Die Frau war ungeduldig, schaute kaum auf von dem Stapel Papiere, der vor ihr lag. Sie sei nicht berechtigt, irgendwelche Information weiterzugeben, sagte sie kurz.

„Ich will ja nur wissen, wo mein Freund in Amerika wohnt. Nur die Adresse, sonst nichts."

„Warum wollen Sie das wissen?" fragte die Frau. „Wenn Sie glauben, dass er Ihnen einen Unterhalt zahlen wird, dann haben Sie sich getäuscht. Amerika tut das nicht, vor allem für Mischlingskinder."

„Das... das will ich doch gar nicht," stammelte Anneliese. „Ich brauche keine Almosen. Deswegen bin ich nicht hier. Ich möchte nur seine Adresse..."

„Wie gesagt," fiel die Frau ihr ins Wort. „Über versetzte Soldaten habe ich keine Aufzeichnungen. Der Fall ist abgeschlossen. Wenn Sie mich jetzt entschuldigen, ich habe wirklich Wichtigeres zu tun."

Die Tür zu Jacks Bar war verschlossen, und Anneliese machte sich auf den Heimweg. Hatte Monika die Wahrheit gesagt? War das, was sie mit OJ verband, etwas anderes als die große Liebe? Hatte er sie nur ausgenutzt? Sich aus dem Staub gemacht? Sie konnte es einfach nicht glauben.

Eine Woche später war sie wieder im Vorzimmer. Die Frau nahm kaum Notiz von ihr. Nach einer halben Stunde sah sie die Besucherin, die sich nicht von dem Stuhl bewegt hatte, kurz an und sagte, fast mitleidig, „Begreifen Sie doch endlich, wir können Ihnen keine Information geben. Wir haben nicht die Befugnis dazu. Das kommt von oben. Von ganz oben. Und über Ihren OJ habe ich wirklich keine Unterlagen mehr. Ich kann Ihnen nicht helfen. Es tut mir leid. Und jetzt gehen Sie bitte, bevor man Sie hier sieht."

Dieses Mal ging sie an Jacks vorbei, ohne hineinzuschauen.

Ich brauche sie alle nicht, dachte sie. Ich brauche ihn nicht, und ich brauche das Militär nicht. Ich komme allein zurecht. Anneliese Hofmann braucht keine Almosen.

Es hätte der Situation nicht geholfen, wenn sie geheult, sich beschwert hätte. Und bei wem hätte sie sich auch beschweren sollen? Sie hatte das versucht, ohne Erfolg. Niemand wollte ihr helfen, alle Türen schlossen sich vor ihr. Er war verschwunden, ohne eine Weiterleitungsadresse zu hinterlassen, und sie hatte keine Ahnung, wie sie ihn erreichen sollte. Gott allein wusste, wo sich eine Stadt namens Taska Lusa befand. New York oder Hollywood wären eine andere Sache gewesen, aber Taska Lusa Alabama? Wahrscheinlich war es sowieso keine richtige Stadt. Vielleicht eine Cowboy Station der Art, wie man sie in amerikanischen Wildwestfilmen sehen konnte.

Ihre Freundschaft mit Monika war vorbei. Sie grüßten sich nicht mehr, für Anneliese existierte sie nicht mehr. Das einzig Unangenehme war, dass die einstige Freundin jetzt auch mit anderen Leuten in der Fabrik über sie sprach. Anneliese stellte sich taub für die beleidigenden Kommentare. Hin und wieder hörte sie die Worte „Ami-Flittchen," „gefallenes Mädchen," „Mischlingskind," „Mulatte," und sogar „Negerhure." Genau wie Monika es prophezeit hatte. Es war ihr egal. Sie verrichtete ihre Arbeit jeden Tag, war pünktlich, nichts hatte sich geändert.

Und doch.

Nein, es war keine ideale Situation, aber der Krieg war viel schlimmer gewesen, und sie hatte ihn überlebt. Sie würde auch das überleben. Ein Baby. Ein neues Leben. Zukunft. Hoffnung. Und sie würde endlich eine Familie haben, jemanden, der zu ihr gehörte. Und das war das Gute an der Situation. Auch dass der Vater des Babys ein Amerikaner war, aus dem fernen Amerika stammte. Er war nicht irgendein betrunkener Hanswurst aus der Fabrikvorstadt. Das war doch schon etwas.

Dieses Baby war nichts Gewöhnliches, das konnte sie spüren. Es würde nicht sein wie alle die anderen Bewohner der Stadt. Sie selbst nahm diese Besondere an, unterschied sich von den grauen Nachkriegsmenschen mit ihren beschränkten Vorwürfen und Kritiken und ihrem kleinlichen Moraldenken.

Bald fing Fräulein Hofmann beiläufig an, ihre Rede zu amerikanisieren, sie mit diesem oder jenem „Okay" zu schmücken. In ihren Zigarettenpausen holte sie lässig eine Packung Kaugummi hervor und begann, statt einer Zigarette einen „chewing gum" zu kauen. Obwohl sie sich immer wieder sagte, dass sie den OJ nicht brauchte, dass er sie verlassen hatte, dass er sie sitzen gelassen hatte, der Schurke, war sie doch im tiefsten, dort wo die Worte, die sie sich einredete, nicht eindringen konnten, überzeugt, dass ihr Soldat aus Taska Lusa eines Tages zurückkehren würde, um sein Baby kennenzulernen, um sie zu heiraten und Frau und Kind in das fernen Amerika zu bringen. Ihr Märchenprinz in einem weißen Oldsmobile Convertible.

Sie war dankbar, dass das Leben im Deutschland der Nachkriegszeit immer noch ein Chaos war, dass man von einem Tag auf den nächsten lebte, dass die Zukunft zwar vielversprechend, aber nie sicher war. Das alles lenkte ihre Umwelt von ihr und ihren Problemen ab, und nach den ersten Tagen des Getratsches fanden die Kollegen ein anderes Opfer, über das sie sich auslassen konnten.

Aber wenigstens hatte sie den Krieg überlebt und irgendwie würde sie auch diese Erfahrung als alleinerziehende Mutter überstehen.

Aller Anfang

Frau Tremel im ersten Stock war nicht wirklich überrascht, als sie sah, dass das Fräulein Anneliese schwanger war. Sie dachte an die Begegnung vor nicht allzu langer Zeit im Treppenhaus, und auch daran, was Catherine ihr gesagt hatte. Oh Jay war der Einzige, der als Vater in Frage kam.

Sie überlegte sich, wie sie mit der jungen Frau ins Gespräch kommen konnte. Sie fühlte sich irgendwie verantwortlich für die Situation, wusste aber nicht, warum. Zum einen hatte sie immer Mitleid gehabt mit der jungen Frau, Flüchtling und so weiter, was für ein schweres Leben. Im Vergleich dazu war ihr Leben gesegnet, sie hatte alles, was sie wollte, alle ihre Wünsche hatten sich erfüllt.

Sie begegneten sich hin und wieder auf der steilen Treppe im schiefen Haus, rein zufällig. Als die Schwangerschaft dann immer sichtbarer wurde, stellte sie ihr hin und wieder eine Flasche Milch vor die Mansardentür, oder auch eine Tüte

Kekse oder Äpfel. Sie selbst hatte nie Kinder gehabt und wusste nicht genau, was sich für eine Schwangerschaft schickte.

Ein paar Tage später begegnete sie der schon sehr schwangeren Anneliese, die sich die Treppen zu ihrer Mansarde hoch mühte.

„Vielen Dank für die Milch und die Kekse," sagte Anneliese, „ist aber wirklich nicht nötig. Mein Baby und ich, wir schaffen das schon alleine. Ist ja alles okay. Ich brauche keine Almosen."

„Das sollten doch keine Almosen sein. Ich möchte Ihnen einfach helfen,' bot Frau Tremel an und wunderte sich, warum die junge Frau so ablehnend war.

„Nein, ist okay, danke nochmals, bye bye."

„Ich bin hier, falls Sie mich brauchen," rief Frau Tremel ihr nach, leicht irritiert, dass ihr Angebot keine Annahme gefunden hatte. Sie wollte wirklich nur helfen.

Die Nächte waren das schlimmste. Es war hier, dass ihre Gedanken unabhängig von ihrem erschöpften Körper eine eigene Existenz schufen, in ihrer eigenen Welt herumgeisterten und sie keinen Schlaf finden ließen. Wie konnte es sein, dass diese Liebe, die so unerwartet kam, so rasch wieder vergangen war. Oder war es das? Vielleicht war es ihr Schicksal, dieses Geschenk, das in ihr wuchs, zu lieben, ganz egal, wie das alles zustande gekommen war. Vielleicht war es so, dass alles, was im Leben wertvoll ist, einer Selbsthingabe erfordert. Nicht die wirtschaftliche Selbsthingabe, die in den Schlagzeilen großgeschrieben wurden, das Mitanpacken, das Gürtel-Enger-Schnallen des Wiederaufbaus. Sondern das in der Seele. Vielleicht bedeutete Leben lieben. Aber diese Liebe tat so weh.

Was kann ich sonst tun, fragte sie sich. Nicht mehr lieben? Mein Herz verschließen vor der Liebe damit ich keinen Schmerz mehr empfinde? Ich war nichts als Schmerz gewohnt, Einsamkeit, ohne Eltern, ohne Geschwister, ohne Familie. Die Schwestern im Waisenhaus waren mein alles und mein nichts. Und jetzt? Warum musste das alles so geschehen? Diese Liebe mit und für OJ, das wertvollste in ihrem Leben. Und dann wieder Verlust und Schmerz.

Sie dachte an das Lied vom Mond, das sie einmal für OJ gesungen hatte. Warum tat Liebe so weh? War das immer so? Konnte man nicht ohne Schmerz lieben?

Vielleicht ist nicht jede Liebe den Schmerz wert, nur eine Liebe, die wahr ist. Eine wirkliche Liebe. Die eine wirkliche Liebe in meinem Leben. Und das Baby in mir, ich werde mich opfern dass es ein gutes Leben hat, weil es aus dieser Liebe entstanden ist.

Als sie endlich einschlief, war ihr Kissen nass mit Tränen.

Untertags, wenn sie in der Baumwollspinnerei an ihrem Arbeitsplatz saß, dachte sie manchmal, dass das Baby in ihr weit über die begrenzte Umgebung hier unter ihren Arbeitskollegen hinausragte. Du bist etwas Besonderes, etwas das weit über die Grenzen dieses Städtchens und seiner Engstirnigkeit hinausgeht, sagte sie tonlos. Mein Leben vor OJ war leer, ohne Liebe. Dann kam der große Moment, der diesem Leben allen Wert gegeben hatte, und jetzt muss ich für dich allein da sein, ohne OJ, aber mit einem offenen Herzen, mit Liebe für das neue Leben in mir.

Als schließlich das Baby das Licht der Welt erblicken wollte, nahm sich Fräulein Hofmann einen Nachmittag und die folgenden zwei Wochen frei von ihrer Arbeit in der Spinnerei. Der Urlaub war unbezahlt.

Am Spätnachmittag begannen die echten Wehen, und die Hebamme, eine Frau Hoffmann, mit doppel F und nicht verwandt mit Anneliese, bereitete alles für die Geburt vor. Zwanzig Minuten vor Mitternacht war es dann so weit. „Das Baby kommt!" rief die Hebamme und dann, „und es ist ja schwarz!" während Anneliese mit äußerster Anstrengung presste, bis der Kopf des Babys ganz geboren war, und ein kleines Bündel ihr endlich auf den Bauch gelegt wurde.

„Ein Mädchen," sagte die Frau Hoffmann noch. Sie schüttelte immer noch ungläubig den Kopf. „Ich habe noch nie ein schwarzes Baby auf die Welt gebracht. Das wird mir kein Mensch glauben, ein schwarzes Baby."

„Du kleines Dingelchen," sagte Anneliese erschöpft, als die Hebamme ihr das Baby in den Arm legte. „Du bist ja ein Mädchen. Das ist ja eine Überraschung. Und so wunderschön."

„Wie soll sie denn heißen?" wollte Frau Hoffmann wissen.

„Ja, wie sollst du denn heißen?" fragte auch Anneliese und sah auf das kleine Wesen an ihrer Brust. Die Ärmchen und Beinchen waren winzig, ein Flaum von dunklem Haar auf dem Kopf, alles perfekt und einzigartig. „Taskalusa ist daran schuld. Du kleine Josefine. Nein, das ist zu gewöhnlich. Du bist was ganz Besonderes. Ein amerikanisches Baby. Josefine ist für ganz gewöhnliche Babys. Taskalusa. So werde ich dich nennen. Taskalusa."

Frau Hoffmann, mit doppel F, hatte schon mehr in ihrem Leben gesehen als ihr lieb war. Sie war im Begriff, eine Waschschüssel aus dem Holzverschlag auf die Toilette ein halbes Stockwerk tiefer zu tragen. Als sie den Namen hörte, ließ sie um ein Haar das Becken fallen und starrte Anneliese an. "Was, wie soll das Kleine heißen?" schrie sie. Sie konnte ihren Ohren nicht glauben. "Taska was? Habe ich recht gehört? Das kann man so einem kleinen Wurm doch nicht antun."

Anneliese lächelte nur erschöpft und nickte ihrer Tochter zu. „Die werden noch staunen, was du alles fertigbringst."

In den nächsten Tagen gab es einiges zu tun. Da war die Eintragung in das Geburtenregister im Standesamt. Trotz des schamlosen Grinsens des jungen Angestellten unten im Büro des Standesamtes wurde das Baby unter dem Namen Taskalusa in das Urkundenbuch eingetragen. Taskalusa Hofmann.

"Wie buchstabiert man den das?" fragte er und öffnete langsam das Buch.

"T A S K L U S A," buchstabierte Anneliese.

"TAS KA LU SA," wiederholte er betont langsam und feixte. "Das ist garantiert die einzige ihrer Art in der Stadt. Und wird es auch lange bleiben. Und wie heißt denn der Vater? Oder gibt es da keinen?"

"Eine jungfräuliche Geburt? Haben Sie noch alle Tassen im Schrank? Natürlich gibt es einen. Er heißt OJ Miller. Oh Jei. Oder vielleicht doch Joe, jedenfalls etwas mit einem J. Schreiben Sie einfach OJ Miller. Und Taskalusa ist Amerikanisch, okay?" sagte Anneliese und ließ den Standesamt Beamten mit offenem Mund stehen.

Die Taufe war für den übernächsten Tag bestellt, und Anneliese brauchte einen Taufpaten. Monika hätte vielleicht die Patenschaft übernommen, aber Anneliese wollte sie nicht um einen Gefallen bitten. Sie liefen sich täglich über den Weg, aber eine Freundschaft war das schon lange nicht mehr. Frau Tremel, fand sie, war zu neugierig. Sie wollte nicht, dass sich jemand in ihre Angelegenheiten einmischte, und Frau Tremel hatte eine Art, Dinge in ihre eigene Hand zu nehmen, was auf die lange Dauer nicht gut gewesen wäre. Vielleicht hätte sie eine gute Großmutter abgegeben, aber als Patin war sie halb drin und halb draußen, räsonierte Anneliese und entschied sich, den Geistlichen zu fragen. Er hatte sicher Erfahrung.

Der Pfarrer hatte einen Rat. Er schlug seine Haushälterin vor. Nicht ideal, aber was war schon ideal in dieser Zeit? Besser jedenfalls als ein ungetauftes Kind. Der Pfarrer musste sich den Namen dreimal wiederholen lassen, tat aber dann doch, wie geheißen, und taufte das Baby im Namen des Vaters und des Sohnes und des Heiligen Geistes auf den Namen Taskalusa. Dann seufzte er und bat Gott im Stillen um Verzeihung. Es gab seines Wissens keine Heilige mit diesem Namen, und auch keinen Namenstag für die Kleine. Jemals.

Und als Letztes musste eine Pflegemutter gefunden werden. Anneliese setzte ein Inserat in die Lokalzeitung.

Jedes Mal, wenn sie das Baby stillte, flüsterte sie ihren Namen. Taskalusa. Lusa. Lusa, sang sie leise, statt eines Wiegenliedes. Denn sie erinnerte sich an jenen Abend, an dem sie mit dem Boyfriend Soldaten getanzt hatte. Es war eine süße und bittere Erinnerung, die sich für immer in ihre Seele einprägte. „The greatest thing you'll ever learn is just to love and be loved in return."

Seine samtene Stimme in ihrem Ohr. Sie war so schön in jener Nacht bei Jacks, eine edle Blüte, eine rosa Heckenrose, die sie in ihr prächtiges Jane Mansfield Haar gesteckt hatte. Und die er dann an seine Brust genommen hatte.

Einmal pochte es an ihrer Mansardentür. Eine Frau in Wollstrümpfen und mit einer randlosen Brille stellte sich vor und sagte, sie käme vom Jugendamt. Wegen des Neugeborenen, und sie wolle sich mit ihr unterhalten. Da wären Papiere auszufüllen, und so weiter. Ob sie kurz reinkommen könnte.

„Danke, nicht interessiert, sagte Anneliese. Taskalusa war plötzlich aufgewacht und unruhig geworden.

„Wir wollen doch nur das Sorgerecht für das Kind übernehmen."

„Nicht interessiert," sagte Anneliese und sah über ihre Schulter auf ihr Baby. Es strampelte ein bisschen und gab kleine Laute von sich.

„Sie sind eine unverheiratete Mutter, ist das richtig?

„Richtig, aber nicht interessiert."

„Der Vater des Kindes ist ein Dunkelhäutiger, richtig?"

„Woher wissen Sie das," fragte Anneliese. Sie sehnte sich plötzlich danach, ihr Baby in den Arm zu nehmen.

„Wir haben unsere Quellen," sagte die Frau. „Der Staat ist daran interessiert, dass die unehelichen Mischlingskinder in einem Heim aufwachsen, wo sie ausreichend Pflege erhalten, die sie bei ihren unverheirateten Müttern sicherlich nicht erhalten können. Es gibt spezielle Heime für Mischlingskinder, und Sie wären dann in der Lage, Ihr eigenes Leben weiterzuführen, ohne die Belastung durch das Kind. Das Jugendamt wäre dann der gesetzliche Vormund der offiziell vaterlosen Mischlingskinder."

Ob sie von der Bundestagsdebatte vom 12. März gehört hätte, von einer Luise Rehling, einem Mitglied der CDU, wollte die Frau wissen.

Anneliese verneinte das. Daraufhin nahm die Frau eine Kopie der Debatte aus ihrer Tasche und las vor:

„Eine besondere Gruppe unter den Besatzungskindern bilden die 3093 Negermischlinge, die ein menschliches und rassisches Problem besonderer Art darstellen. ... Die verantwortlichen Stellen der freien und behördlichen Jugendpflege haben sich schon seit Jahren Gedanken über das Schicksal dieser Mischlingskinder gemacht, denen schon allein die klimatischen Bedingungen in unserem Land nicht gemäß sind. Man hat erwogen, ob es nicht besser für sie sei, wenn man sie in das Heimatland ihrer Väter verbrächte. ... Diese Mischlingsfrage wird also ein innerdeutsches Problem bleiben, das nicht einfach zu lösen sein wird. ... Bei ihrer Einschulung beginnt für die Mischlingskinder nicht nur ein neuer Lebensabschnitt, sondern sie treten auch in einen neuen Lebensraum ein aus ihrer bisherigen Abgeschlossenheit. Sie fallen auf durch ihre Farbigkeit … Bemühen wir uns daher, in Deutschland den Mischlingen nicht nur die gesetzliche, sondern auch die menschliche Gleichberechtigung zu gewähren! … Ich meine, wir hätten hier die Gelegenheit, einen Teil der Schuld abzutragen, die der Nationalsozialismus durch seinen Rassendünkel auf das deutsche Volk geladen hat."

„Und wenn ich die Erklärung zur Adoption unterschreibe, was geschieht dann?"

Taskalusa hatte plötzlich zu schreien angefangen.

Die Frau sah Anneliese scharf über die runde Brille hinweg an und sagte laut, um das Schreien des Babys zu übertönen, „Sobald Sie die Einwilligungserklärung zur anonymen Adoption unterschreiben, haben Sie keinerlei Rechte in Bezug auf Ihr Kind mehr und es ist Ihnen verwehrt, jemals nach dem Verbleib Ihres Kindes zu forschen oder Kontakt mit ihm aufzunehmen."

„Und können Sie garantieren, dass mein Baby in eine gute Familie aufgenommen wird, die für sie sorgt und sie lieb hat und ihr eine angemessenere Umgebung gibt?"

„Also garantieren kann das wohl niemand; es ist vermeintlich," sagte die Frau.

„Dann nein danke, ich will nichts mehr davon wissen. Mein Baby braucht mich. Verzeihung," sagte Anneliese und schloss ihre Mansardentür, verriegelte sie sogar und nahm Taskalusa in ihre Arme.

Der General

Eine Frau Wallenstein von der Erasmus-von-Rotterdam Straße fünfzehn war die Einzige, die sich auf ihr Inserat meldete. Wie sie schrieb, hatte sie jahrelange Erfahrung mit Pflegekindern, die sie in ihre Wohnung am Münster an Mutterstelle angenommen hatte. Sie selbst war seit Jahren Witwe, nicht Kriegswitwe, wie sie betonte, und aus diesem Grund erklärte sie sich bereit, ein neues Pflegekind in ihr Leben einzulassen. Sie sei ein idealer Großmutter Ersatz, verantwortungsbewusst, auf Disziplin bedacht, und strikt, wenn es sein musste, in anderen Worten, das Baby wäre bei ihr in besten Händen, so schrieb sie.

Großmutter Ersatz klingt gut, dachte Anneliese. Sie dachte an ihre eigene Großmutter auf dem Bauernhof in Ostpreußen, mit ihrem roten Kopftuch und dem verschmitzten Lächeln, wenn sie ihr vorsichtig ein Küken in die Hand legte, oder mit dem Zipfel der Schürze ihre Tränen trocknete. Sie brachte an ihrem letzten freien Tag das Baby in die Wohnung der Frau Wallenstein.

"Das ist Taskalusa," sagte Anneliese und wiegte das Kind in ihren Armen. Das Wiegen wäre gar nicht notwendig gewesen, das Baby war ungewöhnlich ruhig, schaute mit großen dunklen Augen neugierig in die Welt and sagte "blababah."

„Sie ist ja dunkelhäutig," sagte Frau Wallenstein. Sie war es gewohnt, Dinge klar und direkt auszusprechen, auch wenn dies manchmal als unhöflich oder grob empfunden werden konnte. Dieses Baby war dunkelhäutig, nicht weiß, und jeder konnte das sehen.

„Ach wirklich?" sagte Anneliese und leckte ihren Zeigefinger, und rieb an Taskalusas kleinem Beinchen. „Ja, da haben Sie wohl recht. Aber ich würde sagen, sie ist mehr milchkaffeebraun als dunkelhäutig. Ist das ein Problem für Sie?"

Frau Wallensteins Augenbrauen waren hochgeschossen. Wollte man sie da auf den Arm nehmen? Andrerseits, sie hatte diese Antwort nicht erwartet. Sie mochte, dass die junge Frau nicht auf den Kopf gefallen war, das sprach von einer gewissen Stärke, un das beeindruckte sie.

„Nein, für mich nicht. Wie heißt sie wieder?"

„Taskalusa. Taskalusa Hofmann."

„Wie bitte?" Frau Wallenstein dachte, sie hatte sich verhört.

"Taskalusa," sang Anneliese, stolz.

„Ah. Woher kommt sie, aus Afrika?"

"Nein," lachte Anneliese. Diese Leute hatten Vorstellungen. Aus Afrika! „Ihr Vater ist doch Amerikaner."

"Ach so," sagte Frau Wallenstein, "und wo ist er? Noch hier?"

"Nein, er musste schon weg."

"Musste schon weg. Naja, das passiert, die bleiben ja selten."

Anneliese biss auf ihre Lippe. Vielleicht war es doch keine gute Idee, ihr Kleines dieser Frau anzuvertrauen. Sie hatte nicht das Gefühl, dass es eine liebevolle Atmosphäre war, die sie hier vorfand. Die ältere Frau war nicht gerade der Großmutter Typ, den sie sich vorgestellt hatte.

Frau Wallenstein schob ihre Brille auf der Nase hoch und schaute das Baby von oben an und schüttelte den Kopf. Welche Chancen hatte dieser kleine Wurm, dachte sie, nicht nur ohne einen Vater, und fast ohne Mutter, und dann noch dazu mit einem solchen Namen, und alles andere außerdem! Taskalusa. Wer würde jemals ein Mädchen mit so einem Namen anstellen? Taska Lusa. Vielleicht konnte man ihn auf Lisa kürzen. Ja, Lisa wäre gut, eine Liesel wäre für Leute wie sie angenehmer.

Da lächelte Taskalusa sie plötzlich an und streckte ihre winzigen runden Ärmchen nach der Frau mit dem harten Gesicht aus und Frau Wallensteins Herz schmolz dahin wie Vanilleeis in der Sonne.

Sie schob wieder die Brille hoch, und betrachtete jetzt die Mutter des kleinen Mädchens genauer. Zu mager, zu knochig, schau nur das Schlüsselbein am Hals, wie es hervortritt, und dann die Haare, weißblond gefärbt, und der Lippenstift dazu, zu knallrot. Aber die passend roten Nägel brauchten dringend eine Maniküre. "Hundertfünfundzwanzig den Monat," sagte sie.

Anneliese biss sich auf die Unterlippe. Hundertfünfundzwanzig, das war über die Hälfte ihres Monatsgehalts. "Ist es weniger, wenn ich sie einmal im Monat abhole, am Wochenende?" fragte sie. "Hundert, vielleicht?"

Frau Wallenstein seufzte. Wenn es darauf ankam, hatte sie ein gutes Herz, hatte ihr Johnny immer gesagt. Und besser hundert als gar nichts. Außerdem fühlte sie sich schon ein bisschen verantwortlich für das kleine Würmchen.

"Na gut," sagte sie. "Ich habe ein gutes Herz. Hundert. Zahlbar im Voraus. Jeden Monat."

"Sie sind ein DAHling, Frau Wallenstein," sagte Anneliese.

Ein DAHling? Das hatte Frau Wallenstein nun wirklich nicht erwartet. Niemand hatte sie jemals das genannt, DAHling. Nein, sie war alles andere als ein DAHling. Wenn sie die Blonde aus dem Haus werfen wollte, war das jetzt der richtige Moment. Aber was würde dann mit der Kleinen werden? Sie konnte nichts für ihre Mutter. Dieses „Taska-was-immer-Baby" war anders, das hatte sie im Gefühl. Nicht das Aussehen, dafür konnte kein Mensch etwas. Aber wie es strampelte und mit ihren dunklen Augen zu ihr hinaufblinzelte. Es strotzte vor Energie. Und sie konnte die Hundert wirklich gebrauchen.

Frau Wallensteins Neugier war stärker als ihr Stolz.

„Sie wird einmal eine starke Person werden," sagte sie mit Bewunderung. Sie hatte eine Schwäche für körperliche Stärke, Zuverlässigkeit und Entschlossenheit. Aber auch Respekt und gesunden Menschenverstand. Nein, ein DAHling war sie nicht. Aber sie konnte darüber hinwegsehen. Diese Mal, wenigstens.

Sie bat Frau Hofmann, in ihrem besten Fauteuil im Wohnzimmer Platz zu nehmen. Sie wollte mehr über sie erfahren.

Ah ja, Flüchtling aus Ostpreußen. So so. Waisenhaus zuerst, och, die Arme. Und dann die Arbeit in der Baumwollspinnerei. Ah ja. Under der Vater? Aus Alabama, guter Tänzer, gute Stimme. Und ein Dunkelhäutiger. Aber Amerika, leider, die sind dagegen, dass einer der ihren eine von hier heiratet. Er wurde versetzt. Verschwunden. Wie vom Erdboden verschwunden. Vielleicht Korea, wer weiß.

Nein, keine Adresse? Das war nicht klug von dem Fräulein. Leider. Er wäre ein guter Vater geworden. Wer weiß, vielleicht später einmal, wenn er je zurückkommt. Wie lange sie ihn gekannt hatte? Zwölf Wochen. Die Kleine hätte auch ins Waisenhaus kommen sollen? Ja, das machen die oft mit unehelichen Kindern von Dunkelhäutigen. Gut, dass sie sich dagegen gewehrt hat. Diese Strolche, diese Biester. Nazis, alle zusammen. Nein, gut so. Naja, ist eben Schicksal.

Anneliese stimmte ihr aus ganzem Herzen zu. Sogar dass sie den Weg in die Erasmus-von-Rotterdam Straße 15 gefunden hatte, war Schicksal.

Tja gut. So ist es nun mal.

„Und können Sie mir auch von sich etwas erzählen?"

Frau Wallenstein schob die Brille wieder hoch. Ja, sie hatte bereits einige Kinder großgezogen hatte. Nein, keine eigenen Kinder, nur die anderer Leute. Ja, sie kam ursprünglich aus der Gegend von der Nordsee. Sie war Witwe, sie nahm an, dass sie Witwe war. Nein, keine Kriegswitwe. Ihr Johnny war Matrose, sein Schiff segelte immer auf einem der sieben Meere oder blieb auch in einem Hafen stecken. Und es gab viele Häfen, viele Freunde. Und Freundinnen, sicher. War eben Matrose. Bis er einmal nicht zurückkam. Wo das war? Mexiko? Shanghai? Wer weiß, wo er stecken geblieben war. Männer!

Sie kam so ins Erzählen, dass sie zum Wohnzimmerschrank gehen musste und zwei Schnapsgläser mit Helbing Kümmel füllte.

„Matrosenschicksal," sagte sie. „Na, dann trinken wir mal drauf. Und Prost noch. Wie sagt der Freddy Quinn doch? Mancher Seemann hat schon seine Heuer auf einmal hier durchgebracht für ein kurzes Vergnügen in einer Sankt Pauli Nacht. Und Sie werden's nicht glauben, aber mein Vorname ist Lilly, Sie wissen schon, wie der Freddy Quinn und sein Heimweh nach St. Pauli. Was, das kennen Sie nicht? Das müssen Sie mal hören, ist gut. Also, ich mag auch andere Musik, Militärmusik zum Beispiel, die alte, nicht die Nazi-Art. Johann Strauß und so. Radetzky Marsch. John Philip Sousa, Stars and Stripes. Da gönne ich mir hin und wieder mal eine neue Platte mit Marschmusik. Das gibt Energie."

„Also ich persönlich mag ja den Nat King Cole," sagte Anneliese und leckte nochmal am Glas.

„Wirklich, ja, Jazz, den kenne ich auch. Hab damals die Stimme Amerikas gehört, und den BBC. Wenn wir schon den Volksempfänger hatten! Bespitzelt durch meine lieben Nachbarn, ja, hier in der Straße."

„Ihre Nachbarn haben Sie bespitzelt?"

„Oh ja, meine lieben Nachbarn. Ich bin nicht gut auf sie zu sprechen. Gut oder nicht gut, das macht keinen Unterschied. Ich traue ihnen nicht. Ja, Zuchthausstrafe, Gefängnis hat mir das gebracht. Sollte den Todesmarsch machen, im Winter. Fast alle sind gestorben. Durch ein Wunder haben die mich hier zurückgelassen, habe es überlebt."

Frau Wallenstein schwieg.

„Die Amis haben mich befreit," sagte sie. „Ja, ich mag sie, sehr sogar. Und jetzt habe ich eine kleine Amerikanerin zu versorgen. Tja, so ist das Leben. Und jetzt höre ich Radio AFN, das American Forces Network, und kümmere mich einen Dreck darum, was die Nachbarn dazu sagen."

Zum Abschied versprach sie Fräulein Hofmann, die Taska Liesel in die richtige Richtung zu führen, und auch dafür zu sorgen, dass sie ihre Ausbildung bis zum Alter von vierzehn Jahren an der Volksschule beenden würde. Sie würde auf das Mädchen gut aufpassen, sie beschützen, und niemand würde sich trauen, sie auch nur einmal wegen ihrer Andersheit schlecht zu behandeln.

„Andersheit?" fragte Anneliese.

„Naja, Sie wissen schon. Sie wird immer anders sein als die Mehrheit der weißen, blonden, blauäugigen, und so weiter."

Fräulein Hofmann verstand und war's zufrieden. Sie stand auf und sagte beiläufig, "Gut. Die Zukunft des Mädchens ist übrigens gesichert. Eines Tages, Amerika, Sie wissen schon."

„Ach ja, Amerika, wirklich?"

„Oh ja. Wir sind sicher, ihr Vater wird kommen und sie mit nach Amerika nehmen, und wenn nicht, habe ich eine Tante in Frankfurt, die sie auch nach der Grundschule haben will, solange sie lesen und schreiben und auch Zahlen addieren kann. Okay? Okay! Und nun zu dir, Taskalusa, mein DAHling, ich bin am Wochenende in vier Wochen wieder zurück. Sei gut, und byebye."

Damit ließ sie ihr Baby in der Obhut der Frau Wallenstein in der Erasmus-von-Rotterdam Straße fünfzehn.

Die änderte kurzerhand den Namen des Säuglings auf Liesel, ein Name, der ihr für die nächsten vierzehn Jahre und wer weiß, vielleicht für den Rest ihres Lebens gehören würde. Frau Wallenstein war's zufrieden.

Am nächsten Tag kehrte Anneliese an ihren Arbeitsplatz unter den Fenstern im zweiten Stock der Fabrik zurück, als wäre gerade nichts Bemerkenswertes geschehen. Sie war da, wo sie hingehörte, wo sie fast neun Jahre lang gearbeitet hatte, wo sie voraussichtlich die nächsten vierzig Jahre arbeiten würde. Alles hatte sich aufs Beste entwickelt. Was die anderen sagten, war ihr egal.

Okay?

Wie das Wasser von der Decke tropfte, dort in dem anderen Haus. Wie sie sich dann ganz nah an die Abeli schnuckelte und wie sie zusammen lauschten, wie das Regenwasser im Dunklen in den Eimer tropfte. Tropf tropf tropf. Wie die Aebli ihr dann vom Aschenputtel erzählte. Die Erbsen ins Töpfchen, tropf, tropf, tropf. Und von einem reichen Manne, dem wurde seine Frau krank. Und wenn die Frau fühlte, dass sie bald in den Himmel ging, da rief sie ihr einziges Töchterlein zu sich ans Bett. Sie sagte dann, „Liebes Kind, bleibe fromm und gut, so wird dir der liebe Gott immer beistehen, und ich will vom Himmel auf dich herabblicken, und will um dich sein."

Am Nachmittag wussten Helga und Brumm, dass sie ganz still zu sein hatten, weil die Frau Wallenstein gerade schlief, und sie alle gehorchten. Und wenn nicht, schlug Liesel sie mit ihrer Hand.

"Pfui, Helga," schrie sie dabei, "wie oft soll ich dir noch sagen, dass du jetzt still sein sollst und nicht dauernd heulen. Das ist ja zum... zum...was. Still jetzt, oder ich schlage dich wieder." Und Helga schaute ganz benommen drein. Brummi der Bär mochte nicht, dass Helga geschlagen wurde und versteckte sein Gesicht hinter der Tatze.

Frau Wallenstein, die auf der Wohnzimmercouch nebenan ihren Nachmittagsschlaf hielt, war aufgewacht und jammerte laut, "Liesel, wie oft soll ich dir noch sagen, dass du mich schlafen lassen sollst. Sonst kriegst du wieder kein Abendessen. Mein Rücken tut doch verdammt weh, und mein Kopf."

"Shhh," machte Liesel zu ihren Zöglingen, "Seid ruhig oder ihr geht wieder hungrig ins Bett. Mein Kopf tut so verdammt weh..."

Dann waren sie alle absolute still, während Frau Wallenstein etliche Stunden auf dem Sofa im verdunkelten

Zimmer ruhte und ihre HB-Zigaretten rauchte und im Radio Freddy Quinn und Lale Andersen von Heimweh und Laternen sangen. „Wo ich die Liebste fand, da liegt mein Heimatland. Wie lang bin ich noch allein?"

Das gehörte zum täglichen Leben wie das Glockenschlagen der Kirche in der Nähe und das innige Lied der Amsel, wenn Dämmerlicht sich über das Land senkte.

Als Liesel vier Jahre alt war, fühlte Frau Wallenstein, dass es Zeit war, sie der Nachbarschaft vorzustellen. Es wäre früher oder später geschehen, und besser jetzt unter ihrer Aufsicht als später einmal ohne sie.

Also nahm sie die kleine Hand Liesels in ihre große, und zusammen machten sie jeden Tag einen kleinen Spaziergang, die Erasmus-von-Rotterdam Straße auf und ab, von der Hausnummer zehn zum Platz vor der Kirche und wieder zurück. Wie Frau Wallenstein erwartet hatte, kamen bald die ersten Erkundungen.

Ausnahmsweise hatte Frau Beck ihr Fernglas in der Vitrine gelassen. Sie lag auf dem selbstgestickten Sofakissen im Wohnzimmerfenster, als sie Frau Wallenstein mit einem kleinen Kind and der Hand sah. Das Kind war doch… nein, das konnte nicht sein. Oder doch? Sie eilte zur Vitrine, stieß in ihrer Eile eine Stehlampe um, stellte sie wieder auf, stolperte dann auch noch über den Zeitungsständer und erinnerte sich, dass das ein böses Omen war, ging also wieder etliche Schritte zurück und vollendete ihren Gang zur Vitrine, vorsichtshalber auch ihren bei Stalingrad gefallenen Gatten um Beistand rufend, „Waldemar, Waldemar, Waldemar," um endlich das Fernglas aus der Vitrine in der Hand zu halten. In der Zwischenzeit, waren die beiden Spaziergänger schon vorne auf dem Kirchplatz.

Mit der Stehlampe noch in einer Hand, das Fernglas in der anderen, rannte sie die Treppe hinunter auf die Straße und erwischte beide gerade noch, die sich schon auf dem

Heimweg befanden. „Nein, tatsächlich, dachte ich mir's doch," keuchte sie, völlig außer Atem. „Die ist ja... die ist ja eine Schwarze." „Keiner in der Straße hatte eine Ahnung davon gehabt, dass es ein schwarzes Kind in der Nachbarschaft gab. Ja, es hatte eine dunkle Hautfarbe, was nicht zu übersehen war. „Die ist ja schwarz," sagte sie noch einmal.

Das kleine Mädchen lachte ihr ins Gesicht so lieb, dass es an Frau Becks Herzsträngen zog.

„Ach wirklich?" sagte Frau Wallenstein lässig. Dann leckte sie an ihrem Zeigefinger, und rieb ihn leicht über Liesels Wange. „Ja, tatsächlich, das geht nicht weg. Da haben Sie wohl recht. Aber ich würde sagen, ihre Haut ist mehr milchkaffeebraun. Ist das ein Problem für Sie?"

„N...n...nein, natürlich nicht, ich bin, war, bin nur überrascht," stotterte Frau Beck.

„Ich weiß, war ich auch mal. Mein kleiner Schützling heißt Liesel. Ihr Vater ist Amerikaner," sagte Frau Wallenstein ganz freundlich. Frau Beck war sprachlos. Eine freundliche Frau Wallenstein war ihr völlig unbekannt. Die nahm ihren Hausschlüssel aus der Manteltasche. „Guten Tag noch, Frau Beck," sagte sie abschließend, und nahm Liesel wieder an die Hand. „Komm, mein Liebes. Zeit für ein Keks."

Frau Beck wusste nichts mehr zu sagen. Dann erinnerte sie sich, dass sie immer noch die Stehlampe und das Fernglas in der Hand hatte. Hatte da jemand über sie gelacht? Waldemar, warst du das? Du hast recht, ich benehme mich wie ein Einfaltspinsel, der nicht mehr alle Tassen im Schrank hat. Und die Kleine hat etwas sehr...anmutiges und nettes an sich, muss ich schon sagen.

Beim nächsten Spaziergang begegneten Frau Wallenstein und ihr Schützling der Amerikanerin von der Hausnummer vierzehn und ihrer kleinen Tochter mit dem grünen Roller.

Liesel hatte nur Augen für den Roller. Aber dann lachte sie das kleine Mädchen an und fragte, „Wie heißt du?

„Penny," sagte die Kleine, „und du?"

„Liesel," sagte Liesel und berührte den Roller mit ihrem Zeigefinger.

„Willst du mal?" fragte Penny und Liesel ließ sich das nicht zweimal sagen. Mit Penny, die neben ihr herrannte, probierte sie ein paar schauklige Meter auf dem Roller aus und gab ihn dann dem Mädchen zurück.

„Danke," sagte sie artig und fortan war ein grüner Roller alles, was sie in diesem Leben haben wollte.

Das und einen Papa.

Nein, das stimmte nicht.

Einen Papa und einen grünen Roller.

Good Times, Good Food,

Good Friends

Im Juni kam Catherine Mutter, Mrs. Carcerano, zu Besuch. Der Aufenthalt der Collins Familie in Deutschland näherte sich seinem Ende. Catherine wollte ihr das Leben in ihrer Wahlheimat zeigen, die Sehenswürdigkeiten der Stadt, natürlich auch das Schloss Neuschwanstein und andere Lokalitäten, die im Baedeker zu finden waren.

Die erste Sehenswürdigkeit auf Catherines Liste, noch vor dem Kaiser-Wilhelm-Turm, dem Stadtpark und dem Stausee, war jedoch Little Berlin, wie das kleine Dorf an der Zonengrenze inzwischen inoffiziell hieß.

„Warum laden wir nicht Konrad ein," sagte Catherine zu ihrer Mutter, „dann kannst du auch seine Meinung hören, nicht nur unsere."

169

Mrs. Carcerano fand das eine ausgezeichnete Idee, und so kam es, dass Catherine Herrn Beier fragte, ob Konrad noch einmal mit ihnen in das Grenzdorf fahren durfte.

Herr Beier hatte nichts dagegen und Konrad war hell begeistert. Dieses Mal war er besser vorbereitet. Er hatte er zu seinem siebzehnten Geburtstag eine kleine Kamera geschenkt bekommen, und er verknipste eine Rolle nur mit Aufnahmen des Oldsmobiles, noch bevor die kleine Reisegruppe abfuhr. „Wuchtig," sagte er. „Richtig der Hammer."

„Erzähl einmal von dir, wie ist dein Schulleben, und hast du Pläne für die Zukunft?" sagte Mrs. Carcerano auf English zu ihm, und auf einmal wurde Konrad sehr gesprächig. Er erzählte über seine Schule, seine Lehrer, seinen Alltag, seine Hoffnungen und seine Träume.

„Wir bekommen jeden Tag eine Mahlzeit, Schülerspeisung also, die Hoover Speisung. Jeden Morgen kommen Lastwagen mit großen Töpfen und liefern sie an der Schule ab. Die Lehrer verteilten sie dann an die Schüler. Alles, was die Schüler zu tun hatten, war, ihr eigenes Essgeschirr und Besteck, also Teller, Messer, Loeffel und Gabel, von zu Hause mitzubringen."

Wie das Essen schmeckte, wollte Mrs. Carcerano wissen.

„Ganz gut," sagte er. „Meist sind es süße Milchspeisen, Milchreis vor allem, und den mögen alle. Oder es gibt Kakao oder Dampfnudeln oder es eben Reisbrei, also Dinge, die wir vorher nicht kannten. Das ist schon ganz spitze. Manchmal gab es sogar ein kleines Stückchen Cadbury Schokolade, und das ist dann etwas ganz Besonderes."

Was die anderen Studenten dazu sagten, fragte sie.

„Die finden es pfundig."

Und wie seine Lehrer seien, jung oder alt, gut ausgebildet?

„Ganz gut ausgebildet, das glaube ich schon," sagte Konrad, „obwohl die Mehrzahl der Lehrer nur ein paar Jahre älter sind als wir Schüler der oberen Klassen. Sie sind wahrscheinlich schnell auf das Lehramt vorbereitet worden, weil viele von den alten Lehrern entweder Mitglieder der NSDAP waren, also der Hitler Partei, oder kamen an der Front um, oder waren zu alt zu unterrichten. Der Dornmüller, Hausnummer fünf in unserer Straße, war einer von denen, die bei der Partei waren, aber jetzt nicht mehr arbeiten. Entweder durfte er nicht mehr oder er ist in Ruhestand gegangen. Niemand weiß da genau Bescheid."

„War er dein Englischlehrer," wollte Mike wissen.

„Ja, und wir hatten alle mächtig Angst vor ihm. Also nicht direkt Angst, aber keiner mochte ihn. Er hatte eine Tendenz zur Gemeinheit," sagte Konrad.

Und was hältst du von den Amerikanern so im allgemeinen? Fragte Mrs. Carcerano.

„Ja, wir mögen sie. Sie sind sehr beliebt. Vor allem, dass sie so freigiebig sind mit dem Essen. Jeder mag Chewing Gum und Schokolade und Erdnüsse und alles, was die haben, das mögen wir auch."

Mike nickte zufrieden und dachte, dass also die Rechnung aufgegangen ist, und die Reorganisation und der Neuaufbau schneller gelang als erwartet.

„Und was wir so hören," sprach Konrad weiter, „was die Amis tun, also dass das Militär für Sicherheit sorgt, dass Krankenhäuser, Brücken, Denkmäler gebaut werden, und vor allem, dass wir auch mit Kultur versorgt werden. Das ist schon pfundig."

Sie kamen mittlerweile im Grenzdorf an.

„Wie sehr sich die Gegend verändert hat," rief Mike. Die Grenze war weithin sichtbar. Erst als sie in der Nähe waren, sah er, dass es ein übermannshoher Bretterzaun war, der die Sicht in den Osten verstellte und es klar machte, dass die Trennung zwischen Ost und West vollkommen war.

Genau, sagte Konrad. Seine Klasse hatten die technischen Daten im Unterricht studiert. Er hatte Stickworte auf seinem Notizblock notiert.

„Letzthin," erzählte er, „wurde entlang der Demarkationslinie ein zehn Meter langer Kontrollstreifen angelegt. Wenn man den jetzt betritt, wird geschossen. Das macht die Teilung Deutschland in die westliche Besatzungszone und die DDR endgültig. Und die weiteren Punkte habe ich hier notiert, und die sind wie folgt:

„Also, die DDR führte ein sogenanntes Sonderregime an der Demarkationslinie ein, und zwar sollte das eine Maßnahme sein zur Abwehr von Spionen, Diversionstätern, Terroristen und Schleppern."

„Warum sollte ein Terrorist vom Westen in den Osten gehen?" fragte Catherine.

„Genau," sagte Konrad, „denn damit versucht die DDR in Wirklichkeit, den Strom der DDR-Bürger, die andauernd vom Osten in den Western abwandern wollen, zu begrenzen. Sie haben Angst, dass durch die Abwanderung die DDR nicht mehr wirtschaftsfähig wäre."

„Ja, das ist klar," sagte Mrs. Carcerano.

„Genau," sagte Konrad. „In der Schule geht ein Witz um, und der geht so: was macht der DDR-Präsident Wilhelm Pieck, wenn er mit der Marilyn Monroe allein sein will? Er macht die Grenze auf!"

Catherine und ihre Mutter sahen ihn fragend an.

„Verstehen Sie? Nein?"

Die Frauen sehen sich ratlos an.

„Er macht die Grenze auf?"

Nichts.

„Kennen Sie die Marilyn Monroe?"

„Ja, natürlich kennen wir sie. Aber warum würde sie in die DDR gehen wollen?" fragte Catherine.

Konrad seufzte. „Das weiß ich auch nicht. Na gut, wir finden den Witz jedenfalls dufte. Der nächste Punkt ist der folgende, und jetzt wird es technisch interessant. Die DDR legte im Hinterland, also dem Land, das in der Grenznähe liegt, einen zehn Meter breiten Pflugstreifen an, und das über die ganze Länge der innerdeutschen Grenze."

„Warum?" fragte Mrs. Carcerano.

„Warum? Weil sie diese feindliche Gesinnung haben. Denn daran angrenzend gibt es einen fünfhundert Meter breiten sogenannten Schutzstreifen, der immer scharf kontrolliert wird.

„Ja, das können wir sehen," sagte Catherine.

„Genau. Und außerdem schaffen die noch eine weitere fünf Kilometer lange Zone, die sie eine Sperrzone nennen. Hier dürfen nur Personen mit einer Sondergenehmigung wohnen oder arbeiten.

„So viele Verbote und Einschränkungen, schrecklich." Sagte Mrs. Carcerano.

„Das ist nicht alles." Sagte Konrad. „Es gibt auch eine nächtliche Ausgangssperre. Leute dürfen sich nicht mehr versammeln, und das hatte schlimme Auswirkungen auf die Familien."

„Natürlich. Das ist unmenschlich," meinte Catherine.

„Genau. Dann haben sie alle Bäume und alles Gestrüpp entlang der Grenze gefällt, damit die Wachen eine bessere Sicht hatten. Und damit Menschen, die die Grenze überqueren wollten, keine Deckung mehr hatten und erschossen werden konnten."

„Ich glaube, ich habe genug," sagte Mrs. Carcerano.

„Da, schaut nur," sagte Konrad, „die Häuser neben der Grenze werden abgerissen. In anderen Ortschaften werden of auch Brücken in die Luft gejagt. Und die Bauern, die ihre Felder entlang der Grenze haben, dürfen nur bei Tageslicht arbeiten, und immer nur unter Aufsicht von bewaffneten

Soldaten. Wenn sie einen Befehl nicht folgten, wurden sie erschossen. Aber das war schon vor zwei Jahren so. Die nächsten Punkte sind…"

„Ich glaube, ich habe genug gehört," wiederholte Mrs. Carcerano.

„Aber, das gehört auch noch dazu," sagte Konrad, und las, „Bauernhöfe und manchmal sogar Familienhäuser wurden durch die Grenze in zwei Teile getrennt und zerstört."

„Fürchterlich." Sagte Catherine.

„Genau, und dann kam die „Aktion Ungeziefer." Das war eine Aktion, eine Zwangsaussiedlung in den Grenzgebieten, in der achttausend dreihundert Menschen, die entlang der Grenze lebten, aus ihren Häusern und Höfen mussten und irgendwo im Innern der DDR angesiedelt wurden. Ihre Häuser wurden eingebackert, dem Erdboden gleich gemacht. Dreitausend Bewohnern, denen die Vertreibung aus ihren Häusern drohte, konnten in den Westen fliehen."

„Hier, in diesem Dorf?" Fragte Mrs. Carcerano.

„Genau. Hier im Dorf gab es etliche Familien, acht oder zehn, die zuerst umgesiedelt werden sollten. Die eine Familie hatte eine einen Wirtschaftsbetrieb, den sie erst modernisiert hatten und der voll funktionierte. Den sollten sie verlassen. Die Soldaten des Evakuierungskommandos waren schon im Innenhof des Bauernhofs, an der Haustür, da sind die Bewohner in letzter Minute durch das Heubodenfenster in den westdeutschen Teil, in die Freiheit gesprungen. Die Soldaten haben dann das Gebäude abgerissen."

Mike schaltete sich wieder in das Gespräch ein. „Jetzt ist es wirklich ein Eiserner Vorhang geworden. Und wer weiß, wann sich das je wieder ändern wird."

„Was die Menschen einander alles antun können," sagte Mrs. Carcerano kopfschüttelnd, „da gibt es kein Genug. Wenn der Hass einmal schürt, werden sie zu Bestien."

Sie schoss acht Rollen Film von der Grenze. Während der stundenlangen Arbeit mit der Kamera murmelte sie nur, „unimaginable, incredible, inhumane."

„Habe ich es dir nicht gesagt," sagte Catherine, „die Grenze enttäuschte nie. Leider."

Die Nachbarn in ihren Fenstern und das tägliche Leben auf der Straße waren ein anderes beliebtes Objekt der Fotografin. Sie hatte es schon am zweiten Tag entdeckt. Catherine verstand nicht, was es auf der Straße zu sehen gab. Eine ganze Menge, sagte ihre Mutter. Von Pennys Fenster im Obergeschoss, wo sie auf dem ausziehbaren Sofa schlief, hatte sie eine wunderbare Aussicht nicht nur auf die Straße, sondern über den ganzen Talkessel bis hinüber zum Stadtpark, der am Morgen in allen möglichen Goldtönen erglühte. Und alle paar Momente geschah unten etwas von Interesse.

Da war zuerst der Bäcker, der mit dem Fahrrad bei Sonnenaufgang die Brötchen und Hahnenkämme, Landbrote und Brezeln aus den beiderseitig am Fahrrad angebrachten Körben in die Häuser lieferte. Und das Schönste daran ist, dass er in der weißen Bäckerschürze kommt, wusstest du das? Nicht einmal in Chicago haben wir das. Frisch aus der Backstube. Ja, sicher, wir haben den milkman, aber hier, so etwas von Idyllisch!

Wenig später, nach dem Frühstück, kommt dann der Gemüsehändler mit seinem Lastwagen angefahren, läutet eine Messingglocke und rollt die Plane seines Lastwagens zurück, so dass sein ganzer Schatz, Kisten voller Salate, Rotkohl, Weißkohl, rote Beete, Karotten, Kartoffel auf der einen, und mehr Kisten mit Äpfeln, Orangen, Trauben und Bananen auf der anderen Seite sichtbar werden. Der Traum eines jeden Fotografen. Er selbst in einer schwarzen

Gummischürze und Schildkappe, mit Papiertüten und einer Wage, auf der er mit schwindelerregender Schnelle Gewichte auf und ab legt. Ihr Enthusiasmus brachte Catherine zum Lächeln.

Ihre Mutter hatte sich sogar ein Beispiel an den Nachbarn genommen und ihr eigenes Kopfkissen ins Fenster gelegt. So bequem, meinte sie. Man könne so stundenlang im Fenster liegen und dem Treiben zusehen. Catherine schüttelte den Kopf. Sie hätte alles erwartet, nur nicht, dass ihre eigene Mutter wie der Rest der Straße auf einem Kissen stundenlang im Fenster lag.

Und noch etwas, sagte Mrs. Carcerano. Die Nachbarn hätten angefangen, ihr zuzuwinken. Was wohl der Grund dafür war? Unglaublich, incredible, sagte sie. Sie hatte immer geglaubt, dass die Deutschen so unfreundlich waren. Wer in der Welt winkte einer Fremden über die Straße hin zu? In New York tat man so etwas nicht. Sie hatte sogar Fotos, etliche Rollen mit Negativen, die das bewiesen. Hausnummer 8 gegenüber, zum Beispiel, eine Frau, die sogar ein Fernglas benutzte und ihr mit dem Fernglas zuwinkte. Oder Hausnummer 4, wo eine Frau wohnte, die zwar nicht immer winkte, aber immer wieder Bierflaschen an Kinder verteilte. Und Zigaretten. An Kinder! Wo gab es denn das? Nur in Deutschland, natürlich.

Die Nachbarn ihrerseits fanden in der Frau mit der Kamera, die dauernd knipsend im Fenster lag, eine willkommene Abwechslung. Eine LEICA IIIf, wusste Frau Beck dank Waldemars Fernglas zu berichten und Herr Linde fügte hinzu, dass diese Kamera die teuerste Kamera der Welt sei, wie der Brockhaus verzeichnete. „Der Name Leica leitet sich aus den ersten drei Buchstaben des Nachnamens des Gründers, das war Leitz und den ersten beiden des Wortes Kamera ab: also lei-ca. Aha, ich wette, das haben Sie alle nicht gewusst!"

„Da ist sie sicher jemand Wichtiger, die neue Amerikanerin," sagte Herr Tiefenbacher. „Wenn sie eine Kamera diesen Wertes besitzt, hat sie bestimmt ein beträchtliches Vermögen. Ich habe einen Riecher für so etwas."

Der Herr Linde erinnerte sich an seine Stelle bei der Kripo und zog seine dicken Augenbrauen hoch. „Da könnten Sie recht haben. Mit so einer Kamera macht man nicht nur Fotos für ein Fotoalbum. Wer weiß, in welchen Illustrierten wir enden! Ich bin bekannt für meine kriminalpolizeiliche Kompetenz in diesen Nachforschungen."

„Genau, davon bin ich auch überzeugt," sagte Frau Bamberger. „Möglicherweise kommen wir da in den Stern. Ich habe da eine Idee, liebe Frau Beck. Was halten Sie von einem Promenieren? Haben Sie etwas in Ihrer Mottenkiste, was für elegant gelten könnte? Wenn nicht, kann ich Ihnen gerne etwas leihen. Obwohl, ich weiß nicht, ob Ihnen meine Mode passen wird."

„Na so etwas, das ist ja geradezu fulminant, nein, ich meine impertinent, Frau Bamberger."

Aber Herr Schnapp hatte noch Promenieren im Ohr.

„Ein Promenieren?" rief er. „Im Pariser Stil? Wie aufregend, da kommen wir vielleicht sogar in die Bild Zeitung."

„Glauben Sie?" rief Frau Beck. „Entschuldigen Sie mich, ich habe plötzlich Dringendes zu tun."

„Gut. Informieren Sie dann auch die Straße, wenn ich bitten darf. Wir sehen uns um dreizehn Uhr. Pünktlich." Frau Bamberger schlug das Fenster zu.

„Der Mensch schaut auf die äußere Erscheinung, aber der Herr schaut auf das Herz. So sagt das gute Buch. Oh gottogott, ich hab ja auch so viel zu tun…" Pfarrer Schnapp verschwand von seinem Fenster.

„Ich auch, wir auch," rief Frau Spätling und zog ihren Lebensgenossen vom Wohnzimmerbuffet weg. Auch die anderen Nachbarn verschwanden vom ihren Fenstern. Es war ruhig in der Straße wie noch nie zuvor. Beängstigend ruhig.

Mrs. Carcerano rief ihre Tochter und fragte sie, was geschehen sei.

„Hat es einen Alarm gegeben, oder gibt es sonst einen Grund, warum alle plötzlich verschwunden sind? Ist irgendetwas an der Grenze passiert? Marschieren vielleicht die Russen ein? Sollten wir vielleicht in den Keller gehen?"

Catherine wusste von keinem Alarm. Auch sie hatte die Straße nie so still erlebt, so menschenleer gesehen. Ihre Mutter hatte recht, es sah beängstigend aus. Sie rief Mike in der Kaserne an; er war unerreichbar, und Catherine sagte seiner Sekretärin, er solle sie so bald wie möglich zurückrufen. Auch die Sekretärin war sich nicht bewusst, dass irgendetwas Ungewöhnlich gemeldet war, auch sie hatte von keiner bevorstehenden Gefahr gehört.

Mutter und Tochter schalteten den Fernseher ein, aber nach etlichem Drehen und Ziehen an der Zimmerantenne war nur der DDR-Sender erreichbar, und zwar mit einem Programm über den großen Genossen Stalin. Das Radio spielte Schlager. Sie machten sich eine Kanne Tee und wartete auf dem Sofa, mit Penny in der Mitte zwischen ihnen, was als nächstes geschehen würde. Dann stand Mrs. Carcerano wieder auf und packte vorsichtshalber einen Koffer und ein Dutzend Sandwiches.

Nichts geschah. Absolut Funkstille. Ein paar Minuten vor eins begab sie sich wieder auf ihren Aussichtspunkt in Pennys Zimmer. Sie hatte nicht einmal ihre Kamera bei sich. Auf das, was jetzt passierte, wäre sie nie im Leben vorbereitet gewesen:

Als die Uhr am Kirchturm ein Uhr schlug, verwandelte sich die Erasmus-von-Rotterdam Straße, bislang leergefegt bis auf Catherines weißes Oldsmobile und den schwarzen Volkswagen Käfer Herrn Beiers, in die Pariser Jardins de Luxembourg, in eine Hochburg der Mode und der Höflichkeit. Die Fensterinsassen des Morgens mit ihren verkleksten Schürzen, verkrumpelten Hausjacken, zerknitterten Hüten und ausgetretenen Pantoffel waren kaum wiederzuerkennen. Die Straße füllte sich immer mehr mit Menschen, aber nicht mit Menschen des Alltags. Nein! Keine einzige Schürze, keine verkrumpelte Hausjacke, kein ausgelatschter Pantoffel, nicht einmal ein zerknitterter Hut war in Sichtweite.

„Catherine, komm mal, schau," rief Mrs. Carcerano hinunter zu ihrer Tochter, die immer noch an der Fernseherantenne herumfummelte. „Was ist da unten los?"

Zuerst trat Herr Pfarrer Schnapp aus der Hausnummer eins. Er hatte sich in seinen weiten schwarzen Weihnachtstalar gekleidet. Er nannte ihn so, weil er ihn nur zu ganz besonderen Anlässen aus der Mottenkiste nahm. Um dem Promenieren eine extra besonderen Bedeutung beizumessen, hatte er sogar das gewöhnliche Beffchen durch eine weiße Halskrause ersetzt. Sein Eindruck war ehrwürdig und historisch zugleich, eine Erscheinung wie aus einer anderen Zeit. Er hatte an jenem Tag keine Verpflichtungen, es gab keine Todesfälle und auch keine Taufen, und er hatte auch keine Predigten zu schreiben. Er konnte also die Flaniertätigkeit mit bestem Gewissen genießen.

Dem Pfarrer gesellten sich jetzt das Ehepaar Dornmüller aus der Hausnummer fünf hinzu. Herr Dornmüller hatte sich eine kleine Pause gegönnte von seinem Jeep Manuskript. Auch er hatte eine Stunde Zeit, um den amerikanischen Besetzern und ihrer amerikanischen Kamerafrau zu zeigen, mit welcher kulturellen Macht sie es zu tun hatten. Für diesen

Zweck hatte er seinen schwarzen Frack aus der Mottenkiste geholt, den er neben einem in Zeitungspapier eingepackten Stück geräucherten Speck aufbewahrte, eine Kostbarkeit in dieser Zeit. Warum der Speck in der Mottenkiste lag, konnte er auch nicht sagen. Den dazugehörigen Zylinder brachte er mit ein paar Hieben in Topform; nur die dazugehörige Hose war ihm zu weit geworden und schlotterte um seine Beine. Er verließ sich auf sein strategische Know-how. Sein dunkles Toupet aus längst vergangenen Zeiten unter dem Zylinder würde von der Hose ablenken und außerdem seinem Haupte eine zusätzliche Größe verleihen. Er schnupperte am Frack und wunderte sich, warum er mehr nach Speck als nach Mottenkugeln roch. Na, besser Speck als Mottenkugeln, sagte er und fand, dass er im Großen und Ganzen einen imposanten Eindruck machte. Er war mit sich selbst sehr zufrieden. Er beabsichtigte, eine Melodie aus dem Ring des Nibelungen zu pfeifen, während er auf der Straße auf und ab ging, mit seiner Frau Gemahlin am Arm.

Mrs. Carcerano rannte und holte ihre Kamera. Die Ellbogen auf Pennys Kopfkissen im Fenster gestützt, schoss sie rollenweise Fotos. „Catherine," rief sie, „schau dir das mal an! Was ist denn da unten los?"

Frau Dornmüller hatte, wie gewöhnlich die Nachtschicht in der amerikanischen Kaserne, wo sie als Assistentin zum Assistenten des Chefkoch für die Sauberkeit der Salate und die Zerkleinerung von Gemüse verantwortlich war. Die Nachtschicht behagte ihr sehr, konnte sie doch jeden Tag bis fast Mittag schlafen. Das war der Grund, dass sie heute die Gelegenheit nutzen konnte, auch einmal ihre elegante Seite zu Schau zu stellen. Man kannte sie auf der Straße ja nur in ihrer karierten Kochjacke mit der karierten Kochhose, der karierten, allerdings immer makellos sauberen Schürze und dem toque blanche, dem weißen Kochhut, der ihr erst kürzlich verliehen worden war und auf den sie besonders stolz war. Aber heute trug sie, als passende Ergänzung zu der schicken Erscheinung ihres Mannes, ihr Lieblingskleid, ein Festkleid, das vor vielen Jahren auf ihrem Honeymoon sein Debut hatte. Eine luftig flatternde, bunt gemusterte Kreation aus Crêpe und Chiffon, mit verschieden großen Schleifenverzierungen und einer Schärpe aus Chiffon in Hüfthöhe, was dem Ganzen, so fand sie jedenfalls, eine sehr erfrischende und feminine Note verlieh.

„Gut sehe ich aus, verflixt gut, muss ich schon sagen," sagte sie, und drehte sich vor dem Spiele am Schlafzimmerschrank. Herr Dornmüller dachte das auch.

„Weißt du noch, unsere Flitterwochen in Venedig," sagte er und schloss sie in seine Arme.

„Nicht jetzt, August," sagte sie, „Wir müssen uns beeilen. Der Herr Pfarrer wartet schon."

Als das Trio vom Kirchplatz aus an der Hausnummer sechs vorbeischritten, traten gerade Frau Spätling und Herr Linde Arm in Arm aus der Haustür.

„Meine Herren," rief Herr Linde ganz aufgeräumt, „ein spektakulärer Tag für ein kleines Spaziergängchen, finden Sie nicht?"

Herr Dornmüller legte dem Toupet halber, nur zwei Finger an seine Zylinder, da er sich keine Blöße geben wollte, und der Herr Pfarrer verneigte sich höflich. Frau Dornmüller winkte mit ihrer Chiffonschärpe. „Hallo. Ein deliziöser Tag, da haben Sie wohl recht. Und so warm dazu, meinen Sie nicht auch, Frau Spätling?"

Die so Angesprochene beschloss, die Frage für den Augenblick vorzugsweise zu ignorieren. Am Arm ihres Lebenspartners trug Frau Spätling nämlich ihren Opossum Mantel, denn auf ihren geliebten Pelz wollte sie unter keinen Umständen verzichten. Immerhin trug sie darunter nichts weiter als einen Unterrock, denn die Juni Sonne war doch etwas wärmer als sie gedacht hatte.

„Opossum, liebe Frau Dornmüller," erwiderte sie schließlich mit einem süßen Lächeln. „Echter Opossum. Nicht Possum. Aus Argentinien, garantiert. Da kann es auch mal ein bisschen heiß sein."

„Das kann ich nur bestätigen," sagte Herr Linde. „Das steht auch so im Volksbrockhaus." Zu Ehren der Gäste aus Übersee wollte er offizieller als sonst erscheinen, und nur eine Uniform war das Geeignete, fand er. Die Wahl war nicht leicht gewesen: seine neue Kripo Uniform oder die klassischen Soldatenfelduniform? Er holte seine Soldatenfelduniform aus der Mottenkiste im hintersten Winkel des Kleiderschranks und war überrascht, wie gut sie noch passte, besser noch als die Kripo Uniform. Da wusste er: die Soldatenfelduniform. Die lange Tuch Hose tuckte er in die Stiefel, darüber trug er die Feldbluse, sogar mit einem Halstuch im Kragen, auf dem Kopf die Feldmütze mit Schirm und um den Bauch den Koppel mit Kastenschloss. Stahlhelm und Gasmaske ließ er seufzend in der Mottenkiste zurück; sie wären nicht ganz angebracht gewesen.

„Na mein Lieber, ich hoffe, man erschießt Sie nicht auf offener Straße. Denn so etwas soll ja öfters vorgekommen sein," sagte Herr Dornmüller zu ihm; Herrn Linde antwortete mit einem militärischen Salut.

„Charmant, sehr charmant, mein sehr geehrter Herr Dornmüller," fügte er noch hinzu und ging dann, seinen strammen Schritt verlangsamend, mit der Opossum Dame die Straße hinauf.

Indessen lief Herr Tiefenbacher aus dem Haus Nummer fünf schnell hinüber zum Haus Nummer vier, und durch die angelehnte Haustür der Frau Bamberger. Ein paar Minute später kamen beide, auch sie Arm in Arm, wieder heraus, gefolgt von einem schick frisierten schwarzen Pudel an einer Leine, und selbst der kritischste Beobachter musste zugeben, dass die drei eine fesche Erscheinung abgaben. Vor allem der schwarze Pudel namens Fifi mit der hübschen Frisur verlieh ihnen allen eine elegante Note. Frau Bamberger musste ihn auf die Schnelle von irgendwoher geliehen haben.

„Wie üblich ist Ihr Einfallsreichtum bewundernswert,“ sagte Herr Tiefenbacher dicht an ihrem Ohr.

„So nett von Ihnen.“ Frau Bamberger war einem Kompliment nie abgeneigt.

Jetzt stöckelte sie mit Fifi an der Leine und ihrem Nachbarn an der Seite in einem eng-anliegendem roten Kostüm, das ihre Kurven zur Schau stellte, die Straße Richtung Kirchplatz hinunter. Sie hatte eigentlich beabsichtigt, mit ihrem Hanomag die Straße auf und abzufahren, aber dann wäre der Pudel nicht ins Auge gefallen, und sie wollte auch nicht, dass das Auto irgendwo steckenblieb. Außerdem war ein Flanieren am Arm eines Herrn Tiefenbachers im grauen Anzug besser als eine Spazierfahrt in einem alten verstaubten Hanomag. Wäre es stattdessen ein neuer roter Porsche, wäre die Wahl wahrscheinlich anders ausgefallen.

„Haben Sie die Dornmüller gesehen?“ fragte sie ihren Begleiter. „War das ein Opossum oder nur ein Possum?“

„Ja, das ist eine gute Frage,“ antwortete er. „Vielleicht doch Eichhörnchen.“

„Sie haben einen herrlichen Sinn für Humor, lieber Herr Tiefenbacher. Ruhig, Fifi, ruhig. Platz. Nein, nicht Platz. Weiter. Geh jetzt, komm schon. Nicht so schnell. Langsam. Fuß.“

Selbst Herr Beier und Ursel Beier wollten sich nicht die Gelegenheit entgehen lassen, sich von ihrer besten Seite zu zeigen. Ursel konnte endlich ihr Schneidertalent in den Blickpunkt rücken und hatte schnell ihr schwarzes Cocktailkleid fertig genäht, das weitschwingend und kurz war, gerade mal das Knie bedeckte; dazu trug sie ein

Schultertuch aus schwarzem Tüll. Alles sehr zur Freude von Herrn Beier.

„Ist das aus der neuen Burda," wollte er wissen. „Ist dir wirklich gut gelungen. Und deine Beine solltest du öfters zeigen. Steht dir gut."

„Naja, und du bist auch nicht ohne," sagte sie und reichte ihm ihre Hand. Ihr Mann trug seinen blauen Anzug, der immer noch der einzige Anzug im Schrank war, und den er nur tragen, wenn sich zum Beispiel ein neuer Mieter aus Amerika vorstellen würde. Heute trug er natürlich auch den Filzhut dazu mit dem Gamsbart, ein Geschenk von seinem Schwager aus dem Dorf in der Nähe.

Selbst Konrad hatte dem Flanieren zugestimmt, vor allem weil er ausnahmsweise, zu Ehren der Amis, seine neuen Nietenhosen tragen durfte, die seine Mutter ihm genäht hatte. Nach einer Vorlage in der Burda, wo sie auf zwei Schnittbogen dreiundzwanzig Modelle, darunter auch die Nietenhose im amerikanischen Stil, gefunden hatte. Er hoffte, dass sein Englischlehrer, der Herr Professor Dornmüller ihm das nicht übel nehmen würde, und wenn schon, dann war das nicht sein Problem.

Aber es war Frau Beck, die den Vogel abschoss: Als sie aus ihrer Haustür trat, funkelte ihr Goldlamékleid in der Sonne und blendete die Flanierenden für einen Augenblick so sehr, dass sie sich abwenden mussten.

„Mein Gott ogottogott, was ist denn das, dieses Gold. Was soll denn das?" fragte Pfarrer Schnapp und hielt seine Hand vor die Augen. „Ist das Moses vor dem Dornenbusch?"

„Nein, nein, lieber Herr Pfarrer, nichts derartig Mysteriöses. Das ist ja bloß die Beck," beruhigte ihn Herr Linde.

„Ihr sollt keine Götter aus Silber machen, um mit mir zu sein, noch sollt ihr euch selbst zu Göttern aus Gold machen, saget der Herr. Exodus zwanzig und so weiter. Mehr dazu diesen Sonntag." Der Pfarrer Schnapp musste wieder auf seine Krause blasen, die sich immer wieder in seinen Mund schob, anstatt sich sittsam um seinen Hals zu legen. „Pthhh!" „Catherine, do you see her? Gosh, this is amazing." Mrs. Carcerano kam mit dem Knipsen gar nicht nach.

Die Frau in Gold trug auch eine Fuchspelzstola um ihre Schulter, kaute an einer Zigarre und hielt ein Lorgnon vor ihr Auge. Aber das Beste war ein weitkrempiger Hut mit einer Fasanenfeder.

„Amazing, just amazing." Mrs. Carcerano schob eine neue Rolle Film in ihre Kamera. Was war nur los da unten?

Aber bald vergaß sie nach dem Grund dieser einmaligen Veränderung zu fragen und konzentrierte sich bloß auf das Fotografieren. Catherine lag nun ebenfalls im Fenster neben ihr, mit Penny zwischen ihnen auf zwei extra Kissen, und alle drei bewunderten, was sie sich nicht in ihren wildesten Träumen hätten vorstellen können.

Der Herr Pfarrer hatte mit Wonne die Kamera gesehen, die auf ihn gerichtet war, und wurde plötzlich sehr animiert. „Stellen Sie sich vor," sagte er, wild mit den Armen gestikulierend, zu Herrn Dornmüller, der gerade die Tannhäuser Ouvertüre pfiff, „da habe ich neulich gelesen, dass unsere Kirche die westliche Christenheit zersplittert haben soll. Dabei haben wir doch eine tiefe Abneigung gegen das Katholische und eine starke Affinität zu nationalen Grenzen. Unvorstellbar, sage ich, unvorstellbar, dass wir je ein föderales Europa haben. Unvorstellbar, Herr Dornmüller…Herr Dornmüller?"

Herr Dornmüller aber hatte andere Sorgen. Fifi, Frau Bambergers geliehener Pudel, war ihm etwas zu nahe gekommen und versuchte, seinen Frack zu fressen. „Verdammte Mottenkugeln," brummte er und schlug, so graziös er das konnte und mit einem Auge nach der Kamera schielend, nach dem Hund, was aber wenig Eindruck auf den Vierbeiner machte. Der hatte geräucherten Speck gerochen, und geräucherten Speck musste er haben. Jetzt und sofort. Frau Bamberger gelang es endlich, den Pudel mit einer energischen Reihe von Befehlen wie „Pfui! Fifi! Platz! Sitz! Hier! Fuß! Aus! Pfui!" so vollständig zu verwirren, dass der endlich von Herrn Dornmüllers Frack abließ und sein Pflegefrauchen stirnrunzelnd anstarrte. Das gab Herr Dornmüller genug Zeit, sich und seinen Frack in Sicherheit zu bringen.

Auch Mrs. Carcerano hatte Frau Beck entdeckt und konnte nicht genug Bilder von ihr machen.

„Das Cocktailkleid würde ich auch in New York tragen," sagte sie und knipste und knipste.

Dann schoss sie einen Frack und Zylinder.

Nochmals das Goldlamékleid.

Einen Opossum Mantel.

„Opossum, meinst du?" Fragte sie ihre Tochter.

„Nein, sieht wie Eichhörnchen aus. Oder Kaninchen. Irgend so ein Fell Tier."

Ein schwarzes Cocktailkleid.

Einen frackfressenden Pudel. Gut frisiert.

„Wie finden Sie eigentlich die Bratwürste, die jetzt vor der Post verkauft werden," fragte Frau Bamberger ihren Begleiter, und stellte sich vor dem Fenster der Amerikaner in Pose. Herr Tiefenbacher musste gestehen, dass er sie noch nicht gekostet hatte. „Wir sollten einmal zusammen hingehen und einen Geschmackstest machen, was meinen Sie?" fragte Herr Tiefenbacher und wunderte sich selbst über seinen Mut und die Kurven seiner Begleiterin.

„Oh, Sie Verführer, Sie," lachte Frau Bamberger und schlug ihm kokett mit der Pudelleine auf den Arm. Die Kamera war immer noch auf sie gerichtet.

„Finden Sie, wirklich?" Herr Tiefenbacher konnte sein Glück nicht fassen. „Haben Sie gewusst, dass der Name Jeep eigentlich aus einer Comic stammte? Eugen der Jeep, hieß der. Könnte nach mir benannt sein. Weiß man's denn?" „Tatsächlich? Hocherfreut, Eugen. Ich bin die Elfriede," gurrte Frau Bamberger und lachte in die Kamera.

Catherine fragte sich, ob das heute vielleicht schon Karnevalanfang war. Obwohl, sie war sich dessen ganz sicher, dass Frau Tremel doch von Februar gesprochen hatte. Nein, das musste ein anderer Feiertag sein. Im Kalender stand nichts davon, auch nicht in der Kasernenmitteilung. Mike würde den Grund dafür schon wissen.

Herr Linde winkte Frau Bamberger über die Straße hin zu, und Frau Spätling drehte den Kopf demonstrative zu Seite, ohne aufzuhören zu lächeln. Kein Zwischenfall sollte heute geschehen. Stattdessen deutete sie auf Frau Beck, die eben an ihnen vorbeiflanierte und sagte, „Wie wunderhübsch. Das steht Ihnen so gut, liebe Frau Beck."

Die Frau im Goldlamékleid lächelte zurück, lächelte auch auf die Kamera, und nahm die Zigarre aus ihrem Mund. „Und Sie, liebe Frau Spätling, erst recht. Wie geht es Ihnen? Haben Sie wieder einmal Sauerkraut eingemacht? Es war köstlich. Sie müssen mir Ihr Rezept verraten."

„Ja, dann bis später. Wir wollen noch ein paar Mal auf und ab flanieren. Das macht ja solchen Spaß, dieses Flanieren," sagte Frau Spätling und hängte sich schwer bei ihrem Lebensgefährten ein. Sie hätte doch lieber nicht die Stöckelschuhe mit den Pfennigabsätzen tragen sollen. Ihre Füße waren sicher schon geschwollen. So über den Bürgersteig geschleift zu werden war nicht wirklich ihre Sache. Aber besser ein Paar geschwollene Füße als allein daheim sitzen und die Bamberger ihren Charme unangefochten vor allen zur Schau stellen zu lassen. Ah, und hier waren die Beiers.

„Guten Tag, Frau Beier. Ist das ein neues Kleid? So etwas habe ich noch nie gesehen."

„Ja, liebe Frau Spätling, selbst genäht. Burda."

„Nein, was Sie nicht sagen. Sie sind ja eine Künstlerin."

„Nein, nein, das war ganz einfach," wehrte Frau Beier bescheiden ab.

„Sie kann das," sagte Herr Beier und drehte seine Frau stolz im Kreise. „Sie ist eine Superfrau."

„Och," sagte Frau Beier, „und du bist mein Honigbär."

„Naja," Herr Beier war verlegen, „wenn du meinst. Dann bist du aber mein Schnutzelputzelchen."

„O Gott, Mensch," sagte Konrad, „mir wird schlecht von eurer Quasselei. Ich hab genug, ich geh wieder ins Haus. Sieht sowieso niemand meine Blue Jeans."

„Ja, doch, natürlich sehe ich die. Baumwollhosen. Von denen habe ich schon gehört. Wo hast du die denn her?" fragte Frau Beck.

„Das sind Nietenhosen, Frau Beck. Auch von meiner Frau genäht. Burda. Man könnte fast denken, sie hat Verbindungen zu der Mode in Paris, " sagte Herr Beier.

„Fast wie Blue Jeans," fügte Konrad stolz hinzu.

„Ja, also, dann will ich mal weitergehen. Wir halten ja den Verkehr auf." Frau Beck steckte die Zigarre wieder in den Mund und sah ihre Mitbürger durch ihr Lorgnon an.

Das große Flanieren war im vollen Gang. Die Promenierenden in ihren phänomenalen Kleidern und monströsen Hüten stellten gegenseitigen Respekt und Respektabilität zur Schau. Sie zirkulieren aneinander vorbei, tauschen Begrüßungen aus. Eine Mischung aus Zeremonie und Spektakel. Mrs. Carcerano verstand kein Wort von dem, was die Nachbarn, ständig in Bewegung, sagten, und Catherine war auch keine Hilfe dabei.

„Dialekt," sagte sie schulterzuckend, „ich verstehe nur Hochdeutsch." Aber ein genaues Sprachverständnis war gar nicht notwendig. Das visuelle Spektakel ersetzte jeglichen Diskurs. Sie wollte das alles festhalten, die theatralische Atmosphäre der Frauen, den Reichtum an Modestilen, die zeremonielle Choreografie dieser Promenade, das einem Ballett ähnelte.

„Da," rief Mrs. Carcerano ihrer Tochter zu, „schau nur. Was ist das für eine Feder, dort auf dem Hut. Schöne Bleistiftröcke, und das goldene Abendkleid würde ich sogar in die Met tragen."

Das war also das fränkisch-französische Flanieren der Nachkriegsgesellschaft, von dem keiner in der ganzen Welt etwas wusste. Ob das ein jährliches Ereignis war? Was es wohl alles bedeutete? Kam es noch aus der Zeit der Mittelalters? Was war sein Ursprung? Alle Zeitschriften werden sich um die Fotos reißen. Schau nur, wie gut die Männer aussehen. Wer hätte das gedacht.

Catherine sagte, sie erinnerten sie an stolzierende Gockel.

Ja, sicher, das auch.

Dem Herrn in der Soldatenuniform hätte sie zu etwas weniger Aggressivem geraten. So eine Uniform war wie ein Misston in diesem Meer eleganter Bekleidung. Aber was solls. Vielleicht war so eine Uniform bei diesem Flanieren notwendig. Als Erinnerung an all die Kriege die derzeit in anderen Teilen der Welt geführt wurden. Trotzdem. Eine Disharmonie.

Die Nachbarn spazierten auf und ab und Gehstöcke schlugen den Takt dazu, selbst Herrn Lindes Invalidenstock hatte etwas Nobles an sich. Sie grüßten sie sich gegenseitig, indem die Frauen leicht ihre Köpfe graziös auf die Seite neigten, und die Männer ihre Hüte lüfteten, selbst sie graziös, ein Gesellschaftstanz in Zeitlupe.

„Was ist das bloß für ein Geruch, es stinkt ja zum Himmel," sagte Catherine, und schnupperte in die Luft.

"Naphthalin," sagte Mrs. Carcerano. "Mottenkugeln."

Das Flaniere dauerte gut eine halbe Stunde. Dann gingen alle wieder in ihre Häuser und Mrs. Carcerano verschwand in die Dunkelkammer, die sie sich provisorisch im Keller angelegt hatte. Sie konnte nicht erwarten zu sehen, wie die Fotos herauskamen. National Geographics, dachte sie. Titel: Germany's Great Reawakening? Life in the German Province? Mysterious Mardi Gras German Style? Irgendetwas ließ sich sicher daraus machen.

„Wir sollten uns bei den Nachbarn bedanken. Das war wirklich eine Show, die sie da für uns vorführten." Mrs. Carcerano wies auf einen Stapel Fotos. „Viel besser als die Grenze zwischen Deutschland und Deutschland. Ich habe da eine Idee. Wie wäre es mit einem Thanksgiving für die ganze Straße?"

Aber es ist doch erst Juni, wendete Catherine ein. Es ist noch zu früh.

Juni oder November, für die Leute hier macht das keinen Unterschied. Es wäre eine Art Abschiedsgeschenk, von uns Good Will Ambassadors. Je mehr Mrs. Carcerano sich das vorstellte, desto begeisterter war sie über ihre Idee.

Auch Mike teilte die Begeisterung seiner Schwiegermutter, und Catherine willigte endlich ein.

Sie planten. Abreise am Samstag in einer Woche, also den Donnerstag davor. War das auch genug Zeit für die Vorbereitung?

Natürlich, meinte Frau Carcerano. Die notwendigen Dinge, das alles kam aus der Kaserne, auch Klappstühle, Klapptische, die Lebensmittel, einschließlich Truthahn und sämtliche Beilagen. Frau Dornmüller konnte sicher auch mithelfen, nicht?

Mike fand die Idee fantastisch. Good Will Ambassadors. Warum war ihm das selbst noch nie in den Sinn gekommen.

Catherine rief Herrn Beier über den Zaun zu, doch einmal kurz zu ihr herüber zu kommen. Herr Beier kam nicht nur, er sprang über den Zaun mit einem Satz, der ihn selbst in Erstaunen setzte, und stand atemlos vor ihr.

„Da bin ich," sagte er. „Und was wollen Sie mit mir jetzt machen?"

„Wir wollen ein Thanksgiving Dinner machen. Ein spät Mittagessen für die ganze Straße organisieren."

„Ein was?"

„Ein Thanks... ein Essen. Für die Straße. Die ganze Straße."

„Warum?"

„Als ein Dankeschön."

„Aber wofür?"

„Für die Nachbarn, die guten Nachbarn?"

„Aber warum?"

„Nur so. Als Dankeschön."

„Aber warum denn?"

Catherine schlug die Hände über dem Kopf zusammen „Nur so. Kein Grund. Doch ein Grund. Jedenfalls. Bitte. Sagen sie allen, nächsten Donnerstag um ein Uhr. Hier. Im Garten. Bitte."

Dieses Mal ging Herr Beier betont langsam und sehr selbstbewusst zurück, durch das Wohnzimmer und den Flur der Nummer vierzehn zu seiner Nummer zwölf und erzählte seiner Ursel, dass die Amerikaner nebenan wohl vollends verrückt geworden waren.

„Ein Essen wollen die geben, für die ganze Straße. Kannst du das bitte den Nachbarn mitteilen," sagte er, noch immer kopfschüttelnd.

191

„Warum?" fragte Frau Beier.

„Weil du die Nachbarn besser kennst als ich."

„Nein, warum ein Essen für die ganze Straße?"

„Weil sie dankbar sind."

„Wofür?" fragte sie.

„Für uns," sagte er.

„Weshalb?" fragte sie

„Weil wir Nachbarn sind."

„Wieso? Was hast du getan?"

„Ich? Nichts! Wie kommst du auf die Idee?"

„Niemand gibt ein Essen für eine ganze Straße für nichts und wieder nichts," antwortete Frau Beier. „Du kannst es mir ruhig sagen. Was. Hast. Du. Getan?"

„Nichts. Das sage ich dir doch. Absolut nichts. Leider."

„Wieso leider? Was willst du damit sagen?"

Herr Beier seufzte tief, setzte seinen Hut auf und ging selbst auf die Straße. Die Nachricht war zu wichtig, um sie seiner übermisstrauischen Gemahlin zu überlassen, geschweige denn, sie als Fensterpost weiterzuleiten.

Das deutsche Thanksgiving Dinner Fest war für den vorvorletzten Tag des Aufenthalts der Amerikaner angesagt. Es war Herrn Beier auch ohne die Hilfe von Frau Beier gelungen, die ganze Nachbarschaft im Namen der Collins Familie einzuladen.

„Da, siehst du," sagte Frau Spätling zu Herrn Linde, „unser Flanieren trägt Früchte. Hab ich's nicht gesagt."

Und Herr Linde antwortete, „Thanksgiving. Im Volksbrockhaus, da heißt es, die Pilgerväter feierten im Jahre 1621 gemeinsam mit den Wam Pa No Ag ein großes Erntedankfest, um sich für deren Hilfe nach ihrer Ankunft in Amerika zu bedanken. Heißt das dann, das wir da die Wam Pa No Ag sind? Und Deutschland das neue Amerika? Mysteriös, sehr mysteriös. Ich wünschte, ich hätte die Antwort darauf."

„Ach du mit deinem Volksbrockhaus. Die wollen ganz einfach nur feiern. Das ist alles."

„Da bin ich mir nicht sicher," sagte Herr Linde und wackelte mit dem Kopf.

„Was trägt man eigentlich zu einem Thanksgiving Dinner?" fragte Frau Bachmann ihre Nachbarin, Frau Beier.

„Tja, das weiß ich leider auch nicht," sagte die. „Es hört sich fast so an wie unser Oktoberfest. Da würde ich denken, ein Dirndl ist angesagt."

„Wer hat heute schon noch ein Dirndl, die Zeiten sind doch vorbei."

„Ja und nein. Denn was ist ein Dirndl schon? Ein Kleid mit einer weißen Bluse darunter, schönes Dekolleté, hübsche Schürze, das ist doch zeitlos. Und trotzdem Deutsch oder fränkisch oder bayrisch, oder was immer."

„Eben, das finde ich auch. Könnten Sie mir bitte ein Dirndl nähen, liebe Frau Beier. Ich bringe Ihnen alles, was Sie dafür brauchen."

„Ja, können tu ich das schon, aber…"

„Och ja doch, liebe, liebe Frau Beier…"

Und so sprach es sich im Lauffeuer in der Straße herum, dass Frau Beier neben Cocktailkleidern mit Schulterstolas auch Dirndl nähen konnte. Die Frauen der Straße berieten. Man hatte hier und da noch Vorhänge im Wäscheregal, altes aus Damast oder Spitze, Tischdecken, die sich großartig dafür eigneten. Nach einer Stunde hatte Frau Beier Aufträge für fünf Dirndl in rosa, grün, blau, gelb und lila, und von da an nähte sie Tag und Nacht.

Fünf Dirndlkleider mit und ohne Dirndlbluse.

Mit fünf eng anliegenden Mieder, die sie mit Borten und Knöpfen verzierte.

Fünf Röcke, weit geschnitten und in Falten gelegt.

Und zum Schluss fünf Schürzen, die sie farblich auf die Kleider abstimmte.

Sie war sehr mit ihrer Arbeit zufrieden und überlegte sich, ob sie ein Modegeschäft aufmachen sollte. Ihr Hermann würde sicher zustimmen, und falls doch nicht, würde der Geist ihrer Mutter für den Rest sorgen.

Am Thanksgiving Donnerstag im Juni versammelten sich, nach und nach, und weit vor dreizehn Uhr, die ganze Straße bis auf die üblichen fünf Abwesenden im Garten der Nummer vierzehn. Die Frauen waren allesamt in farbenfrohen Kleidern mit tiefem Dekolleté und trugen Schürzen darüber, und die Männer kamen alle ohne Ausnahme in Lederhosen mit Latz und Kniestrümpfen. Mrs. Carcerano hatte etwas ähnliches erwartet, nach der Erfahrung des Flanierens, und stand mit ihrer Kamera schussbereit. Sogar Frau Tremel trug zur Feier des Tages einen beigen Leinenrock mit einer beigen Spitzenbluse.

„Ja, leider habe ich kein Dirndl," sagte sie zu Catherine, die ganz begeistert war von den Kleidern der Damen.

„Was ist ein Dirndl?" fragte sie.

„Das ist eine alte Tracht, eine Art Bauernkleidung," erklärte Frau Tremel. „Ursprünglich aus Österreich und Bayern."

„Wundervoll," sagte Mrs. Carcerano. Sie liebte dieses Wort, weil es ähnlich dem englischen wonderful war und fast immer angebracht und leicht zu merken.

„Und sehen Sie, wie die Schürzen gebunden sind?" fragte Frau Tremel ihre Schülerin.

Catherine nickte. „Ja, vorne, auf der Seite."

„Das ist richtig. Aber da steckt eine Symbolik dahinter. Wenn die Schleife vorne ist, dann heißt das, ich bin eine Jungfrau. Ist die Schleife hinten, dann heißt das, ich bin verwitwet. Auf der rechten Seite heißt das, ich bin vergeben, also zum Beispiel verlobt oder nicht interessiert. Auf der linken Seite heißt das, ich bin allein, vielleicht auch, ich bin interessiert.

„So, das man muss wissen, eine gute Idee," lachte Catherine. Oh, diese Deutschen!

„Aber warum tragen Sie kein Dirndl, Frau Tremel?" fragte Catherine.

„Ich bin Berlinerin, wir tragen so etwas nicht," sagte Frau Tremel und beließ es dabei.

Dank der Hilfe von Frau Dornmüller und ihren Kollegen aus der Kasernenküche lief alles reibungslos ab.

„Wie am Schnarchen," sagte Catherine. Ihr neuester Ausdruck. „Wie am Schnarchen."

"Wie am what?" fragte Mrs. Carcerano

"Schnarchen, a little string," sagte Catherine. "Das ist idiomatisch.

"Ah," sagte Mrs. Carcerano, „wundervoll. Wie am Schnarchen."

Der Grund, warum alles wie am Schnürchen lief, war einfach. Frau Dornmüller glaubte, dem Mr. Collins beweisen zu müssen, dass sie erstens ihren Job bestens beherrschte, und zweitens, danach vielleicht sogar zur Souschefin avancieren konnte. Es brauchte nur einer kleinen Bemerkung, einer kleinen Empfehlung von Seiten des Colonels, und voila, die Sache wäre erledigt.

Und so hatte die Erasmus-von-Rotterdam Straße ihre erste, und für die meisten, einzige Erfahrung mit einem amerikanischen Thanksgiving Dinner. Wie wusste man bloß, wer neben wem sitzen sollte? Dafür hatte Frau Dornmüller die Frau Beier engagiert, denn die kannte sich aus, wer am besten mit wem und ohne wen auskommen würde.

„Mit dem größten Vergnügen," sagte die Ursel und ordnete es so, dass ihr Herrmann so weit wie nur möglich entfernt saß von der Catherine Collins. Wenn sie die Amerikanerin über den Zaun hätte transportieren können, wäre ihr das auch recht gewesen.

Es wurde eine schöne lange Tafel, jeweils ein Platz an den Schmalseiten, sieben auf der linken und sieben auf der rechten Seite. Frau Collins bat alle zu Tisch, der neben kleinen bunten Papiertruthähnchen auch mit Platzkärtchen dekoriert war. So kam es, dass Mr. Collins am Kopfende seinen Platz fand, zu seiner rechten Hand Catherine, zu seiner linken Mrs. Carcerano. Neben ihr saßen, in der Reihenfolge Männlein-Weiblein-Männlein-Weiblein, der Pfarrer Schnapp, Frau Beck, Herr Tiefenbacher, Frau Bamberger, Herr Beier, Frau Beier, Herr Trompeter, Frau Tremel, Herr Linde, Frau Spätling, Herr Nürnberger, Frau Nürnberger, und Herr Dornmüller, der neben Catherine zu sitzen kam und damit den Kreis schloss.

Frau Dornmüller hatte die Küche übernommen und sich von der Haupttafel entschuldigt. Sie stellte sich in ihrer karierten Souschefin Uniform an den Fuß der Tafel, wo Herr Trompeter saß und froh war, sich sicher und bequem ausbreiten zu können, ohne mit den Ellbogen an den einen oder anderen Gast zu stoßen.

Dann verkündete die Souschefin das Menü des Festessens.

„Zu unserer Thanksgiving Feier freuen wir uns, Ihnen anbieten zu dürfen:

Thymian geröstete Pute
Herzhafte Füllung à la Mrs. Carcerano
Klassische Putensoße
Geröstetes Gemüse aus dem Küchengarten

Süßkartoffeln, Grünkohl und Champignons
Cranberry Relish

Dazu gibt es die folgenden Weine,
Inglenook Pinot Chardonnay und Chateau Hout Brion

Desserts bestehen aus den folgenden
Apfeltorte
Kürbistorte
Kokosnuss-Sahne-Torte
Schokoladen-Eiscreme, Kaffee und Tee."

„Na, ich weiß nicht," sagte Herr Linde zu Frau Spätling und wackelte mit dem Kopf, „hast du das gehört? Süßkartoffeln? Na, ich weiß nicht. Süß?"
„Grünkohl?" fragte Frau Beck.
‚Kürbistorte?" Frau Bamberger schüttelte sich.
„Keinen Schnaps?" fragte Pfarrer Schnapp. Er hatte endlich die weiße Halskrause abgelegt, da er Angst hatte, sie versehentlich mitzuessen.
„Füllung. Keine Klöße?" Herr Linde zog die Augenbrauen hoch. „Leider habe ich meinen Volksbrockhaus zu Hause gelassen."
„Oder Knödel?" sagte Herr Dornmüller.
„Oder Frikadellen?" sagte Frau Spätling.
„Frikadellen? Wir sind doch nicht in Berlin, liebe Frau Spätling," meinte Herr Beier.
„Keine Schnitz?" wunderte sich Herr Tiefenbacher.
Dann kamen die Platten, Schalen und Schüsseln auf den langen Tisch, beladen mit appetitlich aussehenden und verführerisch duftenden aromatischen Gemüsen, mit cremigen Saucen, mit Füllungen und endlich mit einer großen braun gebratenen Pute, bei deren Anblick die ganze Tafel in andächtiges Schweigen verfiel. Mike zerlegte den Truthahn

kunstgerecht, und jeder bediente sich aus den Platten und Schalen und Schüsseln, und dann wurde es ganz still, bis auf die Geräusche des Essens und Trinkens und hin und wieder ein „Oh!" und ein „Ah!" ein „Mmmm!" und ein „Hmmmm!" und Echos davon in verschiedenen Tönen. Die Gäste hatten gar keine Zeit, sich zu unterhalten. Sie aßen und tranken, tranken und aßen, und als sie nicht mehr essen und trinken konnten, da erst fanden sie, dass sie überhaupt keine Energie mehr hatten, viel zu reden.

Sie saßen eine Weile schweigend herum, nickten mit den Köpfen, lächelten in den Himmel, während sie versuchten, sich an jedes einzelne Gericht zu erinnern und es noch einmal nach zu kosten.

„Muss schon sagen," meinte Herr Dornmüller endlich, „das war ohne Frage das Beste, was ich seit langem gegessen habe. Donnerwetter, Respekt, Frau Dornmüller."

„Ja, auf den Gastgeber!" Herr Trompeter hob sein Weinglas. Und alle lächelten und prosteten auf Mike Collins.

„Und die Gastgeberin," sagte Herr Beier, und wieder lächelten und prosteten sie alle auf Catherine.

Frau Bamberger versäumte die beiden Toast, weil sie auf der Toilette war. Als sie zurückkam, hatte sie etliche kleine weiße Papierquadrate in der Hand.

„Fassen Sie mal an," sagte sie und reichte eines davon herum. Den Rest steckte sie in ihre Handtasche.

„Oh, so weich," sagte Herr Tiefenbacher und reichte es über den Tisch zu Herrn Nürnberger. „Wie ein Baby Popo," sagte der und gab es weiter an Frau Spätling. Die rieb sich das Gesicht damit und nickte. „Tatsächlich. Wo haben Sie das gefunden, Frau Bamberger?"

„Na, im Klo. Ist Klopapier. Aus Amerika."

„Nein, das ist ja unglaublich," sagte Frau Spätling. „Hier, probiere doch mal."

Herr Linde biss eine Ecke davon ab. „Schmeckt sogar gut," sagte er. Oh, diese Amerikaner! Sogar ihr Klopapier war zum Essen gut.

Die Nachbarn waren sich einig: man würde die Amis nicht nur ein bisschen vermissen; man würde ihnen eine lange Zeit nachweinen, man würden sie nie vergessen, sie würden immer einen Platz in ihren Herzen haben.

Mike war's zufrieden. Das Thanksgiving Dinner der Good Will Ambassadors war eine gelungene Sache. Er konnte stolz auf sich sein.

Am nächsten Tag fragte Mrs. Carcerano ihre Tochter, wer eigentlich das süße kleine Mädchen war, das hin und wieder an der Hand einer großen starken Frau durch die Straße geführt wurde.

„Du meinst das Mädchen mit den schwarzen Locken?"

„Ja, sicher. Und sie scheint dunkelhäutig zu sein, ist das richtig? Kennst du sie?"

„Oh ja," sagte Catherine, „das ist die Tochter eines Soldaten." Und wer war die Frau selbst? Wollte ihre Mutter wissen. Sie war nicht beim Flanieren dabei, und auch nicht beim Thanksgiving Dinner.

Catherine wusste leider gar nichts von ihr. Sie war einmal mit ihr ins Gespräch gekommen, als sie Penny auf ihrem Roller die Straße hinaufbegleitete. Also ins Gespräch gekommen wäre eine Übertreibung. Die kleinen Mädchen hatten sich angelacht, angefreundet. Daher wusste sie den Namen, Lisa oder so ähnlich. Die Frau hatte den Gehsteig gekehrt, und die Kleine war derweil auf dem Randstein gesessen.

Ob die Frau die Mutter der Kleinen war, wollte Mrs. Carcerano wissen.

Das bestimmt nicht, dafür scheint sie zu alt zu sein. Wahrscheinlich die Pflegemutter. Und dann erinnerte Catherine sich an das, was Frau Tremel ihr vor Jahren erzählt hatte. Die Lehrerin schien die Mutter zu kennen, sie wohnten in demselben Haus. Sie hatte ihr über den Vater der Kleinen erzählt, und wie sie ihn zufällig hier im Garten bei einem Barbecue kennenlernte. Der Mann hieß OJ, war Mikes Chauffeur, ein Soldat aus Alabama. Sie fand ihn ganz sympathisch, und die Frau Tremel mochte ihn auch. Später fand die Lehrerin rein zufällig heraus, dass er der Freund ihrer Nachbarin war. Und als es herauskam, dass er als Dunkelhäutiger ein Kind von einer Deutschen erwartete, wurde er von einem Tag auf den anderen versetzt. Niemand schien zu wissen, wohin. Möglicherweise nach Korea. Viele Soldaten in ähnlicher Situation wurden dorthin versetzt. Sie erzählte ihrer Mutter auch, dass diese Information geheim gehalten wurde, ob aus Militärprotokoll oder einfach nur menschlicher Ignoranz. Mike hatte allerdings OJs Heimatadresse in seinem Adressenbuch, soviel wusste sie.

„Ja, natürlich habe ich dort nachgesehen, Mother," sagte sie. „Als seine Frau muss ich doch wissen, wie die Dinge liegen."

Das hätte sie auch nicht anders von ihrer Tochter erwartet, sagte Mrs. Carcerano lachend.

Catherine holte das Fotoalbum heraus und fand das Gruppenfoto von dem Barbecue vor drei Jahren. Sie zeigte es ihrer Mutter.

„Unimaginable," sagte Mrs. Carcerano. Und der Soldat hatte keine Ahnung von seiner Tochter? „Du weißt doch, was du zu tun hast, stimmt's?" sagte sie bestimmt.

Catherine zögerte. „Ich kenne die Mutter der Kleinen doch nicht," sagte sie. „Wie sollte man das alles zuwege bringen. Und müsste ich nicht die Mutter zuerst um Erlaubnis fragen?"

Mrs. Carcerano schüttelte den Kopf. Das Kind hat das Recht zu wissen, wer und wo ihr Vater ist. Wie kann es sonst später leben, ohne seine Wurzeln zu kennen? Ist es nicht schlimm genug, dass es seinen Vater nicht kannte, und dann wird es noch von unserer Regierung belogen?

„Kannst du dir vorstellen, wie es in einem Land wie diesem aufwachsen kann, in einem Land, das vor kurzem Millionen von Juden umgebracht hat. Gestern Juden, morgen Menschen mit der falschen Hautfarbe. Sie wird immer Außenseiterin sein," sagte sie.

„Und in unserem Land, Mother? Was ist mit dem Jim Crow Amerika? Was ist mit dem Rassismus, der immer noch überall zu spüren ist?"

„Ja, wir sind nicht viel besser," sagte Mrs. Carcerano. „Es kann nicht ewig so weitergehen. Brown v. Board of Education, letzten Monat, in dem entschieden wurde, dass die Rassentrennung an öffentlichen Schulen gegen die Gleichheitsklausel der Verfassung verstößt. Jetzt sind dunkelhäutige Schüler nicht mehr gesetzlich gezwungen, dass sie getrennte Schulen besuchen, die nie genug Geld haben. Amerika wird sich ändern, du wirst sehen. Und in der Zwischenzeit haben wir die Möglichkeit, einem Mädchen wie der Lisa zu helfen. Egal, der Vater muss wissen, dass er eine Tochter in Deutschland hat und die Tochter muss wissen, wer und wo ihr Vater ist. Es muss beiden überlassen werden, was sie mit dieser Information anfangen. Die Tochter und der Vater haben das Recht, voneinander zu wissen."

„Da habe ich etwas gelesen," Catherine griff eine amerikanische Zeitschrift auf, „Es gibt da einen Artikel über eine dunkelhäutige Frau, die mit ihrem Mann in Germany stationiert ist, oder war, eine Journalistin, die eine Organisation für Adoptionen von Mischlingskindern nach Amerika gegründet hatte. Wo... wo war das wieder? Hier, die Fee von Mannheim, das wurde sie hier genannt. Die Fee von

201

Mannheim. Telefonnummer und alles. Wir sollten diese Information wenigstens der Pflegemutter zukommen lassen."

„Ja, schon, aber Adoption ist Adoption, egal durch wen und für wen. Ich bleibe dabei, sie sollte ihren leiblichen Vater kennenlernen."

„Und was ist mit der Mutter?"

„Darüber haben wir keine Entscheidung. Aber wenn das Kind volljährig ist, soll sie wenigstens die Möglichkeit einer eigenen Entscheidung haben."

Catherine schrieb die Adresse von OJ auf die Rückseite des Fotos. „Und meine Kontaktinformation ebenfalls, mit Telefonnummer, dass sie wenigstens eine Telefonnummer hat", sagte Mrs. Carcerano. „Wenn ich helfen kann, werde ich das tun. Weißt du was, schreibe das zusätzlich auf zwei Zettel, einen für die Pflegemutter und einen für mich. Und noch etwas: unsere Penny spielt doch nicht mehr mit ihrem Roller. In den Staaten wird sie ohnehin ein Fahrrad bekommen. Warum schenken wir ihn nicht der kleinen Lisa?"

Catherine dachte, das war eine ausgezeichnete Idee. „Unser trojanisches Pferd."

Und so geschah ein Wunder in Liesels kleinem Leben.

Zwei Frauen, eine davon die Mutter der Penny von gegenüber, kamen zum Haus Nummer fünfzehn und läuteten die Türglocke der Frau Wallenstein. Zwischen ihnen stand der grüne Roller. Catherine erklärte, dass sie ein Geschenk für „das klein Kind" habe.

„Ein Geschenk für die Liesel?" fragte Frau Wallenstein ungläubig, „warum?"

„Ja, genau, ein Geschenk für die kleine Liesel," lächelte Catherine und zeigte auch gleich auf den grünen Roller. Pennys Roller! Der schönste Roller auf der ganzen Welt.

„Tatsächlich, der ist für die Liesel? Warum? Will ihre Tochter den nicht mehr? Das ist aber nett von Ihnen," jetzt lachte auch Frau Wallenstein, und Liesel, die ihre Pflegemutter nur selten lachen hörte, traute sich unter Frau Wallensteins Schürze hervor, unter der sie sich versteckt hatte.

„Die Liesel, ihr Vater, ist vielleicht Amerikaner?" fragte Pennys Mutter, und streichelte über die schwarzen Locken des Kindes.

„Ja, genau. Er ist Amerikaner, und sie auch." Frau Wallenstein und hoffte, dass das genug sein würde, denn das war so ziemlich alles, was sie zu dem Thema wusste. Aber die Amerikanerin sagte etwas auf Englisch zu ihrer Begleiterin und hatte noch mehr zu sagen. Die beiden Frauen tauschten einen schnellen Blick aus.

„Meine Mutter . . . ist Fotograf. Fotografin. Sie möchte. . . ein Foto von Liesel machen. Ist okay?"

Frau Wallenstein verstand nicht. Catherine versuchte es noch einmal.

„Morgen wir gehen zurück in Amerika. Ich habe etwas noch für Liesel. Diesen dieses Foto. Und auch Zettel. Vielleicht wenn später einmal. Liesel Vater. Wann immer sie will. Hier unsere Information, ja? Sie geben es Liesel, vielleicht wenn Liesel ist älter?"

Sie lachte wieder, weil sie nicht sicher war, ob Frau Wallenstein sie verstanden hatte und auch weil sie wusste, dass ihr Deutsch noch sehr holprig war. Die Deutschstunden mit Frau Tremel hatten ihr die Anfangsgründe dieser Sprache gegeben, aber nicht viel darüber hinaus. Ein oder zwei Stunden per Woche hatten keine Wunder bewirkt.

„Ja, sicher," sagte Frau Wallenstein. „Ich werde es der Liesel geben, wenn sie älter ist. Danke nochmals für den Roller."

„Gut," lachte Mrs. Collins und Mrs. Carcerano machte ein Foto von Liesel. „Goodbye," sagten sie, und „Bye bye," krähte die kleine Liesel und probierte zum ersten Mal ihren eigenen grünen Roller aus.

In ihrem Wohnzimmer holte Frau Wallenstein die Keksdose vom Wohnzimmerschrank. Dann betrachtete sie das Foto näher durch den unteren Teil ihrer Brille. Sie erkannte Catherine mit einer kleineren Penny auf dem Arm, neben ihr stand eine ältere Frau in einem langen Rock, dann ein dunkelhäutiger Mann und vier Weiße, alle mit kurzgeschorenen Haaren, Militärstil; alle schauten sie in die Kamera, alle lachten. Ein schönes Gruppenfoto, dachte sie, und drehte es um. Eine Adresse in Chicago USA, mit einer langen Nummer darunter, und eine zweite in Alabama, eine Adresse, keine Nummer. Also gut. Foto und Zettel wanderten in die Keksdose, neben Johann Wallensteins alte Tabakspfeife, dem liebsten Souvenir ihres verschollenen Johnnys, der das Meer liebte und die Ferne, ein Seemann, ein Matrose, der nicht an zu Hause dachte, denn seine Heimat war das Meer, seine Freunde die Sterne. Wie gut, dass sie wenigstens Freddy Quinn singen hören konnte. Ach, Johnny, warum?

Am nächsten Morgen kam ein großes Speditionsauto und lud den Haushalt der Amis auf, und dann waren die Familie Collins und die nette Frau mit ihrer teuren Kamera verschwunden. Neben Herrn Beier bedauerten die Nachbarn ihren Wegzug am meisten, denn sie hatten jetzt keinen Grund mehr, auf der Erasmus-von-Rotterdam Straße im Sonntagsstaat auf und ab zu flanieren. Sie fühlten sich auf einmal nicht mehr wichtig genug, und das deprimierte sie ungemein.

Frau Beck rauchte drei Zigarren auf einen Sitz und es machte ihr nicht einmal etwas aus, dass sie eine an der anderen anzündete. Egal, wenn da jetzt ein Seemann sterben musste. Das half ihrer Traurigkeit auch nicht. Vorsichtshalber zog sie aber schnell auch ihre Kuckucksuhr auf, denn das versprach Glück, irgendwann einmal.

Frau Beier dagegen tanzte durch ihre Küche. „So ein Tag, so wunderschön wie heute, so ein Tag…Quarktorte mit Himbeeren, das werde ich heute backen. Tralala… so ein Tag, so wunderschön wie heute, so ein Tag, der sollte nie vergehn…Herrmann, komm rechtzeitig zum Abendbrot," sang sie und nahm ihr Kochbuch aus dem Backofen. Heute würde er wieder mal angeheizt werden, der Backofen. Sie spitzte ihre Lippen und pfiff den Rest des Liedes, weil sie die Worte dazu vergessen hatte.

Herr Beier hörte seine Frau rufen, singen und pfeifen, aber das machte ihn nur noch trauriger. Er wollte alleine sein, alleine durch das Haus Nummer vierzehn gehen und alleine seinen Gedanken nachhängen. Hier war es, wo er der Amerikanerin zuerst den Flur gezeigt hatte. Und hier in der Küche. Jasmin und Maiglöckchen, und der Duft von Rosen. Er seufzte wieder tief. Und oben in Schlafzimmer hatte sie die große Sonnenbrille zum ersten Mal abgenommen. Die schönen kastanienbraunen Augen. Er hätte Tag und Nacht in diese Augen schauen können. Hier hatte sie ihm erlaubt, das Aufstellen ihres modernen Betts zu beaufsichtigen. Ja, und schau nur her, die Kastanien im Garten waren prächtiger denn je, als wollten sie sich versichern, dass er Catherine nie vergessen würde. Na gut, und auch die kleine Penny nicht und sogar den Mike, und den Straßenkreuzer, der die halbe Straße einnahm und immer Grund zum Anstoß für die Nachbarn war. Zuerst wenigstens, später dann nicht mehr. Dass er das Gras nicht mehr mähen durfte, das würde ihm auch fehlen. Die ganze Welt versank in Grau. Und je mehr er traurig wurde, desto mehr traurige Gedanken kamen ihm in den Sinn.

Noch dazu seine Sorgen mit Konrad, und seinen Jeans. Über Nacht hatte der Junge angefangen aufzumucken. Das Amerikanische wurde für den Jungen ein Mittel, um gegen Elternhaus und Lehrer aufzubegehren. Aber nicht nur sein Sohn muckte auf, andere schienen das gleiche zu tun. Es war wie eine ansteckende Krankheit. Konrad wollte nicht mehr mit den Eltern in die Kirche am Sonntag, wollte nicht mehr gemeinsam frühstücken, wollte nicht einmal mehr im Volkswagen fahren. Jazz hörte er an, und eine echte amerikanische Jeans wollte er zum Geburtstag.

Selbst der Professor Dornmüller, seit einem Jahr in Pension, hatte seinem Nachbarn eine Postkarte mit der Post geschrieben, „Sehr geehrter Herr Beier, ich möchte Sie bitten, Ihrem Sohn das Tragen der amerikanischen Jeans zu untersagen. Als Deutsche sollten wir nach wie vor diesem Symbol eines dekadenten Westens mit höchstem Argwohn gegenüberstehen. Mit hochachtungsvollem Gruße, Ihr OStDir i.R. Dornmüller." Dabei hatte der Konrad noch nicht einmal eine amerikanische Jeans, sondern nur die Baumwollhosen, die von seiner Frau nach dem Burda Schnitt genäht worden waren.

Trotzdem hatte Herr Beier es versucht. „Konrad," hatte er gesagt, „ich verbiete dir, dich in diesem Masse zu amerikanisieren. Ich dulde keine Symbole einer dekadenten Welt, ich bestehe auf Ordnung und Disziplin. Nicht so lange du in meinem Haus, unter meinem Dach wohnst."

Konrad, bei einer Größe von fast zwei Metern alle in seiner Abiturklasse und in seiner Familie überragend, hatte gleichgültig mit den Schultern gezuckt und auf ihn herabgesehen, wortwörtlich. „Was hast du denn nur, Vater, Jeans sind eine Einstellung, und keine Hosen."

Dem Herrn Beier blieb der Mund offen stehen. Eine Einstellung, keine Hosen. Ideen hatte der Junge. Da vergaß er sogar, ihm eine Backpfeife zu verpassen. Konrad war ohnehin einen Kopf grösser als er.

Ach! Trauer hatte sich über die Straße gesenkt wie eine schwere graue Decke. Sie würde dort liegen bis in alle Ewigkeit und die Sonne für immer verdüstern. Indessen oblag ihm, dem Hausherrn, die Aufgabe, neue Mieter zu finden. Möglichst eine ruhige Familie, ohne Hammer und Drill und Rasenmäher, ohne Straßenkreuzer und wenn möglich, ohne kastanienbraune Augen...

Ein tiefer Seufzer entrang sich der Brust des Herrn Beiers. Das Leben eines Hausherrn war nicht beneidenswert. So viele Probleme.

Aber eine dreifache Miete war auch nicht zu verachten...

„Herrmann," flötete Ursel von nebenan. „Das Abendbrot ist fertig. Ko-omm!"

Er seufzte einen letzten Seufzer und ging nebenan zur Nummer zwölf.

Er konnte es schon vor der Haustür riechen. Es duftete nach Quarktorte. War heute sein Geburtstag? Das konnte doch nicht sein. Aber ja, das war der Duft von frisch gebackener Quarktorte. Mit Himbeeren vielleicht sogar? Und einem Klecks Sahne obendrauf?

„Da kommst du wohl wieder zurück zu mir, mein Honigbärchen," flötete seine Gemahlin und streckte ihm eine Gabel entgegen, die voller Quarktorte war mit zwei saftigen Himbeeren obendrauf auf einem Klecks Sahne.

„Ich bin wieder zurück, bin wieder dein Honigbärchen, mein Schnutzelpuzelchen," sagte er, schloss die Augen und sperrte den Mund weit auf.

Als Fräulein Hofmann das nächste Mal kam, um ihre Tochter für das Wochenende abzuholen, nahm Frau Wallenstein die Keksdose vom Wohnzimmerbuffet und überlegte: den Zettel oder das Foto?

Was hatte ihr Johnny einmal gesagt, als er die Flasche Helbling Kümmel leerte? „Weisheit ist den Menschen kennen; Menschenkenntnis ist den Menschen lieben." Ja, genau. So war es. Die Kombination von Johnny und Helbling Kümmel resultierten oft in einem philosophischen Johnny.

Sie kannte die Anneliese, sie wusste genau, wie sie reagieren würde. Und sie liebte die Liesel. Sie wählte den Zettel. Das Foto sollte für Liesel sein.

Sie hatte sich nicht geirrt. Anneliese las die Adresse des Soldaten in Tuscaloosa und die zweite Adresse einer Mrs. Carcerano in Chicago und ihr Gesicht wurde hart. „Woher haben Sie das? Was soll das?" wollte sie wissen.

„Von der Amerikanerin gegenüber," sagte Frau Wallenstein. „Sie kannte Ihren Freund den Ami von früher her."

„Ach ja? Sagen Sie der Amerikanerin, sie kann sich ihre Almosen behalten. Wir brauchen sie nicht. Solange ich lebe, will ich nicht, dass meine Tochter damit konfrontiert wird. Ihr Vater will sie nicht. Ich möchte ihr die Enttäuschung ersparen. Versprechen Sie mir das, Frau Wallenstein? Solange ich lebe. Okay?"

Damit zerriss sie den Zettel so oft, dass nur winzige Schnipsel übrig waren, nahm ihre kleine Tochter bei der Hand, und sagte über ihre Schulter hin, „Er wollte uns nicht, jetzt wollen wir ihn nicht."

Dann schlug sie die Tür hinter sich zu.

Frau Wallenstein nickte. Genau so war es. Sie hatte das vorausgesehen. Ihre Menschenkenntnis war Gold wert.

„Weisheit ist, die Menschen kennen. Menschenkenntnis ist die Menschen lieben." Ach Johnny! Welch ein Fingerspitzengefühl er hatte für die Menschen, aber kein Verständnis für ihre Liebe.

Und sie liebte die Kleine und wusste, dass sie die Information eines Tages gebrauchen könnte. Sie gönnte sich ausnahmsweise einen Helbling Kümmel und begrub das Foto unter der Pfeife und unter den Keksen.

Mit viereinhalb Jahren wurde Liesel in den Kindergarten gebracht, wo sie einen halben Tag lang mit einem Dutzend anderen Kindern und zwei Kindergartenschwestern zusammen war. Frau Hofmann hatte eine niedrigere Pauschale mit Frau Wallenstein vereinbart, da das Kind weniger zu Hause war.

"Aber die Mahlzeiten sind doch wie vorher," hatte Frau Wallenstein schnell bemerkte.

"Naja, bis auf die Mittagessen, die bekommt sie doch im Kindergarten," wandte Frau Hofmann ein, "und das ist gut ein Viertel, oder sogar ein Drittel weniger."

"Kommt gar nicht in Frage," sagte Frau Wallenstein. "Dann können sie die Kleine genauso gut in eine andere Pflege geben, ich mache so etwas nicht mit, nicht ich." Sie zog die Luft scharf durch die Nase und schob die Brille auf der Nase hoch. Von dort oben aus sah trotzig auf die kleinere Frau Hofmann herab.

"Naja, ist ja schon gut. Haben Sie sich mal nicht so," sagte Anneliese und schwang ihr weißblondes Haar über die Schulter zurück. Der Gedanke, eine neue Pflegemutter zu suchen jagte ihr Schauer über den Rücken. So schlecht hatte Liesel es doch gar nicht bei der Frau Wallenstein. Gut, die Frau war nicht gerade kuschelig, oder überhaupt freundlich, aber sie kochte doch hin und wieder und brachte Liesel wichtige Verhaltensweisen bei, Gehorsam, Genauigkeit, und sie gab ihr wenigstens ein sicheres Zuhause. So etwas konnte sie ihr im Moment nicht bieten. Wenn Liesel mal mit der Schule fertig war und selbst verdiente, dann konnte auch sie sich eine bessere Wohnung leisten. Im Moment musste sie eben ein paar Überstunden in der Baumwollspinnerei machen und so auch die zusätzlichen Spesen für den Kindergarten schaffen.

"Also gut, Frau Wallenstein. Sie bringen Liesel am Morgen in den Kindergarten und holen sie nach dem Mittagessen wieder ab."

"Na also, geht doch auch so," brummte Frau Wallenstein und sog heftig an ihrer HB. Dass Leute immer so ein abscheuliches Gehabe hatten, wenn es um ein paar Pfennige ging. Was hatte doch ihr Johnny immer gesagt? Wer Geld liebt, hat nie genug. So ein kluger Mann! Ein wahrer Philosoph! Und viel zu gut für diese Welt.

„Und noch etwas," sagte Frau Wallenstein, und Anneliese war auf mehr Ausgaben vorbereitet. „Sie brauchen die Liesel nicht jeden Monat abholen. Sie kann ruhig alle Wochenende hier verbringen." Frau Wallenstein war zu der Erkenntnis gekommen, dass sie ihr Pflegekind zu sehr vermisste, wenn sie einmal im Monat zu ihrer leiblichen Mutter gehen musste. Bei ihr in der Erasmus-von-Rotterdam Straße war ihr Leben geordnet, und ob sie ihre Mutter nun einmal im Monat oder einmal alle sechs Monate sah, das machte nun wirklich keinen Unterschied.

Anneliese überlegte kurz und nickte dann. Ja, das war keine schlechte Idee. Es gab doch immer ziemliche Auslagen, das Essen für drei Tage mit der Kleinen zu besorgen, und die ganzen anderen Auslagen. „Ja," sagte sie, „das können wir mal probieren."

Im Kindergarten blühte Liesel richtig auf. Sie lernte, sich mit den anderen Kindern zu beschäftigen, Menschenfreunde zu machen. Vor allem zu der kleinen Johanna hatte sie ein herzliches Verhältnis. Wenn sie sich am Morgen wiedersahen, umarmten sie sich und waren ganz glücklich einander wiedergefunden zu haben. Einmal zupfte Johanna an Liesels krausem schwarzen Haaren und lachte. Liesel zupfte daraufhin an Johannas blonden glatten Haaren mit der hellblauen Schleife, und die beiden strahlten sich an. „Ich mag deine Haare," sagte Johanna. „Ich will so Haare wie du." „Und ich deine. Ich will auch so Haare wie du, Johanna." Sie liebten es, zusammen in Märchen zu spielen, vor allem das von der Frau Holle. Johanna war die fleißige Schwester, die Goldmarie, die mit Gold belohnt wurde, und Liesel die faule Schwester, die Pechmarie, die mit Ruß bedeckt wurde, über und über mit Ruß, Ruß das auf sie herabregnete, und ihre Haare schwärzer als schwarz machten.

Da verlangte Liesel, dass sie die Goldmarie spielen würde und Johanna die Pechmarie, und die Tanten sahen sich and und schüttelten den Kopf. Da hatte Liesel zum ersten Mal das Gefühl, dass nicht alles so war wie es schien.

All die Kinder, die goldene Haare besaßen, durften das Goldtöchterchen spielen. Liesel allein war entweder die Haselnussbüsche oder der Storch.

Wie gern hätte sie das Goldtöchterchen gespielt, aber nur die mit blonden Haaren durften sie spielen, und Liesel durfte die Haselnussbüsche spielen, wo sie die Zweige schüttelte und rüttelte, besser als ein Sturm das konnte, und Johanna zurief, mit einer mächtig großen Stimme

„Nacktfrosch im Hemde, Was willst du in der Fremde? Hast kein' Schuh und hast kein' Hos, Hast ein einzig Strümpfel bloß; Wirst du noch den Strumpf verlier'n, Musst du dir ein Bein erfrier'n. Geh nur wieder heime; Mach dich auf die Beine!"

Heime… Beine…

Sie machte einen guten Haselnussbusch, aber wie viel lieber hätte sie die Ente ein Schnatterlieschen genannt, wie das Goldtöchterchen sagte:

„Ente du Schnatterlieschen, Halt doch den Schnabel und schweig ein bisschen!" „Ente du Schnatterlieschen, Halt doch den Schnabel und schweig ein bisschen!" „Ente du Schnatterlieschen, Halt doch den Schnabel und schweig ein bisschen!" „Ente du Schnatterlieschen, Halt doch den Schnabel und schweig ein bisschen!"

„Ja, ist ja schon gut, wir sehen ja dass du das kannst. Du hast doch viel mehr zu sagen wenn du die Haselnussbüsche bist," sagten die Tanten.

„Ich will aber doch das Goldtöchterchen sein und die Ente Schnatterlieschen nennen," sagte Liesel.

„Aber der Storch ist doch auch nett," sagten die Tanten. „Der sagt: „Zappelsalat ist nichts für dich." Das ist genauso gut wie Schnatterlieschen." Doch Liesel war nicht überzeugt.

Im Schneewittchen spielte Johanna die Prinzessin, und Liesel die böse Stiefmutter.

„Spieglein, Spieglein an der Wand, Wer ist die Schönste im ganzen Land? und Bring das Kind hinaus in den Wald, ich will's nicht mehr vor meinen Augen sehen. Du sollst es töten und mir Lunge und Leber zum Wahrzeichen mitbringen.

Lunge und Leber. Wie grässlich. Liesel wurde immer stiller, kaum dass man sie noch hören konnte. Selbst mit der Johanna wollte sie nicht mehr sprechen. Und Johanna verstand nicht, warum ihre beste Freundin sie nicht mehr mochte.

Im Hansel und Gretel, war Liesel abwechselnd die Stiefmutter oder die Hexe. "Knusper, knusper, Kneischen, Wer knuspert an meinem Häuschen?"

„Liesel, sprich lauter, wir können dich doch nicht verstehen. Noch einmal, lauter," riefen die Tanten.

„Lauter, lauter," riefen die Kinder, sogar Johanna.

„Heute back ich, morgen brau ich, übermorgen hol ich der Königin ihr Kind; ach, wie gut, dass niemand weiß, dass ich Lusa Liesel heiß," flüsterte sie und drückte sich in die Ecke. Sie hatte die Rolle des Rumpelstilzchens.

„Ich will nicht mehr Märchen spielen," sagte sie schließlich zu Frau Wallenstein.

„Warum?"

„Ich bin immer die Stiefmutter oder die Hexe oder irgendwer schlimmes, der ich nicht sein will, sagte Liese.

Am nächsten Tag mussten die Tanten Rede und Antwort stehen. Frau Wallenstein gab ihnen klar zu verstehen, dass sie jede Art von Rassismus, Vorurteilen, Nazi Kriminalität nicht dulden würde und jedes Gericht würde ihr nicht nur recht geben.

„Ich werde für Schlagzeilen in der Tagespresse sorgen, darauf können Sie Gift nehmen, und das wäre das Ende Ihres Kindergartens, das verspreche ich Ihnen. Sie wären alle so blamiert, dass Sie nichts anderes tun könnten als die Stadt verlassen. Das kann ich Ihnen garantieren. Einhundert Prozent. Kapieren Sie das? Verstehen Sie, was ich sage? Falls nicht, kann ich es Ihnen auch anders erklären. Haben wir uns alle verstanden? Okay? Na also. Geht doch auch so."

Es hatte Wirkung. Von da an wurde Liesel auch erlaubt, die Königin zu spielen, oder die Schwester des Goldtöchterchens, und die Freundin von Schneewittchen, und sie spielte diese zusätzlichen Gestalten mit so viel Hingabe und Talent, dass jeder die Hauptfiguren der Märchen vergaß.

Dann war da noch die Sache mit dem Struwwelpeter. Manchmal lasen die Tanten Geschichten aus dem Struwwelpeter vor, und Liesel schob dann die Unterlippe vor und verhielt sich wieder uncharakteristisch ruhig. Einmal, ganz am Anfang, hatte ein kleiner Junge auf das Bild des Struwwelpeters mit seinem wilden Haarschopf gezeigt und dabei „Liesel, Liesel" gerufen, und ein paar der Kinder hatten zu kichern begonnen, und das hatte ihr gar nicht gefallen. Und die andere Geschichte, die sie ganz doof fand, war die vom Nikolaus und dem kleinen dunkelhäutigen Jungen, der von bösen Buben gefoppt wurde. Egal, dass die bösen dann ins Tintenfass getaucht wurden, Liesel hätte ihnen das nie verziehen.

Die Tanten erinnerten sich an den unerwarteten Besuch von Frau Wallenstein, die sie insgeheim den General getauft hatten, und vermieden lieber die beiden Geschichten. Stattdessen lasen sie von der Marie und dem Feuerzeug, vom Suppenkasper, und vom fliegenden Robert.

Liesel war bald die beste Blockflötenspielerin, und in dieser ihrer ersten Auszeichnung stellten die Tanten sie auf einen Kinderstuhl vor die anderen Kinder, die ihr nachspielen mussten. Das mochte sie schon besser. Außerdem liebte sie das Kasperltheater, Kasperl mit seiner roten Zipfelmütze; und seiner Freundin Gretel. Wenn das Kasperl gar mit seiner Pritsche nach dem Krokodil schlug, und die Kinder laut zu johlen begannen, dann nahm sie sich das so zu Herzen, dass sich ihr Magen umdrehte und sie das Mittagessen wieder von sich gab, besonders wenn es Gemüseschnitz gegeben hatte, die Montag, Mittwoch und Freitag auf dem Speiseplan standen.

Am Nachmittag, wenn Frau Wallenstein sie vom Kindergarten abholte, beschäftigte sie sich stundenlang mit dem Bilderbuch aus dem Wohnzimmerregal ihrer Pflegemutter. Die Bilder erzählten eine Geschichte von einer Familie, die aus Mutter, Vater, einem Sohn und einer Tochter bestand.

Wenn Frau Wallenstein eine Stunde später von ihrem Nachmittagsschlaf aufwachte, brachte Liesel das Buch zu ihr. Frau Wallenstein seufzte dann, setzte sie ihre Lesebrille auf, zündete sich eine HB an und las die wenigen Texte vor, die unter den Bildern gedruckt waren. Da erfuhr Liesel, dass die Kinder ihre Eltern Mama und Papa nannten, und die Eltern ihre Kinder Mäuschen und Schnucki.

"Mäuschen und Schnucki," wiederholte Liesel und kicherte.

"Das ist gar nicht so komisch, warum kicherst du?" wollte Frau Wallenstein wissen. "In normalen Familien sagen sie so etwas, und keiner kichert."

"Ich nenne meine aber nie Mamma, sondern vielleicht ... Abeli, aber nie Mamma," sagte Liesel dann, und fügte noch hinzu, "und sie nennt mich nie Mäuschen."

"Was nennst du deine Mutter dann?" fragte Frau Wallenstein.

"Hm, Abeli, oder gar nichts," sagte Liesel. "Und einen Papa habe ich auch nicht."

"Tja, das ist wahr. Oder vielmehr, du hast schon einen Papa, aber der ist eben nicht da."

„Wo ist mein Papa dann?"

„Wer weiß. Aber du hast mich, und das ist doch gut, oder?"

"Ja, Frau Wallenstein. Schon, aber..."

"Was aber. Hast du dein Bett gemacht? Dein Waschbecken geputzt? Jetzt, wo ich auf bin, kannst du doch schon mal durchkehren. Aber mach keinen Lärm. Na, mach schon. Worauf wartest du noch?"

Ein Jahr später, nach ihrem fünften Geburtstag, gab es ein neues Bilderbuch mit neuen Illustrationen einer neuen Familie. Liesel betrachtete es lange: Kinder beim Spiel im Sandkasten, mit der Hauskatze, die Mohrle hieß und so niedlich aussah, wenn sie in den Puppenwagen des Mädchens, das, so behauptete Frau Wallenstein, Susie hieß, gelegt wurde und ganz still aushielt, wie ein richtiges Baby, oder vielleicht eine Puppe.

Andere Abbildungen erzählten von gemeinsamen Essen am Mittagstisch, um den die Kinder mit ihren Eltern versammelt waren, von Geburtstagsfeiern, von Weihnachtsabenden und Ferien am Meer. Das Lieblingsbild Liesel aber war auf der Seite, als die Kinder am Abend in ihren Betten lagen und die Mamma und der Papa hereinkamen, um ihnen Gute Nacht zu sagen.

"Es heißt hier, dass die Mamma den Kindern ein Lied vorsingt. Ein Lied. So was von Fantasie!" sagte Frau Wallenstein.

"Was für ein Lied?" wollte Liesel wissen.

"Tja, es steht ja hier, Guten Abend, gut Nacht. Ich habe das mal gekannt. Gute Abend, gut Nacht," und Frau Wallenstein musste plötzlich lächeln. "Lang ist's her." Und mit einer rauen leisen Stimme, die seit Jahren nicht gesungen hatte, intonierte sie," Mit Röslein bedacht, mit Näglein besteckt, schlupf' unter die Deck': morgen früh, wenn Gott will, wirst du wieder geweckt." Sie summte die Melodie leise weiter.

„So zart," sagte sie nachdenklich. „So lieblich."

Liesel hatte Frau Wallenstein nie singen gehört oder Worte wie zart und lieblich aus ihrem Mund vernommen. Sie lauschte mit weit geöffneten Augen. Frau Wallenstein lächelte immer noch. "So ist es, mein Schatz," sagte sie. Dann zog sie die Luft scharf durch die Nase hoch. "Genug Sentimentalitäten. Bring mir mal meine Zigaretten dort neben dem Radio. Warum hast du sie dorthin gelegt? Habe ich dir nicht tausendmal gesagt, du sollst sie hier auf dem Tisch lassen. Du weißt doch, dass mir der Rücken immer weh tut. Und wo ist mein Aschenbecher?"

Liesel sprang auf und wusste, dass dieser Moment mit all der seltenen Magie, die sie eben erlebt hatte, vorbei war. Aber sie hatte noch eine Frage. "Wo steht das Lied geschrieben, von den Röslein und Nägelein," wollte sie wissen.

"Das steht hier," sagte Frau Wallenstein und wies auf den Text.

Am nächsten Tag beschloss Liesel, sich ihrer Lieblingskindergartentante, die Inge hieß, anzuvertrauen.

"Tante Inge," sagte sie, "wie kann ich lesen lernen?"

"In der Schule, wenn du in die erste Klasse kommst."

"Ich will es aber jetzt schon lernen. Kannst du mir das beibringen?"

Inge schaute das kleine Mädchen perplex an. "Du willst jetzt schon lesen lernen?" vergewisserte sie sich.

Liesel nickte so heftig, dass ihr volles krauses Haar auf und ab schwippte.

Inge erinnerte sich an den General und sagte, "Na gut."

Die nächsten paar Wochen lernte Liesel das Alphabet. Nach vier Wochen las sie ihren ersten Satz. Ein paar Wochen später zeigte sie Tante Inge ihr Bilderbuch aus dem Wohnzimmerbuffet. "Das da will ich lesen," sagte sie und wies auf das Brahmslied.

"Gut," sagte die Kindergartentante, "dann wollen wir mal."

Mit etwas Mühe und etlichen Ansätzen kämpfte Liesel sich durch den Text und triumphierte am Ende. "Ich kann es," rief sie, "ich hab's gelernt. Danke, Tante Inge."

"Ja, du hast es geschafft, Liesel," lachte die Frau und zog das Mädchen an sich.

Liesel umschlang Inge und sah zu ihr auf. "Bist du meine Mamma?" fragte sie plötzlich.

"Nein, aber nein," Inge war verwirrt. Warum fragte das Kind sie so einen Unsinn. "Du hast doch eine Mamma, nicht wahr?"

"Nein, willst du sie sein, meine Mamma?"

"Nein, mein Kind, das geht doch nicht. Ich bin die Tante Inge, nicht mehr, nicht weniger."

Wenn es Zeit war, schlafen zu gehen, vergaß Liesel nie, einem imaginären Elternpaar und all ihren Bettfreunden eine Gute Nacht zu wünschen und ihnen das kleine Lied vorzusingen, sotto voce, damit Frau Wallenstein sie im Wohnzimmer nicht hören konnte, obwohl es sie bewegt hatte. "Gute Nacht Mamma, gute Nacht, Papa, gute Nacht, Helgalein, und Brummi, und Mietzekatze, und Tulsa. Schlaft alle gut. Und jetzt singe ich euch ein Wiegenlied. Morgen früh, wenn Gott will, werden wir wieder geweckt, morgen früh, wenn Gott will, werden wir wiiiiiieder ge weckt," sang sie dann leise, ganz leise, und war mit dem nächsten Atemzug schon eingeschlafen.

Nach sechs Monaten holte Anneliese ihre Tochter ab und verbrachte die Zeit mit ihr mit Schaufensterbummel durch die Altstadt, auf dem Spielplatz im Stadtpark. Bei dieser Gelegenheit nahm sie das Kind mit zum Friseur Stefan, bei dem sie sich seit über vier Jahren die Haare weißblond, wie die Jane Mansfield, färben ließ.

Stefan fuhr mit dem Kamm durch ihre schulterlangen Haare. „Jane Mansfield ist schon längst passe," bemerkte er, „Wenn schon, dann Marilyn Monroe, und selbst die," er führte den Kamm an seinen Hals, als wollte er sich die Kehle durchschneiden.

„Mir doch egal. Ich mag meine blonden Haare," sagte Anneliese und rief Liesel zu sich, die sich mit den illustrierten Magazinen beschäftigte. „und das hier ist die Lusa. Ich will, dass sie von jetzt ab die gleiche Haarfarbe hat wie ich."

„Wie alt ist sie denn?" fragte Stefan und berührte die langen schwarzen dichten Locken des Mädchens vorsichtig.

„Wie alt sie ist?" fragte Anneliese, um Zeit zu gewinnen.

„Ich bin schon fast sechs," antwortete Liesel an Annelieses Stelle.

„Fast sechs?" sagte der Friseur zu Anneliese, „Und du willst ihr die Haare weißblond färben. Sie ist ein Kind. Und ihre Haare werden die Chemikalien nicht lange aushalten."

„Egal," sagte Anneliese. "Sie ist halb Amerikanerin und das ist ihr Erbe, Amerikanisch zu sein. Und meine Verantwortung ihrem Erbe gegenüber. Sie soll das Amerikanische ausdrücken. Denn das ist, was sie ist. Okay? Okay?"

„Aber sie ist dunkelhäutig," sagte Stefan, „und ich kenne mich mit solchen Haaren wirklich nicht aus."

„Ja, aber, sie hat ja auch die Hälfte von mir geerbt, und meine Haare sind doch okay, oder?"

Stefan zuckte schließlich die Schultern und holte die Flaschen mit dem Wasserstoff Präparat, während die anderen Frauen unter ihren Trockenhauben die Köpfe schüttelten, obwohl dann ihre Lockenwickler außer Rand und Band gerieten. Das war es ihnen wert; sie mussten dagegen protestieren, nicht mit Worten, sondern mit Gesten. So einem kleinen Mädel kann man doch nicht die Haare färben, und noch dazu einem Mischlingskind, ja wie schaut denn das aus, eine weißblonde Schwarze? Tsk tsk tsk. Was denkt sich die Mutter denn? Man sollte glatt das Jugendamt informieren. Das ist ja schon fast kriminell. Tsk tsk tsk. So schlimm stand das schon mit den Frauen, die sich mit den Amis alliierten. Tsk tsk tsk. Schade um die deutschen Mädels.

219

Was man dann tut

Dit Zuckertüte und Schiefertafel ausgestattet, begann Liesel das erste Jahr ihrer Schulzeit. Frau Wallenstein hatte ihr sogar einen Tafellappen aus hellblauem Garn für ihre kleine Schiefertafel gehäkelt, der lustig an ihrem Schulranzen hing. Sie war sechs Jahre alt und konnte den ersten Schultag nicht erwarten. Frau Wallenstein bereitete eine Scheibe dunkles Brot mit einer Portion Leberwurst und einen Apfel vom Apfelbaum im Hinterhof und die beiden machten sich auf den Weg in die Volksschule.

„Pass gut auf," sagte Frau Wallenstein, „du musst ab morgen den Weg alleine gehen."

Es gab neugierige Blicke von den Müttern und ihren Erstklässlern, als die beiden das Schulgebäude betraten, aber bald waren die Kinder mit dem Inhalt ihrer Zuckertüten beschäftigt und warfen nur hin und wieder einen neugierigen Blick auf das dunkelhäutige Mädchen mit dem hellen Haar, das sich über ihre Schätze freute: einen Bleistift, einen

Radiergummi, eine Tüte mit Gummibärchen und ein Schreibheft, in das sie sofort ihren Namen schrieb, Liesel Taskalusa Hofmann.

„Du kannst schon schreiben?" fragte ein kleiner Junge sie. Liesel nickte. „Du nicht?" fragte sie.

Der Junge schüttelte den Kopf. „Aber warum hast du weiße Haare?" Wollte er wissen.

„Sie sind weiß-blond, weil ich Amerikanerin bin."

„Ach so," sagte der Junge nicht ohne Neid, und beschloss, der Platznachbar der Amerikanerin zu werden.

Ein Problem, das vor allem Frau Ruf, die Lehrerin der ersten Klasse, bald bemerkte war, dass die kleine Liesel Hofmann sich entsetzlich langweilte. Wenn die anderen Schüler die Buchstaben des Alphabets zu schreiben und lesen lernten, gab es für die Kleine nichts zu tun. Sie konnte das alles schon. Was machte man dann mit so einem fortgeschrittenen Kind? Das war noch nie in ihrer Klasse geschehen. Da hatte sie eine Idee. Fortan brachte sie eine Reihe Bücher mit, die in den höheren Klassen gelesen wurden. und stellte sie auf die Fensterbank neben Liesels Schulbank, und Liesel verschlang sie mit Feuereifer. Wenn es trotzdem eine Leer Zeit gab, machte Frau Ruf sie zu ihrer Lehrassistentin, die den anderen Kindern beim Lesenlernen half.

Wenn Liesel zu Mittag wieder nach Hause kam, bereitete Frau Wallenstein das Essen vor, und danach machte Liesel ihre Hausaufgaben, ohne dass Frau Wallenstein sie dazu auffordern musste, und im Gegensatz zu allen anderen Pflegekindern vor ihr, and die sich Frau Wallenstein erinnerte, schien das Lernen ihr tatsächlicher Spaß zu machen. So etwas hatte Frau Wallenstein ihr Leben lang nicht erlebt. Wenn nur mein Johnny noch in meinem Leben wäre, dachte sie, er hätte seine Freude an dem Kind. Noch immer vermisste sie ihn, ihren Johann. Wenn sie dem Freddy Quinn zuhörte, da konnte sie ihn vor sich sehen, den Johnny mit seiner Matrosenmütze und der Tabakspfeife im Mund. In irgendeinem Hafen. Frau Wallenstein hielt auf Disziplin und ein gutes Arbeitsethos. Es war nie zu früh, dies einem jungen Gemüt einzuprägen. Alle ihre Pfleglinge hatten davon profitiert. Gerhard war Schlotfeger geworden, Rudi Bäcker, Georg Automechaniker, Gertrude Schneiderin, und Brigitte Köchin. Sie alle hatten unter ihrer Anleitung gelernt. Und so bekam auch Liesel einen Stundenplan, dem sie am Spätnachmittag folgen musste. Aber weil Liesel außerdem in der Schule immer sehr gute Noten erhielt, hängte Frau Wallenstein noch eine Nummer 6 an, auf den sich die beiden immer freuten. Der Stundenplan, an der Wand neben Liesels Bett befestigt, war seit Jahren der gleiche:

Nummer 1: Mittagsgeschirr spülen

Nummer 2: Küche kehren

Nummer 3: schwarzen Tee für Frau Wallenstein kochen

Nummer 4: das Wohnzimmer kehren

Nummer 5: den Aschenbecher vom Wohnzimmertisch leeren.

Nummer 6: dreißig Minuten vorlesen aus einem Buch nach Liesels Wahl

Außer Michael, ihrem Platznachbarn, hatte Liesel keine richtigen Freunde in der Volksschulklasse. Sie wusste, dass sie etwas ganz Besonderes war, dass ihr Erbe war, anders zu sein, Amerikanerin zu sein, obwohl sie nicht genau wusste, was Amerikanerin-sein wirklich bedeutete, aber dass es auch mit ihren weißblonden Haaren zusammenhing, das wusste sie schon. Weißblonde Haare, die glanzlos in Locken auf ihre Schultern fielen. Selbst die Lehrerin behandelte sie, als wäre sie von einem fremden Stern.

"Warum hast du weiße Haare?" fragten ihre Schulkameraden, und Liesel gab immer die gleiche Antwort, "Sie sind nicht weiß, sondern weißblond, weil ich Amerikanerin bin, und meine Mutter hat auch weißblonde Haare."

Das war eine Antwort, und die Kinder nahmen sie an, aber sie hatten Zweifel und bewahrten die Distanz zwischen sich und Liesel. Sie war anders, raunten sie, und Amerikanerin, vielleicht war sie sogar eine weißhaarige Indianerin. Nur Michael nahm sie ohne Vorbehalte als Freundin an und Liesel half ihm bei den Hausaufgaben.

Die Nachbarn in der Erasmus-von-Rotterdam Straße hatten sich überraschend schnell an Liesels weißen Haarschopf gewöhnt, was aber nicht hieß, dass sie ihn oder den Entschluss ihrer Mutter restlos billigten. Manchmal, wenn Liesel auf ihrem grünen Roller durch die Straße fuhr, steckten sie ihre Köpfe aus den Fenstern und diskutierten Liesels Haarfarbe.

„Ich weiß nur gar nicht," sagte Frau Beck, „warum das kleine Ding ihre Haare weiß färben muss. Ich meine, dadurch wird sie auch nicht anders. Auch soll all das chemische Zeug nicht gut sein, für jedermann, und besonders nicht für Kinder."

„Vielleicht ist das bei Indianern so. Im Volksbrockhaus las ich einmal, dass die ihre Gesichter mit weißer Farbe dekorieren, um sich von anderen Stämmen zu unterscheiden, und die Indianer sind ja nicht die gescheitesten, und wenn der Volksbrockhaus das sagt, dann stimmt es garantiert," sagte Herr Linde. „Wie die sich von den Amis unterjochen lassen, das ist ja nichts anderes als Dummheit."

„Wie kommen Sie darauf, dass die Liesel Indianerin ist? Das ist doch gar nicht wahr," empörte sich Herr Beier, und Frau Bamberger sagte: „Naja, im letzten Winnetou Film gab es schon einige Leute, die ihre Gesichter weiß anmalten, aber eben nur die Gesichter, nicht die Haare. Sah eigentlich recht fesch aus."

Worauf Herr Beier die Augen zum Himmel hob und sagte, „O Herr Gott, lass Gras wachsen, die Zahl der Rindviecher nimmt täglich zu."

Frau Spätling wollte Frau Bamberger eben vorschlagen, ihre Haare ebenfalls weiß zu färben, als eine souverän klingende, sonore Stimme alle aufhorchen ließ:

„Meine Herrschaften, warum sprechen Sie über die Haarfarbe eines Kindes? Haben wir nichts Wichtigeres zu tun?"

Diese Stimme der Vernunft war so ungewöhnlich, dass die Nachbarn ganz plötzlich zu reden aufhörten. Sie gehörte einem Herrn Albrecht, dem Neuankömmling, der in das Haus vorne am Kirchenplatz, Hausnummer drei, eingezogen war, wo früher der Vertreter mit Krawatten und Küchenutensilien, Herr Müller gewohnt hatten. Frau Beck, „Waldemar, was ist denn das große Ding, das sie ins Haus tragen? Ein Flügel?" hatte feststellen können, dass er in Begleitung eines Klaviers in Flügelform einzog.

„War es ein Steinway, oder was?" wollte Herr Linde wissen.

„Na bitte schön, Herr Linde, ich bin in der Nummer neun, er ist in der Nummer drei. Wie weit denken Sie, kann ich mit meinem Fernglas sehen. Warum fragen Sie ihn nicht selber?"

Herr Linde hatte den Vorschlag angenommen und in einem Gespräch mit dem neuen Nachbarn herausgefunden, dass er ein Mann mit vielen Talenten war: Er hieß Herr Albrecht und konnte ganz früher so gut singen, dass man ihn mit dem Großen Caruso verglichen hatte; dann war er Friseur mit seinem eigenen Salon, und als er sich endlich zur Ruhe setzte, widmete er sich ganz der Philosophie und der Poesie. Und der Feuerwehr, als freiwilliger Feuerwehrmann. Und ja, der Flügel war ein Steinway. Natürlich.

225

„Der hatte seine Hände voll," sagte er. „Ein richtiger Poet in der Erasmus-von-Rotterdam Straße. Hätte der Nachbarschaft je etwas Besseres geschehen können?"

Frau Beck, Frau Bamberger, Pfarrer Schnapp und drei andere Nachbarn wollten Einzelheiten, und Herr Linde erklärte sich gerne bereit.

„Als junger Mann, noch zu Zeiten Bismarcks, da hat der Herr Albrecht zum ersten Mal in Berlin die Oper Figaro von Mozart gehört und sich in die Titelfigur verliebt. So leidenschaftlich war er verliebt, dass er nahm Gesangsstunden nahm und sein Gesangslehrer dachte, er hätte das Zeug zu einem neuen Caruso."

„Eine gottgegebene Stimme, welch ein Segen für den Mann," sagte Pfarrer Schnapp.

„Und, hatte er das?"

„Naja, zuerst schon. Er nahm also Gesangsunterricht und war nach zwei Jahren so weit, dass er eine Oper singen konnte. Ich weiß nicht mehr, welche. Aber das war dann auch schon alles. Niemand wollte ihn wieder singen hören, also keine großen Verträge an großen Opernhäusern.

„Das war das Ende des Caruso."

„Na klar, Das nächste war, dass er selbst ein Figaro sein wollte. Also, das Friseurhandwerk. Wenigstens im gleichen Metier, mehr oder weniger. Stellt sich heraus, dass er damit einen Glückszieher machte. Er mietete einen Salon im Stadtzentrum und baute ihn zu einem schicken Damensalon aus. Französische Möbel. Im Stil des einen oder anderen Franzosenkönig Ludwigs. Figaro Musik auf dem Grammophon. Alle liebten die Musik, die Möbel. Die ganze Atmosphäre. Sogar seine Haarschnitte. Er wurde zum auserkorenen Haarkünstler unseres Städtchens, den man monatelang im Voraus buchen musste."

„Unglaublich." Herr Tiefenbacher schüttelte den Kopf. „Da kam sicher ein Vermögen zusammen. Ich sollte einmal mit dem Herrn reden."

„Und nicht zu vergessen, er ist auch Feuerwehrmann. Freiwilliger. Aber weil es hier so selten brennt, muss er ja auch was anderes tun, nicht wahr? Und das ist die Dichtung und die Oper, und beidem widmet er sich jetzt ganz und gar." „Sie meinen, er ist ein richtiger Dichter?"

„Genau. Wie hat er doch neulich gesagt, die Worte der Menschheit müssen viele Haarschnitte durchgehen, bis sie salonfähig sind."

„Ei, hast du das gehört, Waldemar?"

Und nun stand der Dichter leibhaftig vor ihnen. „Die Stimme des Poeten, der uns alle zu höheren Gefilden aufruft," sagte Herr Beier zu seiner Gattin.

„Meine Herrschaften," sagte der Dichter mit einer sehr angenehmen sonoren Stimme, „lassen Sie das Kind doch Kind sein, egal ob seine Haut dunkel oder weiß oder lila ist. Die Farbe ist oberflächlich, haut dünn, sie macht nicht den Menschen. Es ist ein Kind, und das Kindsein allein ist schon schwer genug."

Die Nachbarn nickten. Das waren wieder einmal Worte der Weisheit. Und da war auch irgendwo ein Reim drin, wie Herr Oberstudienrat i. R. Dornmüller vermutete. Sie einigten sich schließlich darauf, den Grund für Liesels Haarschopffarbe nicht wissen zu können. Selbst Liesel könnte wahrscheinlich nichts dazu sagen.

In diesem Augenblick trat Frau Wallenstein mitten auf die Erasmus-von-Rotterdam Straße, neben den Neuankömmling, den sie vorher noch nie gesehen hatte. Sie nickte ihm zu und musterte dann alle Fenster der Reihe nach und erklärte mit dröhnender Stimme, die man sicher auf der anderen Seite des Talkessels hören konnte,

„Wenn jemand hier ein Problem hat mit meinem kleinen Schützling, dann soll er zu mir kommen. Ich unterhalte mich gern mit ihm. Meine Liesel hat in ihrem kleinen Finger mehr Intelligenz als Sie in Ihrem Brockhaus von A bis Z je finden könnten, Herr Linde. Garantiert. Haben wir uns alle verstanden? Okay? Na gut. Geht doch auch so."

Der General hatte gesprochen.

Alle hatten Notiz genommen.

Keiner wagte, etwas zu sagen. Alle hatten verstanden und zogen sich schweigend von ihren Fenstern zurück, schlossen sie sogar.

Nur dem Herrn Albrecht spielte ein feines Lächeln um die Augen, als er begeistert ausrief, „Was für eine herrliche Stimme. Brava. Bravissima."

So kam es, dass niemand Frau Wallenstein lächeln sah, als sie den Beifall des Dichters annahm. Denn das hätte einen Feuersturm ausgelöst. Niemand hatte sie jemals in aller Öffentlichkeit lächeln gesehen.

Natürlich, der Ludwig

„Haben Sie vielleicht Oliver Twist?" fragte Liesel

Herr Maier, der ehrenamtlich die kleine Schulbibliothek übersah, sah von seinem Schreibtisch auf. Er erkannte die Kleine aus der dritten Volksschulklasse sofort wieder. Sie war fast täglich in seiner Schulbibliothek, und er hatte schon früh von ihr Notiz genommen.

„Oliver Twist?"

„Ja. Oliver Twist."

„Du hast wohl Bücher recht gerne," sagte er.

„Ja, doch," antwortete Liesel. „Ich lese gern. Ich habe es schon im Kindergarten gelernt. Das war praktisch, weil ich dann wenigstens Bilderbücher mit Texten lesen konnte."

„Im Kindergarten!" staunte Herr Maier. „Spielst du denn nicht lieber mit deinen Freunden draußen?"

„Nein," antwortete Liesel schlicht. „Ich bin anders und das Besondere ist nicht immer leicht. Man muss einen Ersatz finden für das Draußenspielen und auch für Freunde. Deshalb lese ich."

„Ja, wenn du es so siehst."

„Doch, schon, ich sehe es so. Meine Noten sind immer ausgezeichnet, und kein Lehrer hat sich jemals über mich beschwert."

„Außerordentlich, das glaube ich dir," sagte Herr Maier.

"Was wolltest du denn damals so lesen im Kindergarten?"

„Oh, zuerst das Wiegenlied von Brahms," antwortete Liesel.

„Das Wiegenlied von Brahms! Warum das?"

„Es ist ungewöhnlich schön, so zart und lieblich."

„Lieblich, sagst du?"

„Ja. Haben Sie vielleicht Oliver Twist?

„Zart und lieblich, außerordentlich. Den Oliver Twist?"

„Ja, von Charles Dickens."

„Wie alt bist du denn?

„Nächste Woche werde ich acht," antwortete Liesel.

„Und da willst du den Oliver Twist lesen?"

„Ja. Haben Sie den?"

Herr Maier schüttelte seinen Kopf. „Außerordentlich," sagte er, und reichte Liesel das gewünschte Buch.

„Danke, Herr Maier," sagte Liesel, „Danke außerordentlich."

Der Schulweg von der Volksschule zur Erasmus-von-Rotterdam Straße war genau zwei Kilometer lang, nach Liesels Messungen. Mit dem Lineal hatte sie ihre Schrittlänge gemessen, die gerade mal dreiundsechzig Zentimeter betrug. Vom Schultor der Volksschule zur Haustür von Frau Wallenstein waren es zweitausenddreihundertsechsundsiebzig Schritte, plus oder minus zehn Schritte, die sie über einen Abhang hüpfte.

Es gab nicht viel zu sehen auf dem Hinweg und noch weniger auf dem Heimweg. Daher las sie im Laufen. Es war außerordentlich, durch wie viele Bücher sie sich auf diese Weise lesen konnte. Die Fußgänger, die ihr begegneten, mögen seltsam geschaut haben, aber die Nachbarn der Straße waren es gewöhnt. Sie lief die Straße hinauf und hinunter, ohne jemanden näher anzusehen, die Nase in irgendeinem Buch.

Einmal aber hielt sie an. Vor dem Hausnummer drei war eine Gruppe von Menschen versammelt. Sie sahen hinauf zum Fenster im Obergeschoss, das weit geöffnet war, und aus dem laute Musik kam. Radetzky, dachte Liesel. Frau Wallenstein mochte Märsche, besonders den von Johann Strauß.

Die Menschen unterhielten sich angeregt.

„…nicht nur für sich. Der spielt für die ganze Straße," sagte Herr Linde.

„So laut darf man doch gar nicht, gesetzlich," sagt Herr Tiefenbacher.

„Also das gab's bei Hitler ja nicht," sagte Herr Dornmüller. „Ist das vielleicht ein neuer Ami? Da hätte ich eigentlich gar nichts dagegen, vor allem, wenn wir noch einmal so ein Festessen haben könnten."

Liesel konnte sich nicht daran erinnern, jemals ein Festessen gegessen zu haben. Wenn Frau Wallenstein Milchreis kochte mit Pfirsichen, das war schon sehr lecker; vielleicht konnte man das ein Festessen nennen.

„Ja, schon, aber das ist Lärmverschmutzung," sagte Frau Beck.

„Das war früher nicht erlaubt. Der Sittenverfall ist horrende. Armes Deutschland," sagte Pfarrer Schnapp.

Liesel überlegte sich, wie ein horrender Sittenverfall wohl aussehen würde.

Da öffnete sich die Haustür von Nummer drei und ein Herr in einem grün-samtenen Jackett kam heraus. Er lächelte die Gruppe von Menschen an und sagte, „Meine guten Nachbarn, Sie werden wohl nichts dagegen haben, wenn ich unseren geliebten Beethoven so spiele, wie er in einem Konzerthaus klingen würde. Wie er es verdient, gespielt zu werden. Seine berühmte Neunte!"

Die Nachbarn sahen sich an.

„Ach so, der Beethoven...: sagte Herr Trompeter.

„Der große Beethoven," ergänzte Frau Trompeter.

„Die Neunte," sagte Pfarrer Schnapp. „Natürlich, die Neunte."

„Unser Genie," sagte Frau Beck, „Ja, der verdient so laut gespielt zu werden."

„Die Neunte, das hätte ich gleich wissen müssen," sagte Frau Bamberger,

„Natürlich, der Ludwig," sagte Herr Beier.

„Ein ganz großer begnadeter Deutscher." Das war Pfarrer Schnapp.

„Der Herr Albrecht ist ja selbst eine Art Caruso," sagte Frau Beck.

„Ein deutscher Held," sagte Frau Spätling.

„Um den uns die ganze Welt beneidet," sagte Herr Linde.

„Der Herr Albrecht sieht so distinguiert aus in dem Smoking Jackett, so fesch," sagte Frau Bamberger zu Herrn Tiefenbacher.

„Herrmann, du solltest dir auch so ein Smoking Jackett kaufen. Oder besser, ich kann es dir selbst nähen. Sieht so gediegen aus..." sagte Frau Beier.

In diesem Augenblick hörte die Musik auf und die Radioansagerin verkündete, „Und das war die Blaskapelle der örtlichen Feuerwehr mit dem Radetzky Marsch von Johann Strauß. Weiter geht's mit . . ."

„Mit was?" fragte Frau Beck.

„Hab ich nicht verstanden," sagte Herr Linde.

„Wusste gar nicht, dass der Beethoven auch Märsche für die Feuerwehr komponiert hat. Hut ab vor dem Mann! Was für ein Genie!" sagte Herr Tiefenbacher.

Liesel erzählte den Vorfall Frau Wallenstein und die lachte so sehr darüber, dass ihr die Tränen kamen. „Herrlich, bravo, dieser Herr. Wie heißt er?" Liesel wusste seinen Namen nicht, aber das ließ sich leicht bewerkstelligen.

Als sie am nächsten Tag wieder auf dem Heimweg bei der Nummer drei vorbeikam, war es alles still. Sie klingelte an der Haustür und wieder machte der Herr im grünen Samtjackett die Tür auf.

„Guten Tag," sagte Liese. „Ich bin die Liesel Hofmann von der Nummer fünfzehn. Meine Pflegemutter möchte gerne wissen, wie Sie heißen."

„Möchte sie das?" fragte der Herr. „Warum will sie das wissen?"

„Weil sie gestern so über den Vorfall mit dem Radetzky Marsch gelacht hat, dass ihr die Tränen gekommen sind."

„Und wer ist deine Pflegemutter?"

„Das ist die Frau Wallenstein."

„Ah, die Frau Wallenstein. Ich verstehe. Sag der Frau Wallenstein, mein Name ist Albrecht."

„Albrecht? Wie der Vorname von von Wallenstein?"

„Kennst du denn den?"

„Natürlich. Albrecht von Wallenstein. Dreißigjähriger Krieg. Schiller. Wer kennt ihn nicht?"

„Ja, dann, grüß mir deine Frau Wallenstein recht herzlich," lächelte der Herr Albrecht und sah ihr nach, bis sie in der Nummer fünfzehn verschwand.

Erdbeertorte

Zu ihrem neunten Geburtstag, der auf einen Dienstag im April fiel, holte Anneliese Hofmann ihre Tochter bei Frau Wallenstein ab, um sie mit einem Besuch in einer Konditorei zu überraschen. Sie hatte alles geplant: erst die Konditorei Vogel in der Altstadt, und dann der zweimonatlichen Friseurbesuch beim Stefan.

Liesel war ganz aufgeregt. "Das ist so schön, dass du mich zum Geburtstag einlädst, Mutter," sagte sie.

Sie wollte ihre Dankbarkeit zeigen und hatte sich überlegt, wie sie Anneliese Hofmann richtig ansprechen sollte. Für „Abeli" fühlte sie sich zu alt, diese Zeiten schienen vorbei zu sein. „Mutter" schien richtig in dieser Situation, aber es klang so fremd. Sie hätte sie genauso gut Agnes nennen können, nach Agnes Fleming, einem Character in Oliver Twist.

"Ja, du, Liesel," sagte Anneliese, "das mit der Mutter. Weißt du, das macht mich so uralt, wenn du Mutter zu mir sagst."

"Oh, das wollte ich nicht, das tut mir leid. Was soll ich denn sonst zu dir sagen? Mamma? Anneliese?"

"Mamma, wie kommst du denn auf die Idee? Mamma! Also höre mal!"

"Anneliese, dann?"

"Na bitte, das ist doch eine großartige Idee. Lassen wir's bei Anneliese. Gefällt mir. Anneliese und Liesel, fast wie Zwillingsschwestern. Oder eigentlich ist es ja Lusa. Stimmts?"

"Ja, Anneliese, lassen wir das mal für den Moment."

"Bitte schön, wie du willst," sagte Anneliese Hofmann und dachte im Stillen, das ihre Tochter mehr einer neunzehnjährigen glich als einer neunjährigen.

Die Konditorei Vogel war für Liesel ein neues Erlebnis. Mit offenem Mund stand sie vor der Glastheke, hinter der die fantastischsten Torten, Schnitten, Kuchen ausgestellt waren. Annelicse forderte sie auf, sich ein Stück auszusuchen.

Die Verkäuferin stand geduldig hinter der Theke und versuchte, hilfsbereit zu sein. "Siehst du, das hier sind Cremeschnitten. Hier ist eine Sachertorte, und das ist eine Sarah Bernard Torte. Hier ist die Nuss Sahne Torte, und da die Obsttorten, Erdbeere, Johannisbeere, Blaubeere, gemischte Beeren. Oder willst du einen Windbeutel, einen Schlotfeger? Vielleicht einen Gugelhupf, oder einen Käsekuchen?"

"Nein, nur ein Stück. Es ist ihr neunter Geburtstag heute, und sie darf sich aussuchen, was sie will. Aber nur ein Stück, ja, DAHling?"

Liesel konnte sich nicht entscheiden. Alles sah so appetitlich aus. Das Wasser war ihr längst im Munde zusammengelaufen, und sie hatte Angst, Anneliese könnte sich anders entscheiden, bevor sie je eines dieser Wunderdinger kosten konnte. Da schloss sie einfach die Augen und presste den Zeigefinger gegen die Glastheke.

"Das da," sagte sie und öffnete die Augen.

Die Verkäuferin nickte erleichtert und schob ein Stück Erdbeertorte auf einen Kuchenteller.

"Mit Sahne?" fragte sie noch, und Anneliese antwortete schnell für ihre Tochter, "Nein, lieber nicht. Sie soll ja nicht dick werden."

Liesel ließ jeden einzelnen Bissen auf der Zunge zergehen. Sie konnte sich nicht erinnern, je etwas besseres gekostet zu haben.

„Die Erdbeertorte ist so gut, sagte Liesel, „das ist der beste Geburtstag, Anneliese. Außerordentlich, wirklich."

"Gib mal nicht so an, DAHling," sagte Anneliese, und war selbst überrascht, dass sie aus irgendeinem Grund Tränen in den Augen hatte. „Hab ich's nicht gewusst?"

Das Nein

Als Liesel in die vierte Klasse der Grundschule aufrückte, was dies war der Zeitpunkt, um sich für einen Wechsel auf eine berufsbildende höhere Schule zu entscheiden oder das Bildungssystem nach weiteren vier Jahren zu verlassen, um dann beispielsweise in einer Fabrik zu arbeiten.

Für Liesel war das keine Frage. Sie wollte auf die Oberschule überwechseln, oder irgendeine weiterführende Schule, sie wollte lernen, soviel sie konnte, und später einmal auf eine Universität gehen.

Frau Wallenstein hatte sich die Dokumente für einen Schulwechsel zuschicken lassen. Als das dicke Briefpacket bei ihr ankam, hatte sie festgestellt, dass es für sie einfach zu mühsam wäre, alle Papiere für einen Wechsel in die weiterführende Schule auszufüllen. Erstens hatte sie nicht die erforderte Information zu dem Familienhintergrund ihrer Pflegetochter, und außerdem war dies die Verantwortung der leiblichen Mutter, nicht der Pflegemutter. Sie hätte ja unbeabsichtigt Fehler machen können, und das wäre ein Malheur gewesen, mit schlimmen Folgen für Liesels Zukunft. Außerdem schmerzte ihr Rücken und auch ihre Hüfte mehr denn je. Rheumatismus, erklärte sie, das sind typische Zeichen von Rheumatismus. Ihre Mutter hatte seinerzeit darunter gelitten, und nun hatte sie ihr eigenes Kreuz zu tragen. Man konnte unmöglich von ihr verlangen, dass sie mit ihren armen rheumatischen Fingern zig Seiten von Dokumenten ausfüllte.

Sie hinterließ Nachricht für Anneliese Hofmann, baldmöglichst bei ihr vorbeizuschauen. Eine Woche später saß Anneliese in Frau Wallensteins Wohnzimmer.

"Frau Hofmann, hier ist der Pack von Dokumenten, den Sie einsehen sollten. Für den Schulwechsel für die Liesel."

"Was denn für einen Schulwechsel, Frau Wallenstein? Davon hat mir keiner was gesagt."

"Aber ja doch, Frau Hofmann, die Liesel will doch unbedingt auf eine höhere Schule übersiedeln, nein, nicht übersiedeln, das ist das falsche Wort. Liesel, wie sagt man doch dazu?"

"Überwechseln," sagte Liesel. "Bitte, Anneliese, Kannst du bitte die Papiere ausfüllen. Ich kann dir dabei helfen, wenn du willst."

"Ich werde mir doch nicht von dir helfen lassen, Lusa, das wäre doch die Höhe. Lass mal sehen. Warum sind das so viele Seiten Papier?"

"Das ist nun mal so, Bürokratie, das kennen wir doch, Frau Hofmann." Frau Wallenstein wollte hilfsbereit sein.

"Was sagen Sie dazu, Frau Wallenstein. Sie kennen die Liesel wahrscheinlich besser als ich."

"Also meiner Meinung nach sollte die Liesel die Volksschule abschließen. Ist ja nicht nur eine Frage des Gelds. Man muss auch berücksichtigen, dass eine solide

Volkschulausbildung einen gewissen Wert hat. Aber andrerseits ist sie eine wirklich gute Schülerin…"

"Nein, das hat nichts damit zu tun. Frau Wallenstein, sehen Sie, noch nie ist einer aus meiner Familie auf eine höhere Schule gegangen, wir tun sowas einfach nicht."

Liesel war aufgesprungen und schaute die beiden Frauen flehend an.

"Aber Mutter, ich meine Anneliese, das ist doch kein Grund, dass ich nicht die erste sein soll, die auf die Uni geht." sagte sie. Es stand so viel auf dem Spiel für sie.

"Die Uni? Hat jemand etwas von einer Uni gesagt? So etwas kommt doch überhaupt nicht in Frage," sagte Anneliese. "Siehst du, wenn du so sprichst, ist es mir wirklich zuwider. So etwas tun wir nicht. Wer hat dir überhaupt solche Flausen in den Kopf gesetzt? Das ist alles Firlefanz, sonst nichts. Habe ich nicht recht, Frau Wallenstein?"

"Ja, also, das müssen Sie entscheiden. Wie gesagt, die Liesel hat wirklich Freude am Lernen und auf die Uni…"

„Naja, wir haben alle Freude an etwas. Aber wenn sie erst einmal die Volksschule abschließt, dann kann sie weitersehen. Das ist die Nummer sicher, man weiß ja nicht, was auf so einer höheren Schule alles passiert. Vielleicht mag sie es gar nicht, und dann hängt sie in der Luft. Ohne einen festen Abschluss, ohne etwas."

"Ich verspreche, dass ich es gern mögen werde, ich weiß, dass ich es leicht schaffen werde. Bitte Anneliese, lasst mich doch dorthin gehen."

"Nein, die Sache ist beschlossen. Du wirst die Volksschule fertigmachen und dann werden wir sehen. Okay, ist das alles, Frau Wallenstein? Gut, dann bye bye."

Liesel war noch nicht bereit, aufzugeben. Sie stellte sich ihrer Mutter in den Weg und bat sie, flehte sie an, sich das alles noch einmal zu überlegen.

Fräulein Hofmann ließ sich nicht in ihrer Entscheidung beirren. "Schau, ich habe in den letzten zehn Jahren ein Vermögen für dich bezahlt. Ich habe mich für dich geopfert, mich um dich gekümmert. Es ist doch nicht meine Schuld, dass dein Vater nie zurückgekommen ist, um dich zu holen. Und jetzt ist es an der Zeit, dass du anfängst, dich um dich selbst zu kümmern. Ich kann das nicht alles allein machen."

"Aber Anneliese, ich mag die Schule, und ich will etwas aus mir machen."

"Ja, sicher. Ich auch. Ich wollte auch etwas aus mir machen. Aber wir sind keine Schulleute. Als ich in deinem Alter war, hatte ich schon meine eigene Station in der Spinnerei. Du bist nichts Besonderes, trotz deinem amerikanischen Vater, der sich nicht um dich kümmert. Du wirst wie ich, in einer Fabrik arbeiten und dein eigenes Geld verdienen. Okay?"

Liesel biss sich auf die Lippe und sagte nichts. Als Fräulein Hofmann außer Hörweite war, schüttelte sie heftig den Kopf und sagte,

"Nein."

The Vicarious Traveller

Englisch stand auf dem Lehrplan der fünften Klasse. Liesel freute sich auf diese Klasse am meisten. Es war das letzte Unterrichtsjahr für Frau Tremel, die danach in Pension gehen sollte.

Frau Tremel kannte Liesel natürlich, seit sie ein Baby war. Fräulein Hofmann hatte sie hin und wieder in ihre Mansarde gebracht, und manchmal begegneten sie sich auf der Treppe. Die Beziehung der Lehrerin zu Liesels Mutter hatte sich nicht geändert. Die beiden grüßten sich respektvoll, wenn sie sich sahen, aber ansonsten sprachen sie nicht viel miteinander. Frau Tremel hatte nie vergessen, wie abweisend Anneliese während ihrer Schwangerschaft zu ihr war.

Aus der Ferne hatte sie miterlebt, wie das Kind von einem Baby zu einem jungen Backfisch heranwuchs. Sie ahnte, dass der Vater des Mädchens der OJ war, den sie beim Grillsonntag bei Catherine Collins kennengelernt hatte.

Immerhin war er damals oft zu Besuch bei Fräulein Hofmann in ihrer Mansarde.

Sie hatte Catherine einmal gefragt, ob es möglich war für einen Amerikaner, ein deutsches Mädchen zu heiraten, und sie hatte die Frage bejaht. Und wenn der Amerikaner dunkelhäutig war? Catherine schüttelte den Kopf. „Das ist nicht erlaubt," sagte sie. „Ein richtiges Dilemma. Dunkelhäutige Soldaten können hier Freiheiten genießen, die ihnen in Amerika nicht erlaubt sind, wie Bars und Restaurants. Aber wenn sie eine weiße deutsche Freundin haben, werden sie von den weißen Gis angegriffen. Die versuchen dann, sie gewaltsam zu trennen, weil sie wissen, dass so etwas daheim in Alabama oder sonst wo in Amerika niemals hätte passieren können. Wenn die Militärpolizei Wind davon bekommt, werden die Dunkelhäutigen sofort routinemäßig versetzt."

Frau Tremel erzählte ihr dann von Fräulein Hofmann und OJ. Catherine erinnerte sich, dass OJ plötzlich versetzt wurde. So, das war also der Grund," meinte sie. „Und das Kind wächst natürlich auf, ohne ihren Vater zu kennen. Das kommt so oft vor, ich wünschte, man könnte etwas dagegen tun. Aber das ist im Moment nicht möglich. Das Militär hat eine eiserne Faust."

Sie hatte sie kam sie von ihren Besuchen bei Fräulein Hofmann in der Fabrikvorzeile, wo auch sie selbst immer noch das Appartement mietete, hatte aber nie mit ihr gesprochen.

Jetzt war sie in ihrer Klasse. „So," sagte die Lehrerin, nachdem sie die Namen der Schüler auf ihrer Liste gelesen hatte, wobei sie ausschließlich nach dem Namen der kleinen Hofmann gesucht hatte. Hofmann, Tascalusa. Tascalusa? Ja, hier stand tatsächlich Tascalusa. Was für ein Name sollte das sein?

„Tja," sagte sie wieder, „dann fangen wir mal an. Wer kann denn schon ein bisschen Englisch von euch? Und sagt mir zuerst euren Namen."

Ein paar Kinder meldeten sich, darunter auch Liesel. Die Lehrerin nickte Liesel aufmunternd zu.

„Ja, du. Erzähle mir mal, was du schon kannst auf Englisch, aber sag mir erst deinen Namen."

Liesel stand artig von der Schulbank auf und sagte. „Ich bin die Liesel," und begann dann konzentriert mit ihrer Aufzählung. „Also, ich kann schon DAHling, byebye, boyfriend, okay, Oldsmobile, Sunday..."

„Das ist recht gut und auch genug für heute, Liesel, du kannst dich wieder setzten" sagte Frau Tremel und dachte, Gottseidank, jemand hat sie auf Liesel umgetauft. Dann wandte sie sich an die Klasse. „Jetzt sprecht ihr mal alle mir nach. Hello, what's your name..."

Am ersten Tag lernte Liesel Hello whats your name my name is Liesel one two three four five pen book table und Goodbye.

Frau Tremel musste feststellen, dass Liesel schneller lernte als die anderen Kinder. Sie hatte eine außerordentlich gute Aufnahmefähigkeit, lernte neues Vokabular im Handumdrehen, meisterte die Rechtschreibung und Aussprache spielerisch, kurzum, war die beste Schülerin seit langem in ihrer Englischklasse. Sie bereute es fast, in Pension gehen zu müssen. Schüler wie Liesel machten ihren Unterricht zu einer wahren Freude.

„Darf ich Sie etwas fragen, Frau Tremel?" Es war die vorletzte Englischstunde der fünften Klasse.

Die Lehrerin wandte sich um. „Was ist denn, Liesel?"

„Wissen Sie etwas über Alabama? Waren Sie schon einmal dort?"

„Alabama, nein Liesel, ich kenne es nur aus Büchern. Warum willst du das wissen?"

„Mein Vater wohnt dort, glaube ich."

„Ach so, ja dann, natürlich willst du etwas über Alabama wissen. Was weißt du denn von ihm?

„Nicht viel. … aber ich muss herausfinden, wer er ist. Alles über ihn, was ich erfahren kann. Wo er wohnt. Ob er mich mag. Alles."

„Ich schaue mal, was ich darüber herausfinden kann, und erzähle es dir dann morgen. Ist dir das recht?"

„Okay."

Frau Tremel war am nächsten Tag vorbereitet. Sie hatte aus der Stadtbücherei etliche Bücher mit Illustrationen entliehen, eine Landkarte der Vereinigten Staaten, Beschreibungen über das Leben in Alabama, sogar über die Geschichte dieses Bundesstaates.

„So, heute machen wir eine Reise, ohne unsere Städtchen zu verlassen. Was willst du denn wissen?" fragte sie das Mädchen.

„Alles. Wo, wer, was, wann, wie, wozu, warum."

„Oje, das ist ja eine ganze Menge," lachte Frau Tremel. „Also fangen wir mal an. Was zuerst?"

„Wo Alabama ist, und wie ist das Leben ist," sagte Liesel.

Frau Tremel strich sich über die schneeweisen Haare, noch immer von ein paar Silberfäden durchzogen, und schlug eines der Bücher auf. „Hier, siehst du, das ist der Staat von Alabama, und hier, das ist die Stadt, die deinen Namen hat, Tuscaloosa."

„Das wird aber anders geschrieben als mein Name," sagte Liesel.

„Ja, das ist, weil dein Name verdeutscht wurde. Aber hier ist der amerikanische Name. Und der Name leitet sich aus zwei Worten der Choctaw Indianer her, und die sind Tushka, das heißt Krieger, und Lusa, das bedeutet schwarz, und zusammen also Tuscaloosa, das war der Name des Indianerhäuptlings, der ein starker und tapferer Krieger war und um 1540 dort lebte. Auch der Fluss trägt noch heute seien Namen, Schwarzer Krieger, genau wie die Stadt, genau wie du."

„So, kann es sein, dass mein Vater auch Indianer ist?" fragte Liesel.

„Durchaus möglich," sagte Frau Tremel.

Dann erzählte Frau Tremel dem Kind, was sie über Tuscaloosa gelesen hatte. Dass Tuscaloosa seit über hundert Jahren eine Universität hatte, dass es einen schönen See gab, den Tuscaloosa See, mit vielen wunderschönen Villen, dass die grüne Landschaft mit Wassereichen, auch Druiden Eichen genannt, übersät war. Es musste also sehr schön dort sein.

„Und das Wetter, wie ist das dort, wie bei uns, Schnee und so?"

„Kannst du dir vorstellen, dass es dort immer warm ist, ja, sogar im Winter kannst du ein Sommerkleid tragen und nie frieren."

Liesel war beeindruckt. „Kann ich vielleicht auch auf der Universität studieren? Wann?" fragte sie Frau Tremel, die nickte. „Ja, ich denke schon. Wann? Das kommt auf dich an."

„Und kannst du mir … können Sie mir auch über meinen Vater erzählen?"

„Hm. Nein, nicht wirklich. Ich glaube, ich habe ihn vor langer Zeit einmal gesehen, aber da wusste ich noch nicht, dass er dein Vater war. Ich denke, er ist ein sehr guter Mensch."

„Ja, das glaube ich auch," sagte Liesel. Es war das erste Mal, dass sie etwas über ihren Vater in Erfahrung gebracht hatte, und sei es auch noch so klein und unwesentlich, es waren Tatsachen, diese Information über die Stadt und die Universität und die Indianer und das warme Wetter wie in einem Paradies, und all das brachte sie näher zu ihm, und sie war glücklich.

Beim nächsten Besuch im schiefen Haus bei Anneliese stellte sie sich vor ihre Mutter und sagte, „Erzähle mir von meinem Vater. Wie heißt er, wo wohnt er, was macht er? Erzähle mir alles, was du über ihn weißt."

Anneliese fühlte sich überfahren von diesen Fragen. Sie wusste nicht, was sie sagen sollte. Irgendwann einmal in der Zukunft, viele, viele Jahre später, so hatte sie es sich vorgestellt, würde ihre Tochter sie vielleicht nach all diesen Dingen fragen, auf die sie keine Antwort hatte. Aber doch nicht jetzt schon. Das Kind war noch so jung, eben erst zehn Jahre alt. Was sollte sie denn mit der Information anfangen, die wenigen Dinge, die sie von OJ wusste.

„Warum fängst du jetzt davon an? Ich wollte doch mit dir einkaufen gehen, und dann noch eine Pizza essen gehen."

Liesel ließ sich nicht abweisen. „Nein, jetzt will ich das alles wissen. Frau Tremel hat mir schon..."

„Was, du hast mit der Frau Tremel darüber gesprochen? Ich habe dir nie erlaubt, mit jemandem über deinen Vater zu sprechen."

„Das ist ja das Problem, Anneliese. Ich weiß nichts, gar nichts über ihn. Ich will endlich mehr haben. Wenn ich ihn nicht haben kann, dann alles, was du mir über ihn erzählen kannst."

„Aber warum."

„Bitte, Anneliese, sag es mir doch."

„Also gut. Ich kann dir sagen, was ich weiß, und alles, woran ich mich erinnere."

Liesel hielt ihren Atem an und wartete.

„Dein Vater. Er heißt OJ Miller, glaube ich. Er war aus Alabama."

„Tuscaloosa, ich weiß," sagte Liesel.

„Oh, das weißt du schon. Na schön, okay. Er war hier beim amerikanischen Militär, ein Lieutenant, vielleicht sogar ein General. Aber er war zu jung für einen General. Jedenfalls hatte er eine Menge von Medaillen."

Anneliese lächelte.

„Ich habe ihn in einer Bar kennengelernt. Jacks Bar. Wir haben die ganze Nacht getanzt. Etwas wie Blüten, die auf die Erde fallen.

„Blüten, die auf die Erde fallen?"

„Ja. Schöne Musik. Jazz. Dein Vater kann gut singen. Er mag Musik. Eine dunkle samtige Stimme. Er war dunkel, im Gesicht. Dunkle Augen. Die Haare so weich. Und starke schöne Hände."

Die Erinnerungen schienen sie fortzutragen.

Liesel schüttelte sie am Arm. „Hat er eine Familie? Ich meine, war er vielleicht verheiratet? Was weißt du darüber?"

„Nein, das war er nicht, das hat er mir gesagt. Aber sonst…"

„Warum lässt er nichts von sich hören? Weiß er, dass es mich gibt?"

Anneliese sah ihre Tochter hilflos an und biss auf ihre Unterlippe. Was sollte sie ihr sagen?

„Nein," sagte sie endlich, „ich habe versucht, ihm von dir zu erzählen, habe eine Nachricht in der Bar für ihn hinterlassen, aber da war er schon fort. Keinen Kontakt, wir hatten keinen Kontakt. Ich war so stolz damals. Aber die haben mir auch nichts sagen wollen, wo er hin ist. Nichts."

„Dann muss ich ihn eben selbst finden," sagte Liesel entschlossen und stand auf. „Okay, und jetzt habe ich Hunger auf eine Pizza. Und noch etwas: ich will meine Haare nicht länger weißblond färben lassen. Es steht mir nicht."

Anneliese seufzte. Auch diesen Tag hatte sie kommen sehen. Sie hatte es schon geahnt, dass dieses Weißblond doch nicht das Beste für das Kind war. Es verbarg vielleicht sogar, wer diese Tochter wirklich war. Nicht eine weißblonde Puppe, eine Kopie von ihr. Nein. Liesel war eine eigenwillige, eigenartige Person. Außerdem war weißblond schon lange nicht mehr amerikanisch. Jane Mansfield war passe, und Marilyn Monroe war auch nicht mehr das, was sie einmal war.

DRITTER TEIL

Es gibt nichts Wertvolleres

In den Osterferien wurde das Haus gegenüber Frau Wallenstein, die Nummer vierzehn, verkauft. Die Neuankömmlinge bestanden aus einer Familie mit Vater, Mutter und Tochter, die im Alter von Liesel zu sein schien.

Einmal, als das Mädchen auf der Straße Ball spielte, kam Liesel scheu näher und sagte, "Bist du neu hier?"
"Ja, sagte das Mädchen. "Warum hast du weiße Haare?"
Liesel war diese Frage gewohnt. Seit Jahren gab sie immer dieselbe Antwort. Sie antwortete dann geduldig auf die nächste Frage, warum ihre Haare wie die einer Großmutter aussahen und warum ihre Haut dunkel war. Wenigstens hatte dieses Mädchen nicht den Großmutter Vergleich gemacht oder etwas über ihre Haut gesagt.
"Sie sind weißblond und ich lasse sie langsam auswachsen. Ich hatte sie so, weil ich Amerikanerin bin, und auch meine Mutter hat die gleiche Haarfarbe. Und ich bin die Liesel."

"Ach so," sagte das Mädchen, "und ich die Cornelia. Gehst du auch ins Gymnasium?"

"Nein," sagte Liesel. "Ich mache die Volksschule fertig. Und du?"

"Ich bin im humanistischen Gymnasium. In der Quarta."

"Warum humanistisch? Und Quarta? Was ist das?"

"Ja, also, humanistisch, das weiß ich nicht genau. Zum Beispiel, der Erasmus von Rotterdam war ein Humanist. Aber ich glaube, das gibt es heute gar nicht mehr. Und die Quarta, also da ist die Oberprima und die Unterprima, die Obersekunda und die Untersekunda, die Obertertia und die Untertertia, die Quarta, die Quinta, und die Sexta. Das sind die ...hm... Jahrgangsstufe im Gymnasium. Also Oberprima ist die neunte Klasse..."

"Und dann bist du also in der dritten Klasse, und ein Jahr älter als ich. Ich bin zwölf. Und woher weißt du das alles?"

"Mein Papa hat es mir gesagt." Cornelia war noch dabei sich zu wundern, wie schnell das neue Mädchen ihre Jahrgangsstufe samt ihrem Alter so schnell enträtselt hatte.

Einen Papa hatte das Mädchen auch noch, zusätzlich zu einem humanistischen Gymnasium des Erasmus von Rotterdam. Jetzt war Liesel wirklich neugierig. "Was lernst du denn da so?" fragte sie.

Cornelia musste über diese Frage nachdenken.

"Eine ganze Menge," antwortete sie schließlich. "Mathe, Geschichte, Kunst, Latein, Deutsch, Religion."

"Du kannst doch Deutsch schon," sagte Liesel. "Aber Latein. Wie ist das?"

"Das ist okay," sagte Cornelia. "Anders als Englisch. Papa sagt, es ist eine tote Sprache."

"Warum lernst du dann eine tote Sprache?" wollte Liesel wissen.

"Weil ich das später mal verwenden kann, vielleicht. Ich weiß auch nicht so genau warum."

"Magst du es denn?"

"Naja schon, ist halt auf dem Stundenplan."

Liesel nickte. Sie kannte sich mit Stundenplänen gut aus. Cornelia konnte es nicht erwarten, ihren Eltern beim Abendessen von ihrer neuen Freundin zu erzählen. Ihr Vater, Herr Adolf Neumeier, war der Besitzer eines Blumengeschäftes im Zentrum der Stadt, das er persönlich führte, und eines zweiten in der Nähe des Friedhofs, das Friedhofsgeschäft mit anschließender Gärtnerei, das seit etlichen Wochen besonders florierte und in welchem seine Frau Rosmarie arbeitete.

"Ich weiß nur gar nicht, was der Grund dafür ist," sagte er und biss die Hälfte einer Knackwurst ab. "Den Zeitungsannoncen nach gibt es doch gar nicht so viel mehr Todesfälle, stimmt's oder habe ich recht, Rosmarie?" Er tauchte die Messerspitze in das Senfglas, Marke Nordstern ein und fügte sie der Knackwurst in seinem Munde hinzu. In seinem Eifer hatte er ganz vergessen, den Senf auf die Knackwurst zu streichen. Ohne Senf schmeckte die Knackwurst nicht wie eine Knackwurst.

"Naja," sagte seine Frau und strich ein bisschen mehr Mettwurst auf ihr Landbrot, "das muss nicht unbedingt damit zusammenhängen. Wir verkaufen ja nicht nur für die Toten. Es gibt auch noch Geburtstage, Hochzeiten, Taufen, alle möglichen Anlässe, ein paar Blumen zu kaufen. Wahrscheinlich hat das auch mit dem Marketing zu tun...'

"Was für Marketing? Und woher hast du so einen hochtrabenden Begriff, Rosmarie? Mein Gott, da komme ich nach einem langen Tag nach Hause und du bombardierst mich mit so technischem Unsinn wie Marketing. Sag doch einfach Reklame, was ist denn los mit der Menschheit. Werden wir alle amerikanisch, auf Deutsch geht das doch genauso."

"Ist ja in Ordnung, Adi," Frau Neumeier tätschelte besänftigend die Hand ihres Mannes. "Du musst dich ja nicht gleich so aufregen. Denk an deinen Blutdruck."

"Mein Blutdruck, auch das noch," brummte der Mann des Hauses. Dann warf er einen Blick auf seinen Nachwuchs und bemerkte, wie nur ein Vater so etwas bemerken kann, dass seine Tochter wie auf Nadeln saß.

"Was hast du mir denn zu sagen?" fragte er Cornelia. "Hoffentlich nicht auch etwas amerikanisches."

"Nein, Papa, im Gegenteil. Ich habe eine neue Freundin. Sie heißt Liesel. Und sie geht in die Volksschule. Aber sie ist so intelligent, und sie wollte alles über das Gymnasium wissen. Ich habe ihr von der Oberprima, der Unterprima, der Obersekunda, der Unter..."

"Ist schon gut, Liebes. Ich ahne den Rest. Warum glaubst du denn, dass sie so intelligent ist. Sie ist doch nur in der Volksschule, ergo... kann sie doch gar nicht so intelligent sein. Sonst wäre sie auch im Gymnasium, stimmts, Rosmarie?"

Rosmarie kaute an ihrem Mettwurstbrot und nickte zustimmend. Wann immer Adolf "Stimmts' Rosmarie?" sagte, nickte sie automatisch, ohne wirklich zu wissen, worum es gerade ging.

Sie selbst hatte eine große Entscheidung zu treffen. Sollte sie Adolf heute Abend von Alexander erzählen? Oder sollte sie doch lieber warten. Alexander war derjenige, der im Friedhofsgeschäft mit anschließender Gärtnerei den ganzen Blumenschmuck für den Stadtpark bestellt hatte, und er war es, der für den Mehrverdienst verantwortlich war, seitdem die stadteigene Gärtnerei unerklärlicherweise statt Dünger säckeweise Winterstreusalz auf ihre Beete gestreut hatte, was wiederum ein großes Pflanzensterben verursachte. Alexander war einer der Stadträte, die dafür verantwortlich waren, dass diese ganze Sache unter Dach und Fach gehalten blieb und keine Seele davon erfuhr. Es ging um den Kopf der Bürgermeisterin. Alex mochte scheinbar viel Verantwortung. Alexander war ein Schulfreund von Rosmarie, "von ganz, ganz früher," wie sie immer schnell hinzufügte, wenn von Alexander die Rede war. Was sie jedoch nie erwähnte war, dass sie damals, "ganz ganz früher" ziemlich verliebt ineinander waren.

Als Alexander vor etlichen Wochen mit einer großen Schachtel Pralinen zu ihr in das Friedhofsgeschäft mit anschließender Gärtnerei, kam, Pralinen von Dulcetti, nicht die allerbesten, aber andrerseits auch nicht zu verachten, da war sie so überrascht, dass sie die alten Gefühle wieder aufkommen ließ. Er hatte nach all den Jahren nicht vergessen, dass sie Schokolade so gernhatte. Er kannte sie eben von alters her, und all die schönen Erinnerungen, sie waren ja beide so jung damals. Wer weiß, wie sich das alles noch entwickeln könnte.

Jedenfalls dachte sie, dass es nicht unangebracht wäre, den Vertrag mit ihrem ehemaligen Freund selbst zu unterzeichnen und Adolf aus dem ganzen herauszuhalten. Er musste ja nicht alles unbedingt sofort wissen, dachte sie. Es würde die ganze Sache vereinfachen.

"Sie geht nur in die Volksschule, aber ich denke, sie ist richtig intelligent," sagte Cornelia.

"Und warum denkst du das?" fragte Herr Neumeier.

"Ich weiß auch nicht. Sie ist sehr schnell im Denken, mit Mathe und so."

"Naja, wenn dem so ist, lade sie doch mal ein, deine neue Freundin," sagte Adolf. "Wie heißt sie denn?"

"Liesel," sagte Cornelia. "Mama, wann kann, wann darf ich sie heimbringen?"

Ja, dachte Frau Neumeier, es würde die ganze Sache wesentlich vereinfachen würde, wenn Adolf nichts von Alexander wusste. Und außer den Pralinen hatte sie ja nichts zu verbergen. Oder machte sie sich etwas vor. Denn inzwischen war ja doch mehr geschehen, als sie anfangs gedacht hatte. Er hatte ihr noch eine zweite, eine größere Schachtel Pralinen überreicht, und diesmal waren es sogar Linus Pralinen mit vielen Cognac-Kirschen dazwischen. Sie konnte das Gefühl nicht loswerden, dass sich die ganze Affäre auf eine höhere, gefährlichere Ebene hin bewegte...

„Mama?" hörte sie Cornelia sagen.

„Wer, was?" fragte Rosmarie.

„Was ist denn heute los mit dir, Rosmarie?" fragte Herr Neumeier seine Frau. „Erst das Zeug mit Marketing, und jetzt bist du meilenweit entfernt. Das Kind wollte wissen, ob sie jemanden zum Kaffee am Sonntag mitbringen kann. Von mir aus schon. Was meinst du?"

„Ja doch, sicher. Jederzeit. Sonntag passt gut." Frau Neumeier hatte sich wieder ganz in der Hand und wiederholte, „Sonntagnachmittag zum Kaffee, nicht, Adolf?"

'Könnte allerdings viel zu tun sein am Friedhof, aber ist ja gut. Wir haben die beiden Verkäuferinnen dort. Ja. Sonntagnachmittag vorm Spaziergang um vier."

Die Einladung

So kam es, dass Liesel am folgenden Sonntag um vier zu Neumeiers zum Kaffee kam.

"Blumen musst du nicht mitbringen," sagte Frau Wallenstein, "die haben selbst viel im Geschäft."

"Ja," lachte Liesel, "das wäre Eulen nach Athen tragen."

"Ja, wo hast du den solch einen Unsinn her, Kind? Eulen nach Athen. Wer hat so was schon gehört!"

"Habe ich neulich gelesen."

"Das viele Lesen wird dir noch schaden, Kind. Hier sind ein paar Scheiben Gugelhupf von vorgestern, so gut wie frisch gebacken. Nimm die mit, damit du nicht mit leeren Händen kommst."

Herr Neumeier öffnete die Haustür einen Spalt und musterte Liesel von oben bis unten.

"Du bist also die Liesel," sagte er endlich und öffnete die Tür ganz. "Na, dann komm mal rein und lass dich anschauen."

"Und Sie sind der Papa von Cornelia," gab Liesel zurück und musterte den Mann ihrerseits ebenfalls. Er sah gemütlich aus, zu viel am Bauch und die Backen unter den kleinen feuchten Augen waren ein bisschen zu rot. Sie überreichte ihm das kleine Kuchenpaket und er führte sie ins Wohnzimmer, wo Frau Neumeier schon auf dem Sofa am Tisch saß; sie hatte sich für diese Gelegenheit sogar besonders hübsch angezogen, eine elfenbeinfarbene Seidenbluse mit tiefem Dekolleté und einer Silberbrosche auf der Schulter.

Liesel war gebührend beeindruckt, besonders, als sie auf dem gläsernen Sofatisch eine große Tortenschale mit viel Gebäckstücken wahrnahm. Eben kam auch Cornelia ins Zimmer gesprungen. "Da bist du ja," sagte sie, und stellte sie artig vor: "Mamma, Papa, das ist Liesel, Liesel, meine Eltern."

"Ist ja schon gut, Tschaperl, wir haben uns schon vorgestellt," lachte Herr Neumeier gemütlich. "Setz dich doch, Liesel."

Frau Neumeier hatte den Gugelhupf besichtigt und beiseitegelegt. Sie lächelte etwas kühl in Liesels Richtung und lud sie mit einer Handgeste ein, sich auf das Fauteuil zu setzen.

"Nun, erzähle mal ein bisschen was von dir," sagte Herr Neumeier. "Cornelia scheint sehr von dir beeindruckt zu sein. Wer sind deine Eltern, was macht dein Vater, und so weiter und so weiter."

"Ja, also," sagte Liesel," ich bin die Liesel, Liesel Hofmann."

"Ja, das wissen wir schon. Und deine Familie, erzähle uns etwas über die. Ich glaube, wir haben sie noch nicht kennengelernt."

"Anneliese, so nenne ich meine Mutter, sie arbeitet in der Baumwollspinnerei, und ich wohne gegenüber bei der Frau Wallenstein."

Frau Neumeiers Augenbrauen hatten sich bei den Worten „Anneliese so nenne ich meine Mutter" und „Baumwollspinnerei" zusammengezogen, aber als sie von einer Frau Wallenstein hörte, vergaß sie die vorhergehenden Worte für einen Moment.

"Frau Wallenstein, wer ist denn das?"

"Das ist meine Pflegemutter," sagte Liesel.

Windbeutel, dachte sie, das sind Windbeutel auf dem Tortenteller, und daneben Stücke von verschiedenen Torten, Edbeertorte, Sachertorte, und andere. Ob das wohl ein Schlotfeger ist? Sie erinnerte sich an ihren Geburtstag in der Konditorei Vogel, Erdbeertorte, sie hatte das nie vergessen. Außerordentlich. DAHling. AUSSERORDENTLICH.

"Pflegemutter?" Die Augenbrauen der Frau Neumeier waren wieder aktiv geworden, und zwar waren sie dieses Mal in die Höhe geschossen. Liesel sah von ihr zu Cornelia und dann zu dem Papa, und beide vermieden ihren Blick.

"Wieso Pflegemutter? Wo ist deine Mutter denn? Bist du etwa ein Waisenkind? Gibt es denn keine Mamma für dich?"

Liesel dachte einen Moment nach. "Nein," sagte sie dann, "eine Mamma hab ich wohl nicht. Eine Mutter, die mich geboren hat, ja, die hab ich schon, die Anneliese."

"Ja, so etwas, so etwas, so etwas hab ich mein Leben lang noch nicht gehört. Du nennst deine Mutter beim Vornamen," sagte Frau Neumeier langsam, und Herr Neumeier platzte heraus,

"Göttlich, eine Mutter die mich geboren hat. So was von Realismus, Donnerwetter, ja, nein..." Er lud sich enthusiastisch einen Windbeutel und eine Cremeschnitte auf seinen Kuchenteller und begutachtete die Erdbeertorte,

261

entschied aber dann, dass die beiden Stücke für den Moment reichten. Er stach mit seiner Gabel in die Schnitte.

"Liesel, sei nicht bescheiden, nimm dir doch, was immer du willst," sagte er. "So, du hast dann aber doch eine Mamma, ich meine, du bist kein Waisenkind. Was ist denn mit deinem Vater?"

Er warf einen Blick auf seine Frau. Sie war noch immer in einem Taumel der Verwirrung.

"Mein Vater, das weiß ich wirklich nicht. Er ist Amerikaner, er heißt OJ, wohnt in Tuscaloosa, das liegt im Bundesstaat Alabama, eine Stadt mit gut sechzigtausend Einwohnern."

"Amerikaner, hast du gesagt, dein Vater ist Amerikaner?" Eine Wölkchen der Missbilligung zog über die feuchten Augen von Herrn Neumeier

"Ja, er könnte aber auch ein Indianer sein. Wobei er ja auch Amerikaner wäre. Jedenfalls war er Soldat hier in der Kaserne und ich bin ja auch Amerikanerin. Das behauptet Anneliese, aber ich glaube, sie irrt sich. Ich bin Deutsche. Ich habe zwar noch keinen Pass, aber wenn ich mal alt genug bin und genug Geld habe, ins Ausland zu reisen und einen Pass zu beantragen, oder umgekehrt, einen Pass zu beantragen und dann ins Ausland zu reisen, dann wird es sich herausstellen, dass es ein deutscher Pass sein wird, nicht ein amerikanischer."

Endlich. Die Erdbeertorte war noch auf dem Tortenteller und landete auf ihrem Kuchenteller, bevor jemand anders sie ihr vor der Nase wegschnappen konnte.

"So, du hast deinen Vater nie kennengelernt?" fragte Frau Neumeier überflüssigerweise.

"Nein, nie. Anneliese und er hatten Sex und das ist natürlich der Grund, warum ich geboren wurde. Das ist alles."

Da pustete Herr Neumeier so unerwartet und heftig, dass ein Stück der Cremeschnitte wie ein Geschoss aus seinem Mund geflogen kam und auf dem Blusenausschnitt seiner Frau landete. Cornelia wiederum lachte so sehr, dass sie sich an ihrem Schlotfeger verschluckte.

"Sie hatten Sex," brachte Herr Neumeier endlich hervor, und wischte sich Tränen aus den Augen.

Frau Neumeier aber stand entrüstet auf und wischte sich mit zwei Fingern die Cremeschnitte aus ihrem Ausschnitt, so dass sie auf dem Perserteppich landete Das wird einen Fettfleck geben, dachte Liesel.

"Genug," sagte Frau Neumeier, "es reicht."

Liesel sah wehmütig auf die Erdbeertorte, so nah war sie dran gewesen, wieder eine zu kosten. Sie presste die Lippen zusammen. Hätte sie nur nicht die Wahrheit gesagt. Die Wahrheit konnte keiner verkraften. Eine Lüge wäre angebrachter gewesen. Sie machte Anstalten zum Aufstehen, als Frau Neumeier plötzlich ihre Hand ergriff.

"Liesel," sagte sie, "Du musst das Benehmen meiner Familie entschuldigen. Manchmal denke ich, dass ich die einzige Erwachsene hier bin. Iss jetzt bitte endlich deine Erdbeertorte und wir werden dann von Dingen sprechen, die angebrachter sind für einen Sonntagnachmittag Kaffee."

"Also kein S E X," piepste Herr Neumeier, vor Lachen quietschend und wischte sich die Tränen immer noch aus den Augen. Dann räusperte er sich heftig. Das passiert ihm jedes Mal, wenn er so sehr lachte, dass er weinen musste. Zuerst die Tränen, und dann der Husten. Als er sich endlich beruhigt hatte, fuhr er fort: "Natürlich war das der Grund für deine Geburt. So was von Logik und wissenschaftlichem Denken, Donnerwetter."

Der Rest dieser ersten Begegnung verlief ohne weitere Zwischenfälle. Papa Neumeier kam zu der Einsicht, dass Liesel tatsächlich ein intelligentes Kind war, und zwar war es eine Schande, dass sie keine bessere Erziehung genießen konnte.

Mama Neumeier vergaß über dem Besuch fast ihr knospendes Verhältnis mit dem Stadtrat, nahm sich aber vor, mit ihm zu sprechen. Vielleicht konnte man etwas tun für begabte Kinder von armen Eltern, irgendjemand musste doch den Anfang machen, dass ihnen geholfen wurde. Vielleicht kannte er jemand im Gymnasium. Er hatte als Stadtrat genug Beziehungen zu allen möglichen Leuten. Wie sagte er doch früher, ganz früher immer so gern? Es kommt nicht darauf an, was man kennt, sondern wen man kennt. Oder war das, was man weiß? Das klang amerikanisch. Vielleicht hatten die Amerikaner eine ähnliche Redeweise?

Von da an war Liesel oft bei Neumeiers zu Besuch. Cornelia und Frau Neumeier nahmen sie mit, wenn sie Einkäufe in der Stadt zu machen hatten. So lernte sie Geschäfte von der Innenseite kennen, die sie nur von außen gesehen und bewundert hatte. Besonders die Milchdiele war eine aufregende Neuentdeckung für sie, und sie erklärte eine Mischung von Vanilleeis mit Bananenstücken und Schokoladensirup für das Beste, was sie je gegessen hatte. Besser noch als Erdbeertorte.

"Wie heißt das nochmal?" fragte sie Cornelia.

"Schlamm," antwortete die Freundin und wischte eine Portion Schokoladensirup von Liesels Mund.

"Das Beste, Allerbeste, was ich je gegessen habe," sagte Liesel und schob sich den vollen Löffel wieder in den Mund.

Eines Tages lud Liesel ihre neue Freundin ein, mit ihr die Wohnung ihrer Mutter zu besuchen. Mit der Erlaubnis von Cornelias Eltern nahmen sie den Bus Nummer 8, der sie in einen Stadtteil brachte, den Cornelia nicht kannte. Fabriken in langen Reihen säumten die Straßen und nachdem sie aus dem Bus ausgestiegen waren, gingen sie eine steile Straße hinab und hielten vor einem zweistöckigen schiefen Haus mit einer schiefen Eingangstür. Eine schmale, ausgetretene Holztreppe führte drei Etagen hinauf. Ganz oben, wo es nicht mehr weiter ging, war eine derbe Holztür, an der an einem Nagel ein Zettel mit dem Namen Hofmann hing. Liesel schloss die Tür auf und die beiden fanden sich in einem kleinen, von Dachsparren eingerahmten Raum, in dem eine kleine Luke als einzige Lichtquelle diente. Liesel drehte den Lichtschalter auf, aber es blieb halbdunkel.

"Sie hat wieder vergessen, die Licht Rechnung zu bezahlen," sagte sie mehr zu sich selbst als zu ihrer Freundin, die in der Mitte des Zimmers stehen geblieben war und sich umschaute. Die Wände bestanden aus grob behauenen Holzbohlen und waren mit aus Zeitschriften herausgerissenen Bildern geschmückt, die spärlich bekleidete Männer und Frauen zeigten.

"Ja," sagte Liesel und biss sich auf die Unterlippe, "hier wohnt meine Mutter. Und technisch auch ich."

"Aber, das ist doch keine richtige Wohnung," sagte Cornelia und sah sich hilflos um. Der Wäscheboden bei ihren Eltern war einladender als dieser Holzverschlag.

"Ja," sagte Liesel nur und deutete auf eine Ecke des Zimmers, in der ein kleines, zerlumptes Bett stand, neben einem Herd mit ein paar Töpfen darauf. Sie schienen vor langer Zeit verwendet worden zu sein. Das einzig schöne Möbelstück war eine Kommode. Auch der große Wandspiegel daneben war recht hübsch.

"Ich habe ein Klappbett, das steht dort in der Ecke. Wenn ich hier übernachte, versuch ich, Ordnung zu schaffen. Aber das ist der Anneliese egal. Sie fühlt sich wohl in all dem Zeug, der Unordnung."

Sie seufzte tief und schüttelte den Kopf.

"Ich will nicht so leben wie sie. Ich will ein besseres Leben, mit einem eigenen Haus und vielen Zimmern. Das ist es, was ich will, und ich werde es eines Tages bekommen. Das und eine richtige Familie." Liesels Stimme war lauter geworden, als müsste sie sich selbst davon überzeugen. Ihre dunkelbraun Augen hatten eine spürbare Stärke, als wollten sie sagen: Egal, was die Zukunft mir bringt, ich werde es schaffen.

Cornelia hatte ihre Freundin noch nie mit solch entschiedener Heftigkeit sprechen gehört. Sie wusste nicht, was sie sagen sollte. Sie hatte noch nie etwas Ähnliches gesehen, und sie konnte nur daran denken, dass sie froh war, dass Liesel nicht hier wohnte, sondern bei Frau Wallenstein, deren Haus nichts dergleichen war.

Lateinfederball

„Ich bin auch der Meinung, dass wir Federball spielen sollten", sagte Liesel plötzlich und ohne Übergang. Sie hatte eine Art, das Thema abrupt zu wechseln.

„Federball? Wie kommst du darauf?"

„Nur so. Ich glaube einfach, dass es das Spiel ist, das dem Tennis am nächsten kommt, und ich werde nie in der Lage sein, Tennisunterricht zu bezahlen, zumindest nicht jetzt. Ich habe ein paar alte Federballschläger in deinem Haus gesehen."

Sie hatte Recht. Vor Jahren hatte Cornelias Schwester das Spiel mit ihren Freundinnen gespielt, und seit sie beruflich nach München übersiedelt war, hatten die Schläger auf einem Regal in Cornelias Zimmer Staub gefangen.

„Kennst du die Regeln?" wollte sie wissen.

„Ich habe gelesen, dass es im Federball keine Regeln gibt, Im Badminton schon, aber nicht im Federball. Also kann es doch nicht so schwer sein", Liesel zuckte sie mit den

Schultern. „Lass uns einfach erst mal üben und Spaß daran haben."

Als sie in ihre Straße zurückkehrten, hatten sie beschlossen, es mit Federball zu versuchen, da es so lange gespielt werden konnte, wie es genug Tageslicht gab, um die Federbälle zu sehen - was bis fast 10 Uhr abends war, und sogar, nachdem die Glocken der Kirche die Komplet geläutet hatten. Erst als sie die weißgefiederten Geschosse kaum noch sehen konnten, selbst im schummrigen Licht der Straßenlaternen, und als Cornelias Mama ihren Kopf aus dem Wohnzimmerfenster streckte, um sie ins Haus zu rufen, brachen sie ihr Spiel ab.

Liesel erwies sich als geschickte Spielerin. Sie konnte selbst die gemeinsten Federbälle erwischen, die Cornelia ihr in den Weg schlug, und sie würde sie auf die gleiche Art zurückschlagen.

Das Beste am Federball war, dass die beiden Freundinnen sich beim Spielen gut miteinander unterhalten konnten.

„Was hast du heute gelernt?" fragte Liesel Cornelia eines Abends und schlug den Federball sanft in ihre Richtung.

Cornelia musste nachdenken. „Wir hatten Mathe, Geschichte, Latein und Sport. Und Kunst."

„Latein, wirklich? Deine tote Sprache. Im humanistischen Gymnasium. Ich habe eine Definition für deine Schule. Willst du sie hören?

„Na klar," sagte Cornelia. Sie war neugierig, was Liesel ihr sagen würde.

„Humanismus, das ist eine Lebensphilosophie, die die Würde, die Vernunft und das Mitgefühl des Menschen bejaht."

„Die Würde, die Vernunft und das Mitgefühl... Heilige Dreifaltigkeit, wo hast du das her?"

„Stimmt das oder stimmt das nicht?"

„Ganz genau."

Liesel lachte, und dann fragte sie, „Was hast du in Latein gelernt?"

„Warum willst du wissen, was wir gelernt haben?" Cornelia hatte ihre Hausaufgaben vor dem Abendessen erledigt. Jetzt wollte sie Federball spielen und sich nur darauf konzentrieren, alle Federbälle zurückzuschlagen. Sie wollte nicht an Latein erinnert werden. Aber Liesel ließ nicht locker: „Na komm schon, ein Wort auf Latein. Wie sagt man Hallo"?

„Das haben wir noch nicht gelernt."

„Welches Wort kennst du denn im Lateinischen?" Aus irgendeinem Grund gab Liesel sich nicht zufrieden. „Sag schon, ich will es wissen", rief sie der Freundin zu.

„Ist ja gut. Wir lernten amare. Das ist ein Verb. Es bedeutet lieben."

‚Amare. Klingt gut. Was ist ein Verb?"

„Das ist ein Wort, das beschreibt, was du tust. Wie Federball spielen, spielen, das ist das Verb."

„Das Tun von etwas. Ich verstehe. Wie sagt man auf Latein, ich liebe?"

Ihr Federball hätte Cornelia fast auf den Kopf getroffen. „Ich liebe. Amo."

„Amo," wiederholte Liesel.

„Ich liebe, amo. Du liebst, amas. Er, sie, es liebt, amat."

Das hatte richtig Spaß gemacht. Jeder Satz rhythmisch unterbrochen von ihren Schlägern, die auf den Federball schlagen.

„Warte. Ich liebe, amo. Du liebst, amas. Er, sie, liebt, amast." Liesel war ziemlich gut darin, besser als Cornelia erwartet hatte.

„Nein, nein. Amat." korrigierte Cornelia. „Er, sie, es liebt, amat."

„Amo, amas, amat. Frag deinen Lehrer, wie man auf Latein Hallo sagt."

„Meinen Lehrer," fragte Cornelia zweifelnd. „Ob der mir so etwas sagen wird?" Der Lateinlehrer Herr Siegfried war als nicht sehr zugänglich bekannt. Seine Prüfungen waren gefürchtet, fast so sehr wie seine scharfe Zunge, die nichts Gutes an unvorbereiteten Schülern ließ.

Am nächsten Tag nach der Unterrichtsstunde, näherte Cornelia sich scheu dem Schreibtisch, an dem Herr Siegfried im Begriff war, die Hausaufgabenhefte der Schüler in seine Aktentasche steckte.

„Verzeihung, Herr Professor Siegfried," begann Cornelia. „Ich habe eine Frage."

„Ja, was ist, Neumeier? Nun frag schon, schnell, ich habe keine Zeit."

„Ja, so, wie sagt man Hallo auf Lateinisch?" Da, sie hatte ihn gefragt.

Der Lehrer hatte offensichtlich nicht mit einer solchen Frage gerechnet. Er sah von dem Stoß Hefte auf und starrte sie an, als wäre sie eine Art Wunderkind. Er war sichtlich gerührt.

„Nicht viele Schüler fragen mich nach zusätzlichem Vokabular. Es fällt mir schwer genug, euch dazu zu bringen, die bloßen Grundlagen zu lernen. Tatsächlich, in all den Jahren, wo ich Latein unterrichte, hat mir diese Frage noch nie jemand gestellt. Aber, du hast da ganz recht, ich hätte es euch beibringen sollen, wie man Hallo sagt. Wie auch immer, es ist Salve. Salve, das bedeutet Hallo, Guten Morgen, Guten Abend, es ist ein gutes Wort zu wissen, dieses Salve," sagte er.

„Salve, danke," sagte Cornelia und machte sogar einen Knicks. Das war glimpflicher abgelaufen als sie gefürchtet hatte. Jetzt wollte sie nichts als weg, weit weg.

„Warte mal, Neumeier. Warum hast du mich das gefragt? Was steckt dahinter?"

Eben hatte er noch gesagt, dass er keine Zeit hatte, und jetzt soll ich noch eine lange Erklärung abgeben, dachte Cornelia. Lehrer waren echt trübe Tassen.

„Oh, die Frage war nicht für mich, sondern für die Liesel, meine Freundin. Sie lernt Latein mit mir. Sie hat mich gebeten, das von Ihnen herauszufinden," gestand sie.

„Ah, deine Freundin also. Ist sie eine Schülerin hier an der Schule? Der Name ist mir nicht geläufig. Wie lautet ihr Nachname? Hier an der Schule, sagst du?«

„Nein, nein. Sie ist keine Schülerin hier. Wir spielen nur zusammen. Federball."

„Ach so. Ich verstehe, ihr spielt zusammen Federball. Wie interessant. Und sie will wissen, wie man auf Latein Hallo sagt. Sehr interessant. Also, lass mich mal nachsehen. Zufällig habe ich hier einige gebrauchte Lateinbücher von Schülern, die irgendwohin gezogen sind und ihre Bücher hiergelassen haben. Und jetzt muss ich gestehen, ich hab ganz vergessen, wo diese Bücher sind. Moment, einen Moment. Ah ja, hier sind sie. Noch in ganz ordentlicher Verfassung. Wenn du magst, könntest du deiner Freundin eins davon geben, sie wird..."

„Oh, danke, ich danke Ihnen, Herr Siegfried, vielen Dank!" Cornelia war begeistert. Das hatte sie nicht von ihrem Lehrer erwartet. So schlecht ist er eigentlich gar nicht als Lehrer, wer hätte das gedacht. Der Mann konnte richtig was laufen lassen, wenn's darauf ankam. Zu ihrer Überraschung machte sie wieder einen Knicks und rannte dann, so schnell sie konnte, nach Hause.

Liesel strahlte, als Cornelia ihr am nächsten Abend das Lateinbuch zeigte. „Übrigens, Hallo ist Salve", sagte Cornelia, „und mein Lehrer schickt dir dieses Buch. Es gehört dir. Du kannst es behalten, wenn du willst."

Von diesem Abend an fiel es Cornelia schwer, mit ihrer Freundin Schritt zu halten, sowohl beim Federball als auch beim Latein. Es machte ihr sichtlich Spaß, eine tote Sprache zu lernen. Cornelia wunderte sich, wie man das nur konnte. „Du bist ein Autodidakt," erklärte Cornelia ihrer Freundin am nächsten Tag. Papa Neumeier hatte beim Abendessen zuvor Liesel einen Autodidakten genannt. Er hatte gesagt, es sei nichts weniger als ein Wunder. Wer hätte gedacht, ein Mädchen, unter diesen Umständen, Mutter eine einfache Fabrikarbeiterin, eigentlich eine abwesende Mutter, kein Vater, nun, eigentlich gab es einen Vater, aber er rannte zurück nach Amerika, ja, war das nicht typisch? Erst Spaß haben und dann die arme Frau ihrem Schicksal überlassen, nachdem er diese unentschuldbare Sache getan hatte, unverantwortlich und beschämend. Aber ja, es war wunderbar, dass so ein Mädchen sich selbst Latein beibringen würde, eine tote Sprache, sicher, aber das sollte das Verdienst in keiner Weise schmälern. Diese Liesel war ein richtiger Autodidakt, sie lernte jetzt sogar Latein, eine tote Sprache noch dazu. Wenn es Englisch wäre, könnte man das sicher leichter verstehen. Aber Latein? Das Ganze war schon äußerst bemerkenswert.

„Ein Autodidakt?" fragte Liesel. „Was ist das?"

„Jemand, der sich in eine tote Sprache verliebt und sie sich selbst beibringt. Es ist etwas Bemerkenswertes, ein Autodidakt zu sein, sagt mein Papa."

Für Liesel war Latein alles andere als eine tote Sprache. Ihr Enthusiasmus hauchte dieser Sprache Leben ein, und in den folgenden Wochen teilten sie ihre neu erworbenen Fähigkeiten und Kenntnisse des Lateinischen weiter, zunächst auf ihre Anregung, dann im Alltag. Sie hatten dieses Teilen während ihres täglichen Federballspiels so weit verfeinert, dass sie jeden Schlag des Federballschlägers mit einem konjugierten Verb unterstrichen. Cornelia würde zum Beispiel rufen, „Ich liebe."

Liesel schlug den Ball zurück und schrie dabei die Antwort: „Amo."

Ein weiterer Treffer mit dem Schläger. „Er liebt?"

Liesel verstand: „Amat!"

Cornelia schlug mit ihrem Federballschläger daneben. Das bedeutete einen Wechsel des Verbs.

Sie rief: „Ich gebe."

Liesel antwortete: „Do!"

„Sie gibt."

„Dat!"

Die Nachbarn, ihre Arme bequem auf Federbettkissen gestützt, lehnten sich weit aus ihren Wohnzimmerfenstern heraus. Was ging da auf der Straße vor sich? Sie konnten es sich nicht erklären und schüttelten verwundert die Köpfe. Was sollte das sein? Amat? Dat? Do? Hörte sich wie eine Geheimsprache an.

Herr Linde, der immer noch bei Frau Spätling wohnte und immer noch Kriminalinspektor war, hegte keinen Zweifel, dass die beiden eine Geheimsprache benutzten.

„Ich tippe auf Esperanto," sagte er.

„Aber warum," fragte Frau Beck.

„Es hört sich nach Esperanto an," sagte er. „Wahrscheinlich sind sie Teil eines Spionier Auftrags vom Osten. Das wäre doch ideal, als Tarnung und so. Und Kinder kosteten ja nicht so viel. Oder von den Amis. Weiß man's denn?"

„Hm," meinte Frau Beck, Hausnummer acht, und kaute an einer Zigarre. Seit fünf Jahren war sie des ewigen Anzündens müde geworden, und biss stattdessen lieber auf der dicken Tabakrolle herum. „Das mit dem Spionier Auftrag scheint mir zu weit hergeholt. Spione in der Erasmus-von-Rotterdam Straße? So etwas ist nicht glaubwürdig."

Stattdessen holte sie ihr Fernglas aus der Vitrine, wo es jetzt einen Ehrenplatz einnahm, konnte aber nichts

Verdächtiges entdecken. „Waldemar, komm schau dir das mal an. Was denkst du?"

Federbälle schienen Federbälle zu sein, die Schläger normale Schläger, und die Mädchen, die kleine Neumeier und die Amerikanerin oder Indianerin von der Frau Wallenstein. „Immerhin, Herr Linde, Amerika ist ja im Spiel, aber die Kleine eine Spionin? Neee! Nie im Leben. Bei der Frau Wallenstein ginge so etwas nie über den Teppich. Nicht beim General," sagte Herr Beier.

„Mysteriös, sehr mysteriös. Dann hilft nur der Volksbrockhaus." Herr Linde schlug das dicke Buch auf. A. Amat. Amat. Amat. Nichts. Aber hier, Am.

„Hier haben wir's," rief er in die Richtung von Herrn Beier gegenüber. „AM, chemisches Zeichen für … Amer… Americum, Americium, also nichts. Dann, Amadis, Amadis, hier steht es, ein Titelheld eines spanischen Ritterromans des 16. Jahrhunderts, vielfach fortgeführt und übersetzt. Auch nicht das Richtige. Hier geht's weiter, Amado …"

„Ja, ist ja schon gut," schrie Herr Beier zurück. „Der wird mir noch das ganze Lexikon vorlesen," sagte er zu seiner Frau, die neben ihm das Kopfkissen im Fenster teilte.

„Da steht nix drin von wegen Amat," schrie Herr Linde noch, und „Wusste ich's doch," bevor er das Buch zuschlug, dass es durch die Erasmus-von-Rotterdam Straße hallte und schallte.

Ursel Beier konnte nicht widerstehen. „Wenigstens haben die ein Lexikon, und obendrein sogar den Volksbrockhaus A bis Z. Sollten wir uns auch einen kaufen. So etwas gehört einfach in ein gediegenes Haus. Und noch etwas, das Studium hat nie ein Ende, das ist was der Erasmus selbst gesagt haben soll. Brauchen wir noch mehr Gründe?"

Aber Herr Beier hatte schon beschlossen, dass er lieber das Fußballspiel FC Bayern München im Radio hören wollte als die Litanei seiner Angetrauten vom gediegenen Haus, und zog sich auf das Sofa im Wohnzimmer zurück.

Die Nachforschung der Nachbarn hatte also absolut nichts gebracht. Daher einigte man sich schließlich auf eine Vertrauensperson, und das war die Frau Bamberger, die immer noch im Hausnummer vier wohnte. Auf sie war Verlass. Sie hatte im Keller neben den Kartoffeln und der Kohle immer noch Packungen von Zigaretten bereit liegen, falls die jemandem ausgingen, oder auch Kästen mit Bier, falls jemand sich plötzlich ohne Bier zu Hause fand. Es kamen auch immer noch irgendwelche Kinder bei ihr vorbei, um eine Flasche Pils abzuholen.

Jedenfalls wurde Frau Bamberger in das Neumeiersche Friedhofsgeschäft mit anschließender Gärtnerei geschickt, um von der Frau Neumeier selbst Näheres zu erfahren. Sie hätte sich den weiten Weg auch ersparen können, schließlich waren sie Nachbarn in der Erasmus-von-Rotterdam Straße. Aber das hätte zu informell ausgesehen, und einer Erklärung der Frau Neumeier hätte man keinen Glauben geschenkt. Daher lief sie quer durch die Stadt in das Neumeiersche Friedhofsgeschäft.

Frau Bamberger kam auch gleich zum Kern der Sache und fragte die Frau Neumeier, was sich die Mädchen denn jeden Abend gegenseitig zuriefen, wenn sie Federball spielten. War es eine Art Geheimsprache, und wenn ja, was steckte dahinter und warum? Niemand sei sich im Klaren, was da eigentlich geschah. Doch man wollte, nein, musste doch wissen, was da in der Nachbarschaft vor sich geht. Der Krieg war zwar zu Ende, aber die Probleme waren bei weitem nicht alle gelöst.

„Was in der Nachbarschaft vor sich geht?" lachte Frau Neumeier. „Ja, was denken Sie denn? Die Mädels spielen Lateinfederball, haben sie selbst erfunden. Ist doch großartig, oder?"

„Latein… Lateinfederball?"

„Ja, genau, das ist was sie spielen," sagte Frau Neumeier. Was hatten die Nachbarn sich denn gedacht?

„Ach so, ja, natürlich." Frau Bamberger nickte eifrig. „Das hatte ich mir eigentlich auch schon gedacht. Lateinfederball, natürlich."

„Natürlich," sagte Frau Neumeier.

„Ja, wissen Sie, meine Nichte besucht das humanistische Gymnasium in Berlin. Von daher hätte ich es sofort als Latein erkennen sollen."

„Selbstverständlich," sagte Frau Neumeier.

„Ich hatte wahrscheinlich nicht richtig hingehört. Und überhaupt, ich wollte nur sicher gehen, dass das alles in Ordnung war, was da jeden Tag geschieht. Das ist natürlich unsere Pflicht, und so weiter."

„Ja, das ist natürlich so," sagte Frau Neumeier.

Als sie diese Nachricht den Nachbarn mitteilte, nickten die alle gleichzeitig wie auf Kommando. Aber natürlich, das hätten sie sich auch gedacht.

„Spionage Auftrag," sagte Herr Linde. „Hahaha."

Ein lateinisches Federballspiel wurde da gespielt, das einzige Spiel dieser Art in der Erasmus-von-Rotterdam Straße, in der ganzen Stadt, im ganzen Landkreis, im ganzen bayrischen Staat, ja vermutlich in der ganzen Welt.

„Wir sind Zeugen dieses einmaligen Ereignisses," sagte Frau Beck und steckte den Rest einer Zigarre in die Tasche von Waldemars Bademantel.

„Wunderkinder, die beiden," sagte Herr Beier.

„Wer hätte das gedacht, und das in unserer eigenen Straße. Selbst der Große Goethe würde jetzt vor Stolz strotzen," sagte Herr Oberstudienrat i. R. Dornmüller.

Je kürzer die Tage wurden, desto umfangreicher wurde der lateinische Wortschatz. Jetzt konnten die Freundinnen sich schon mit Substantiven befassen.

„Substantive. Was ist das?"

„Substantive sind Worte für Dinge und Menschen."

„Ah, na klar. Das sind Hauptwörter. " Liesel schien bereits herausgefunden zu haben, was das war.

„Wie zum Beispiel Mädchen«, sagte Cornelia.

„Ich weiß. Puella. Also, wie würdest du sagen: "Die Mädels spielen Ball"? fragte Liesel

„Ball. Das Wort dafür hatten wir noch nicht. Weißt du es denn?"

Natürlich wusste Liesel das Wort für Ball. "Pila. Es ist pila. Pila, pielae, pielae, pilam, pila Vokativ, und pila, Ablativ."

"Was ist pila Vokativ?" wollte Cornelia wissen.

„Pila Vokativ? O ball," rief Liesel lachend zurück. „Puella, pilam ludere."

„Was heißt das?

„O Mädchen, spiel den Ball," sagte Liesel.

„Puella, pilam ludere. Das haben wir noch nicht gelernt." Cornelia vergaß fast das Federballspiel.

„Wirklich? Ludere. Das kennst du nicht?"

Der Federball kam wie ein verrückter Kolibri auf Cornelia zugeflogen. Um ein Haar hätte sie ihn verpasst.

„Ludis", lachte Liesel und schlug den Ball zu ihr zurück.

Ludis. Auch das hatte Cornelia noch nie gehört. Ludere.

„Ludit, komm schon. Spiel mit!" Liesel schlug den Ball härter, als wollte sie die Freundin damit aufwecken.

„Ludimus. Ich hab's."

„Na klar," lachte Liesel.

„Welche Konjugation ist das?" schrie Cornelia und verfehlte den Ball.

„Dritte. Luditis."

„Ludint?"

„Nein, Ludunt. Mit einem u. Fünfzehn zu nichts. Komm schon. Was ist los mit dir?"

Cornelia war sich dessen nicht bewusst, aber dies war ihr erster Ausflug in die Didaktik. Für sie war es eine reine Freude zu sehen, wie das Wissen ihrer Freundin jeden Tag wuchs. Und dabei machte das alles ungeheuer Spaß, spielerisch voneinander, miteinander zu lernen, während die Sonne langsam hinter dem Glockenturm der Kirche unterging.

Die Freude am Lernen war die eigentliche Lektion, die Liesel ihrer Freundin ganz nebenbei beibrachte.

„Wie bekomme ich eine lateinische Grammatik?", fragte sie Cornelia eines Abends.

„Du hast doch schon eine. Willst du noch eine?" Mit diesem Mädchen war alles möglich.

‚Nein, Dummerle, das ist keine richtige Grammatik. Außerdem brauche ich ein Wörterbuch. Glaubst du, dein Lehrer hat ein altes Wörterbuch in seinem Klassenzimmer herumliegen?"

Wie sich herausstellte, hatte er das. Nicht nur eine zerfallende Grammatik, sondern auch ein Deutsch-lateinisches-Wörterbuch, das schon bessere Zeiten gesehen hatte. Liesel hatte nichts dagegen. Vorsichtig nahm sie die beiden Bücher in die Hand, als wären sie zerbrechlicher Christbaumglasschmuck. "Was weißt du über unregelmäßige Verben?" fragte sie beiläufig.

„Was für Verben?" Cornelia hatte nie davon gehört.

„Unregelmäßig. Wie fero, tuli, latus, ferre."

„Was?" Liese hätte Cornelia genauso gut nach Manx-Gälisch fragen können. Sie hatte keine Ahnung.

„Ist schon gut, ich werde es heute Abend selbst herausfinden."

In diesem Augenblick rief Mamma Neumeier ihre Tochter ins Haus und erzählte ihr mit leuchtenden Augen, dass der

Herr Stadtrat Alexander von Hochheim den Herrn Studiendirektor Dr. Dr. Paulus persönlich kannte und ihm von Liesel Hofmann erzählt hatte. Der Herr Studiendirektor hatte daraufhin eine Aufnahmeprüfung für das Mädchens vorgeschlagen, die in zwei Tagen stattfinden sollte.

„Mamma, das ist großartig," rief Cornelia und die beiden tanzten ausgelassen um den Küchentisch herum.

Als Cornelia ihrer Freundin die große Neuigkeit noch am selben Abend überbrachte, konnte die es kaum glauben. „Du meinst, ich darf, ich kann aufs Gymnasium gehen," fragte sie immer wieder und immer wieder, „Ich kann das einfach nicht glauben. Träume ich? Kneife mich in den Arm, ob ich auch wirklich wach bin."

Und dann wurde ihr bewusst, dass die Prüfung schon für den übernächsten Tag festgesetzt war. „Das ist aber nicht genug Zeit, mich darauf vorzubereiten," wandte sie ein, plötzlich von Panik ergriffen.

„Das ist doch der Sinn der Sache," sagte Cornelia, „sie wollen sehen, was du zu diesem Zeitpunkt schon alles weißt, deine Kenntnis von Deutsch, Mathematik, Heimat und Sachunterricht, und als besonderes Subjekt Latein, weil du da schon fortgeschritten bist. Du wirst das alles leichtestens schaffen. Und wenn alles funktioniert, kannst du gleich im neuen Schuljahr anfangen."

Cornelia hatte recht. Sie schaffte es. Sie schaffte nicht nur die Aufnahme in die Sexta oder die Quinta, sondern in die Quarta, Cornelias eben abgeschlossene Jahrgangsstufe, nicht zuletzt dank ihrer ausgezeichneten Latein- und Mathekenntnisse.

Frau Wallenstein erfuhr von all dem erst, als Liesel von der bestandenen Aufnahme in die Quarta erzählte.

„Ja, das geht doch aber nicht, Kind. Wir hatten uns doch geeinigt, dass du die Volksschule abschließen wirst und dann in die Arbeit. Was wird denn deine Mutter dazu sagen? Also, ich halte mich da heraus, das ist zwischen dir und ihr. Ich habe da nichts mit zu tun. Viel Glück!"

„Sie muss es ja nicht unbedingt sofort erfahren," bot Liesel an. „Und es wäre auch nicht klug es ihr zu sagen. Sie hat doch manchmal so Herzklopfen. Wir sollten sie nicht unnötig aufregen. Warten wir wenigstens, was der Arzt sagen wird. Und mal sehen, ob ich die Klasse überhaupt schaffen werde. Ich habe ein halbes Jahr Bewährungsfrist, bevor ich voll akzeptiert werde."

„Na klar, das wirst du. Die Probezeit wirst du gut überstehen, ich kenne dich doch. Wann wirst du anfangen?"

„Nächsten Montag. Oh, Frau Wallenstein, ich bin ja so glücklich, so wahnsinnig glücklich!" Im Überschwang des Gefühls fiel sie der sprachlosen Frau tatsächlich um den Hals, und die ließ es ruhig geschehen, drückte sie sogar an ihr Herz.

In den nächsten Tagen war eine Menge zu tun. Liesel fragte ihre Freundin, ob sie ihr helfen konnte, die Haare zu schneiden. Das Weiß war fast herausgewachsen und nur an manchen Stellen, vor allem am Hinterkopf, noch sichtbar. Mit ihren zwölf Jahren war sie ein Jahr jünger als Cornelia, aber gut einen Kopf grösser. Noch im Wachstum begriffen schien sie schlaksig, hatte aber selbst jetzt die graziösen Bewegungen ihres Vaters geerbt, seine samtweiche Haut. Sie erinnerte an eine Knospe, noch in der Entfaltung, mit großem Versprechen, sich eines Tages zu einer großen Schönheit zu entwickeln.

„Kommt gar nicht in Frage, Liese. Mein Friseur kann das viel besser als ich oder Cornelia," sagte Frau Neumeier und machte einen Termin aus mit Herrn Albrecht in Hausnummer 3 für Liesel.

Als Herr Albrecht hörte, dass Liesel, der Schützling von Frau Wallenstein, einen neuen Haarschnitt benötigte, bat er sie, am nächsten Tag zu ihm zu kommen; er selbst wollte ihre Haare schneiden.

Dann ging er an die Arbeit. Obwohl er es sicher nicht Arbeit genannt hätte. Er tauchte seinen Füllfederhalter ins Tintenglas, denn die Schraubvorrichtung funktionierte seit seiner Zeit als Caruso-Hoffnung nicht mehr. Nahm einen Stoß leerer Papierblätter und begann zu schreiben.

Sehr verehrte, liebe Frau Nachbarin,

Sehr geehrte Frau Wallenstein,

Liebe Frau Nachbarin Lilly,

Liebe verehrte Frau Nachbarin Wallenstein,

Liebe Lilly,

Liebe sehr verehrte Frau Lilly,
Es ist mir eine große Ehre, die

Viel geliebte, bewunderte Frau Lilly,
Seit vielen Monaten schon

Liebe Frau Wallenstein!
Es ist mir ein großes Vergnügen, ...

Als Liesel am Nachmittag bei ihm klopfte, war der Brief fertig und er konnte seine ganze Konzentration auf die Pflegetochter seiner Angebeteten richten. Es gelang ihm auch tatsächlich, sie innerhalb einer halben Stunde in eine ausgesprochen hübsche junge Dame zu verwandeln, die an Elizabeth Taylor in ihrer Rolle als Cleopatra erinnerte. Er gab ihr auch ein Kuvert mit einem Brief für Frau Wallenstein mit.

Als Frau Wallenstein Liesel wiedersah, schlug die Frau die Hände über dem Kopf zusammen. „Kind, bist du das wirklich?" sagte sie immer wieder, „Ich erkenne dich kaum wieder. Es scheint mir wie gestern, wo du mich mit deinen dunklen Augen in deinen Bann gezogen hast, und jetzt bist du eine Schönheit."

Dann öffnete sie das Kuvert und las den Brief von Herrn Albrecht und lächelte und steckte ihn in die Keksdose mit dem Gruppenfoto von Catherines Barbecue und der Pfeife ihres Johnnys.

Das Gymnasium

„Na, wie wars?" Fragte Cornelia ihre Freundin erwartungsvoll, als sie Montag aus ihrer ersten Klasse kam.

„Gut, ganz gut," sagte Liesel und wollte es dabei lassen.

„Warte mal, du musst mir schon mehr erzählen. War es schwer, leicht, wer sind deine Klassenkameraden? Wie waren die Lehrer? Komm schon, lass dir nicht alles aus der Nase ziehen!"

„Ziemlich leicht. Lehrer sind toll, ich mag den Siegfried vor allem. Er hat sich sogar an mich erinnert. Mathe okay, muss noch ein paar Dinge nachholen."

„Und wer ist alles in der Klasse? Neben wem sitzt du?"

„Ja, neben einem Jungen, der Theo heißt. Er hatte als kleiner Junge einen Unfall und sieht nur auf einem Auge. Sein Vater ist Pilot, und seine Mutter Stewardess. Ich denke, er kennt sich aus mit allen Flughäfen in der Welt, und es macht Spaß, sich mit ihm zu unterhalten. Die anderen kenne ich noch nicht. Sind aber okay, denke ich."

Liesel sprach danach nur selten von ihren Klassenkameraden. Außer von Theo, zu ihm schien eine nette Freundschaft zu entstehen. „Er hat mir gesagt, dass er außer mir keine Freunde in der Klasse hat. Sie mögen ihn nicht wegen seines Sehfehlers. Ich verstehe sie nicht, er ist so interessant."

„Warum? Sind die anderen denn nicht auch interessant? Ich meine, jede Person hat doch etwas, was sie von anderen unterscheidet, oder?"

„Ja, das sollte man denken. Aber manchmal ist ihr Horizont so beschränkt, oder sie haben als Kinder schon so starke Vorurteile von ihren Eltern gehört, dass sie das automatisch übernehmen."

„Es hört sich so an, als wärest du nicht sehr beeindruckt von deiner Klasse?"

„Nein, meine Klasse ist toll, die Lehrer toll, nur meine Mitschüler sind anders als ich es erwartet hatte."

„Was hattest du denn erwartet?" fragte Cornelia.

„Erinnerst du dich an die Definition von humanistisch? Die Bejahung der Würde, der Vernunft und des Mitgefühls eines Menschen. Meine Mitschüler haben keine Ahnung, was das eigentlich bedeutet. Die Würde eines Menschen ist ihnen egal. Mitgefühl haben sie keines. Und Vernunft ist ihnen ebenfalls ein Fremdwort."

Cornelia wunderte sich, was Liesel damit ausdrücken wollte, aber sie dachte es sei weiser, das Thema zu wechseln. Vielleicht würde Liesel auch ihre Meinung ändern. Manchmal war aller Anfang schwer.

Zwischen Freud und

Schmerz

Mitte Februar brachte eine unerwartete Unterbrechung des Unterrichts in Herrn Siegfrieds Latein Klasse. Frau Wallenstein erschien kurz vor der ersten Pause und holt Liesel aus der Klasse.

„Hör zu, Liesel, ich muss dir etwas sagen, Kind. Etwas Schlimmes. Deine Mutter war heute nicht zur Arbeit erschienen. Und da ist die Monika zu ihr in die Wohnung gegangen. Und da hat sie auf dem Bett gelegen. Und die Monika hat sie beim Namen gerufen, aber sie hat sich nicht bewegt. Und da hat die Monika den Arzt verständigt. Und der Arzt hat dann festgestellt, dass ihr Herz aufgehört hat zu schlagen. Und sie ist jetzt im Himmel. Verstehst du mich?"

Liesel fasste sich ans Herz. „Ihr Herz? Ist sie, ist meine Mutter tot?" fragte sie.

„Ja," sagte Frau Wallenstein.

Das Begräbnis war fünf Tage später. Es schneite und schneite den ganzen Morgen. Herr Neumeier hatte die Bestattungskosten übernommen; er konnte für den Blumenschmuck sorgen, und den Sarg, aber das Schneetreiben stand nicht unter seiner Kontrolle.

Acht Menschen und der Pfarrer standen um das Grab herum, und es stöberte heftig Schnee, und alle trugen innerhalb von wenigen Minuten hohe Schneehauben. Frau Wallenstein hatte ihren Arm um Liesel gelegt. Cornelia stand zwischen ihren Eltern, Herr Albrecht stand neben der Frau Wallenstein.

Außerdem war auch eine Frau in einem Tweed Rock erschienen. Sie stand neben Herrn Siegfried, der es sich nicht hatte nehmen lassen, zu der Beerdigung der Mutter seiner Starschülerin zu erscheinen.

Der Pfarrer hielt die Leichenrede und verglich Annelieses Tod mit dem Ableben eines Autos, welches einmal nicht mehr anspringt, weil der Motor kaputt ist. Wie jedes Auto irgendwann einmal zu Schrott wird, so ist es auch jedem Menschen vorherbestimmt, irgendwann einmal zu sterben, sagte er. Im Namen des Vaters und des Sohnes und des Heiligen Geistes.

Die Frau im Tweed Rock schüttelte den Kopf. Herr Albrecht schaute grimmig drein, und Frau Wallenstein drückte Liesel noch fester an ihr Herz. Liesel merkte von all dem nichts, sah nur wie der Schnee alles bedeckte, den ganzen Friedhof wie mit Weiß übertünchte. Nur der Sarg und das Grab waren rabenschwarz.

Nach dem Begräbnis traf man sich noch zu einem kleinen Leichenschmaus im Wohnzimmer der Frau Wallenstein, und dann nahmen Cornelia und ihre Eltern Abschied von der Gruppe. Da erst sah Liesel, dass auch die Frau Tremel, ihre Englischlehrerin und Nachbarin ihrer Mutter, erschienen war. Sie war froh darüber und stellte sie der Frau Wallenstein vor. Frau Tremel erwähnte, dass sie vor langer Zeit einmal bei ihrer Freundin, einer Mrs. Collins gegenüber zu einem Barbecue eingeladen war. Frau Wallenstein starrte sie an, als wäre sich vom Mond gefallen. Frau Tremel dachte schon, es sei etwas schief an ihrem Zopf, aber dann nahm die Pflegemutter sie bei der Hand und zog sie zum Wohnzimmerschrank. Sie nahm die Keksdose herunter.

„Ich wusste doch, dass ich Sie schon irgendwo gesehen habe," sagte sie und holte das Gruppenfoto aus der Dose. Frau Tremel nahm es ihr aus der Hand und lachte leise. „Wo haben Sie das denn her?" fragte sie. „Das war ein schöner Nachmittag mit der Catherine und dem OJ..."

Ohne dass die beiden Frauen es bemerkt hatten, war Liesel hinter sie getreten und sah ebenfalls auf das Foto, und plötzlich machte sie einen kleinen Schrei und wäre um ein Haar umgefallen, hätte Herr Albrecht sie nicht im letzten Moment aufgefangen.

„Das ist mein Vater," waren die ersten Worte aus ihrem Mund.

„Gottseidank sie lebt," waren Frau Wallensteins nächste Worte. Ihre Stimme hatte viel von ihrer früheren Rauheit eingebüßt. Manchmal hörte sie sich butterweich an. Wie damals, als sie „lieblich" und „zärtlich" sagte.

„Ja, und da ist die Catherine und die Penny und der OJ, ja, dass es so etwas gibt," sagte Frau Tremel und kam aus dem Kopfschütteln nicht heraus. Und dann fügte sie hinzu, „Ich erinnere mich so gut an jenen Tag, als wäre es gestern gewesen. Der Mike hat das Foto geschossen, wir alle haben ‚CHEESE' gesagt."

„Das ist mein Vater," sagte Liesel wieder, und dann, „Ich hab es doch gewusst, ich habe es immer gewusst."

Frau Wallenstein dachte, dass es an der Zeit war, eine Erklärung abzugeben. „Weißt du, Liesel," sagte sie, „ich hab deiner Mutter versprechen müssen, dass ich dir nie von deinem Vater erzählen würde, und das hat auch das Foto eingeschlossen. Sie kannte das Foto nicht, aber sie wollte, dass du auf keinen Fall etwas über ihn erfährst. Sie war fest davon überzeugt, dass er euch im Stich gelassen hatte, und sie konnte es nicht ertragen, dass du das auch glauben würdest. Ich sollte es dir verschweigen, solange sie am Leben war. Ich habe es ihr versprechen müssen. Aber jetzt, jetzt kann ich es dir zeigen."

„Meine arme Mutter," sagte sie, „sie hätte es so verdient, glücklich zu sein. Wie ich es jetzt bin, und doch so traurig."

Herr Albrecht streichelte ihren Arm tröstend. „Liesel, du hast heute eine Mutter verloren, aber einen Vater gewonnen. Unsere Reise zwischen Freud und Schmerz. Aber weißt du, trotz der Trauer, du bist ein seltener Glückspilz." Liesel nickte und weinte Tränen eines traurigen Glücks.

„Ja," meinte Frau Tremel gedankenverloren, „die Dualität Licht und Schatten, von Glück und Leid, die uns durch das Leben begleitet. Ohne das Leid hat das Glück keinen Wert. Ist das nicht so, Herr Albrecht?"

„Genau so ist es, Frau Tremel. Yin und Yang am Werk."

Frau Wallenstein legte ihren Arm um Liesel. „Du bleibst bei mir, mein Kleines, gehst weiterhin ins Gymnasium. Wir sehen dann weiter," sagte sie.

Später beschlossen die drei Erwachsenen, Frau Tremel, Frau Wallenstein und Herr Albrecht, zusammen die ersten Vorbereitungen zu machen, um den Vater Liesels zu finden.

Herr Albrecht nahm es auf sich, Erkundungen einzuziehen, wie man dabei am besten vorgehen sollte.

Bullies

„Vergiss das bitte nicht, Anne, mein Schatz, du bist die beste, du bist die schönste, du bist die intelligenteste von allen." Frau Immauer schraubte die beiden Teile der Wimperntusche zusammen und schaute befriedigt auf ihre Tochter. „So, jetzt siehst du gut aus. Und wenn jemand das je in Frage stellt, dann lässt du dir das nie gefallen."

„Ach Mama, lass doch," sagte die Tochter.

„Nein, ich lass überhaupt nicht. Warum pauke ich denn stundenlang mit dir jeden Tag? Du musst die Klassenbeste bleiben. Lass dich nicht von der neuen überrumpeln. Was bildet die sich eigentlich ein? Als Schwarze bessere Noten zu bekommen. Sie ist eine Dahergelaufene, sonst nichts. Das ist doch die Höhe."

„Ich lass mich doch nicht überrumpeln," sagte Anne.

„Sie ist drauf und dran, dich zur Seite zu schieben. Du hast die besten Noten, du bist die Gescheiteste. Lass sie wissen, dass sie nichts wert ist. Das schuldest du mir, hörst du?"

„Ja, Mamma, ist ja schon gut," sagte Anne.

„Mein Gott," sagte Herr Immauer, „Du klingst ja wie die Stiefmutter vom Schneewittchen. Spieglein Spieglein an der Wand. Sie ist doch kein Reinrassepferd, lass sie doch Kind sein."

„Pferd nicht, aber alles andere schon," erwiderte seine Frau, und strich ihrer Tochter über die blonden Haare.

„Ella, bring mir doch mal meine Pantoffeln, und ein Bier. Ich bin hundemüde. Das Geschäft mit der Klärgrube ist mit Sicherheit ein Scheißgeschäft."

Das war keine Übertreibung. Wie er andrerseits kryptisch zu sagen pflegte, wenn ihn jemand schief ansah, „Wenn es ein Unternehmen wie meins nicht gäbe, hätten wir Menschen immer noch ein elendes Nomadendasein."

Seine Frau verschwand in die Küche und er wandte sich an seine Tochter. „Was gibt's Neues bei dir? Wie war dein erster Tag?"

Gewöhnlich hasste Anne diese Fragen. Was soll es schon Neues geben. Wie soll der erste Tag schon gewesen sein. Halt wie ein erster Tag. Aber heute hatte sie doch etwas Neues zu berichten. „Stell dir vor, Vati, die Mutter der Schwarzen ist gestorben."

„Was für eine Schwarze? Ihr habt eine in der Klasse? Seit wann? Warum habe ich davon nichts gewusst? Wie kommt die überhaupt in unsere Stadt?"

„Keine Ahnung. Sie sitzt neben dem Theo."

„Dem Theo, wirklich. Der Sohn von dem Pilot? Ist der denn immer noch da? Der blinde?"

„Ja, doch. Er ist aber doch nicht blind. Nur eine Augenverletzung."

„Egal. Spricht sie wenigstens deutsch?" Und zu seiner Frau, die mit den Pantoffeln und der Flasche Bier zurückkam, sagte er, „Wusstest du das, Ella? Eine Schwarze im Gymnasium? Unserm Gymnasium? Warum wurde ich nicht davon informiert?"

„Ich hab's dir doch gesagt. Aber du hast deine Ohren voller Jauche, du hörst ja nie zu, wenn ich dir etwas sage. Die Schule hätte doch wenigstens die anderen Eltern fragen sollen. Ich werde das beim nächsten Elternabend zur Sprache bringen.

„Ja, tu das mal. Wir wollen doch einen gewissen guten Ton in unseren Erziehungsanstalten behalten. Und von wegen Jauche. Die bezahlt deinen Tennis Club und Annes Reitstunden. Wie war übrigens das Tennis am Nachmittag?

„Ja, schon, die Hinkel hatte schon wieder ein neues Trikot, weiß mit Karo an der Seite. Sie ist viel zu dick dafür. Ich muss mir unbedingt auch ein neues kaufen."

„Ist ja gut, aber vergiss nicht, wir wollen auch mit Schneiders nach Garmisch zum Skifahren. Und dann der Neujahrsempfang. Das kostet alles Geld."

„Jajaja, ich werde die Bank nicht gleich sprengen wegen einem neuen Trikot. Mein Gott, wie hörst du dich wieder mal an."

„Wegen einem neuen Trikot. Und du willst Germanistik studiert haben? Hah! Halte deine Ohren zu, Anne, es heißt wegen eines neuen Trikots. Eines neuen Trikots, mit einem S."

„Du bist doch ein Scheusal, Peter."

„Na, ist doch wahr. Hast du je einen Pfennig mit deinem sogenannten Beruf verdient?"

„Nein, dafür habe ich doch dich geheiratet. Dich und deine edle Klärgrube."

„Also, erzähle mir mal von dieser Schwarzen, Kleines. Ist sie wenigstens hübsch?"

„Also wirklich, Papa!"

Mitte März wartete Cornelia wie gewöhnlich nach der Schule auf Liesel. Als sie endlich aus der Klasse kam, steckte ein Zettel auf dem Rücken ihres Pullovers. „ZULU," stand darauf.

„Zulu? Was soll denn das?" fragte Cornelia die Freundin und riss den Zettel ab. Liesel antwortet nicht. Sie schien stiller geworden sein seit dem Tod ihrer Mutter, mehr in sich gekehrt. Cornelia hatte gemerkt, dass sie weniger als früher sprach.

„Warum hast du so was auf deinem Pulli," fragte sie noch einmal „Wer hat das dorthin gesteckt?"

„Oh, das, ja, die haben das wohl aus Spaß gemacht," sagt Liesel endlich.

„Aus Spaß? Ich finde das nicht komisch. Wer hat das gemacht? Und das lässt du dir gefallen? Das ist doch gemein."

„Ist ja okay. Sie denken eben, dass ich anders bin. Jedes Mal, wenn wir eine Arbeit zurückbekommen und die Lehrer mich loben, oder die anderen sehen, dass ich die beste Note bekommen habe, dann werden sie aggressiv und gemein zu mir."

„Ja, du bist eben ein gescheites Mädchen. Du, ich finde wirklich, wir sollten uns im Direktorat beschweren."

„Ach was, die kriege ich schon in den Griff. Ich will keine Schwierigkeiten."

„Du musst mir wenigstens sagen, wer „die" sind."

Liesel druckste herum. „Eben verschiedene Leute. Sie haben eine Clique gebildet, und da hetzen sie gegen andere, vor allem gegen mich."

„Wer ist diese Clique?"

Liesel zögerte immer noch. Sie wollte die anderen nicht verpetzen.

„Ist ja gut, Liesel, dass du sie nicht verpetzen willst. Aber genug ist genug. Sag es mir, wer sind die?"

„Also, sie sind zu fünft."

„Zu fünft gegen eine? Feiglinge. Na, wenn das mal keine Gemeinheit ist!"

„Ja. Die Anführerin ist Anne Immauer, sie sitzt hinter mir. Und Irma Schneider, dann Elvira Binder, Moni Kloss, und Ingeborg Maß, das sind alle Mitläufer, die tun, was die Anne ihnen sagt. Sie haben keine eigene Meinung. Sie sind halt kindisch und glauben, wenn sie andere so behandeln, sind sie die Helden der Klasse. Den Unterschied zwischen Menschlichkeit und Bestialität kennen sie nicht."

„Das sind starke Worte, Liesel. Und es sind alles Mädchen, die Anführerin und die Mitläufer? Ich denke trotzdem, dass wir das dem Schulbüro sagen sollten. Der Schuldirektor hat ein Recht zu wissen, was in seiner Schule los ist."

„Nein," sagte Liesel, „das will ich nicht. Für diese Bullies habe ich keine Zeit. Es gibt anderes, was wichtiger ist, und das muss ich jetzt tun."

Cornelia verstand nicht, was ihre Freundin damit meinte. Aber sie erzählte ihren Eltern, was mit Liesel geschehen war. Frau Neumeier war außer sich. „Das ist doch so gemein," sagte sie. „Ich kenne die Mutter der Anne, sie ist im Elternbeirat. Angeblich hat sie studiert. Niemand kann sie ausstehen. Eine abscheuliche Frau. Wundert mich nicht, dass die Tochter eine Rassistin ist."

„Rassistin, meine Liebe, was sagst du da. Wir sind doch nicht in Amerika," protestierte Herr Neumeier.

„Was? Glaubst du denn, dass man hier jemanden wegen seiner Hautfarbe attackieren darf? Oder seinem Glauben? Das ist doch genau, was der Liesel passiert ist."

„Ja, da hast du recht. Aber warum? Die Liesel ist so ein lieber Mensch."

„Vielleicht haben sie Angst vor ihr, sie ist intelligenter als die Bullies. Bullies fühlen sich nur dann stark, wenn sie andere demütigen können. Sie haben einen Instinkt für das, was andere anders macht, wie Liesels Hautfarbe. Heute ist es das, gestern waren es die Juden. Und das geschieht jetzt schon wieder, oder noch immer, genau das gleicht. Die Nazis übten Rassismus im Großformat. Und bei Typen wie diesen Immauers, die jetzt genau das Gleiche tun, wundert es dich, dass keiner etwas gesagt hat? Sechs Million, habe ich kürzlich im Radio gehört!" Frau Neumeier kam richtig in Rage.

"Meine Liebe, du hast mir aus dem Herzen gesprochen. Du solltest in die Politik gehen."

Cornelia war während dieser Konversation sehr ruhig geblieben. Dann sagte sie, "Was ich nicht verstehe ist, dass das auf meiner Schule geschieht. Humanistisch. Liesel fragte mich einmal, was das bedeutete. Humanistisch. Humanistisches Gymnasium. Und ich wusste keine Antwort darauf. Nur der Erasmus von Rotterdam fiel mir ein. Ein paar Tage später sagte sie mir, sie sieht den Humanismus als eine Lebensphilosophie, die versucht, die Würde, die Vernunft und das Mitgefühl des Menschen zu bejahen. Das Mitgefühl! Keine von denen, die ihr so einen Zettel auf den Rücken heften, besitzt Mitgefühl. Aber Liesels Definition hat mir damals eingeleuchtet, hat mich stolz gemacht, auf so einer Schule zu sein. Und sie zur Freundin zu haben. Und jetzt…"

„Ich verstehe dich, Tschaperl. Die Leute in Liesels Klasse waren alles andere als Vertreter dieser Philosophie. Da war weder Würde noch Vernunft noch Mitgefühl im Spiel. Manche Leute, die meisten Leute, werden das nie lernen, auch wenn sie die Gelegenheit dazu haben. Und dann geschehen Kriege, Konzentrationslager, Hass, Vorurteile, Rassismus. Immer wieder das Gleiche."

Liesel wollte nach dem Zwischenfall nicht mehr mit Cornelia über ihre Klasse sprechen. Ihre Noten blieben ausgezeichnet in allen Fächern. Latein war weiterhin ihr Lieblingsfach. Und Cornelia dachte, dass sich alles wieder normalisiert hätte. Vielleicht war das ganze doch ein Missverständnis? So gemein können dreizehnjährige Mädchen doch nicht sein.

Zwei Wochen später, gerade als Herr Albrecht sich nach einer Tasse Tee im Wohnzimmer von Frau Wallenstein verabschiedete, kam Liesel mit einer blutigen Nase nach Hause. Herr Albrecht nahm sein Taschentuch aus der Brusttasche und hielt es gegen ihre Nase. Frau Wallenstein war schockiert.

„Was ist denn passiert, Kind? Bist du hingefallen?"

„Nein, nicht das." Liesel gab zögernd zu, dass eine Schülerin sie mit dem Lateinbuch in der Pause auf die Nase geschlagen hatte. „Es war wirklich ein Versehen, wirklich."

„Versehen, ha! Komm her, Mädel, setz dich auf den Küchenstuhl und drücke deine Finger gegen die Nasenseiten. Hier ist eine Kompresse, für die Nase. Das wird dir helfen."

„Warum hast du dich nicht gewehrt, Liesel," wollte Herr Albrecht wissen.

„Genau, warum?" Frau Wallenstein wurde von Moment zu Moment wütender. „Ich werde dir ein paar Haken beibringen, die der Johnny mir gezeigt hat. Gut für die Werkzeugkiste, hat er damals gesagt. Und für den Fall, wenn dir wieder mal ein Lateinbuch versehentlich auf der Nase landet."

„Brava, bravissima, Frau Lilly," sagte Herr Albrecht und überließ die beiden dem Hakenunterricht.

Der Unfall und seine

Konsequenzen

Eines Tages, ein paar Wochen später, wartete Cornelia vergeblich nach der Schule auf Liesel. Sie ging in Liesels Klassenzimmer; es war leer. Sie hatte ein ungutes Gefühl, ging allein zurück in die Erasmus-von-Rotterdam Straße und läutete bei der Frau Wallenstein.

Niemand öffnete die Tür.

Am nächsten Tag, als sie sich eben auf den Schulweg machte, sah sie Frau Wallenstein gegenüber, die sie zu sich winkte.

„Du Cornelia," sagte sie, „Die Liesel kann jetzt nicht mehr mit dir ins Gymnasium gehen."

„Warum? Was ist los? Ich habe sie gestern gesucht. Geht es ihr gut? Ich habe mir Sorgen gemacht..."

„Ja, nein, höre mir zu. Es ist etwas passiert. Sie ist gestern in der Klasse angegriffen worden. Wir haben Amerika angerufen. Es ist eine lange Geschichte. Hat etwas mit einem Foto zu tun und einer Information, aber dazu kann ich im Moment nicht mehr sagen. Jedenfalls, sie ist nicht mehr hier, und sie wollte, dass ich dir das sage."

„Angegriffen? Wie? Hat das mit dem Lateinbuch ... Unfall zu tun."

„Hah! Von wegen Unfall!" Frau Wallenstein hatte wieder den Besen in die Hand genommen und gab vor, sie nicht mehr zu hören.

Papa Neumeier versuchte seine Tochter zu trösten, indem er ihr sagte, dass Liesel stark war, sie würde sich nicht unterkriegen lassen. Nicht von anderen Menschen oder vom Leben selbst. Das half ein paar Stunden, und dann fing Cornelia wieder an zu weinen.

Frau Neumeier nahm ihre Tochter mit in die Milchdiele, wo sie einen „Schlamm" miteinander teilten und sich an den ersten Besuch Liesels erinnerten. Wie sehr sie gelacht hatten, wie kostbar diese Freundschaft für beide, nein! für alle war, und wie wichtig es auch war, dass sie Liesel alle guten Wünsche schickten.

„Alles wird gut werden, Mäuschen," sagte Mamma Neumeier zu ihrer Tochter, legte den Arm um sie und drückte sie fest an sich.

„Ich hasse die Menschen," schluchzte Cornelia, „ich hasse sie, allen voran Bullies."

„Dann gibt es keinen Unterschied zwischen dir und ihnen," sagte Mamma Neumeier.

Die Ungewissheit über das Verbleiben ihrer Freundin plagte Cornelia noch einige Tage, bis sie sich kurzerhand entschied, mit Liesels Freund Theo zu sprechen. Sie wartete nach der letzten Unterrichtstunde auf ihn und fragte, was zwischen der Liesel und den anderen in der Klasse geschehen war.

Zuerst wandte er sich. „Ich wollte ihr helfen, aber die anderen waren so gemein."

„Wieso? Was war? Was ist geschehen? Was meinst du mit gemein?"

Da sprudelte es aus ihm heraus. „Sie haben sie alles Mögliche genannt, Zulu, Tochter einer Hure, sogar dass die Mutter in einer Fabrik arbeitet, das war eine Schande, haben sie gesagt. Und sie soll endlich ihr schmutziges Gesicht waschen. Dass sie stinkt, haben sie ihr gesagt, dass sie Läuse in ihren Haaren hat. Sie haben ihr Zettel aufgesteckt, scheußliches Zeug draufgeschrieben. Es war furchtbar. Sie haben ihr jeden Tag gesagt, was sie überhaupt in der Klasse sucht. Niemand will sie hier. Sie soll am besten nach Afrika zurückgehen. Liesel konnte nichts dagegen tun, und ich habe sie im Stich gelassen. Es tut mir so leid."

„Haben alle mitgemacht, oder nur die Anne?"

„Alle. Alle waren sie Mitläufer, die haben alles gemacht, was die Anne ihnen sagte."

„Und was war dann zum Schluss, am letzten Tag?"

„Vor der Klasse, da hat die Anne sie wieder beschimpft und ausgelacht und als die Liesel sich von ihr abwenden wollte, da hat sie sie auf die Backe geschlagen. Da hat die Liesel ihr plötzlich einen Haken versetzt, so von unten herauf und blitzschnell, das war schon richtig toll, da war keiner drauf vorbereitet. Niemand hat das erwartet von der Liesel. Die Anne war am Boden, wie vom Blitz getroffen und hat aber immer noch wie eine Wilde geschrien, los, packt sie, los. Und alle sind über die Liesel hergefallen. Ich bin schnell aufs

Direktorat gelaufen und hab Hilfe geholt. Die Sekretärin hat die Liesel gesehen, wie sie geblutet hat und dann hat sie die Liesel heimgeschickt. Und ich habe sie seitdem nicht mehr gesehen.

Der Junge schluchzte und Cornelia legte ihren Arm um ihn.

„Es tut mir alles so schrecklich leid," sagte er, „dass ich ihr nicht beigestanden habe. Sie hat so geblutet..."

Und niemand ist da, der für Liesel eintritt. Gerechtigkeit fordert. Die Zeit wird Gras auch darüber wachsen lassen, dachte Cornelia. Die Mutter der Anne, Mitglied im Elternbeirat, würde Himmel und Hölle in Bewegung setzen, dass ihrer missratenen Tochter nichts geschehen würde, wenn das alles je an den Tag kommen würde. Was unwahrscheinlich war. Und doch, etwas musste man doch gegen diese Unmenschen tun können.

Ende Juni hatte Herr Siegfried seine Klasse endlich in die dritte Konjugation lateinischer Verben eingeführt. Cornelia sah zum Klassenzimmerfenster hinaus, ihre Gedanken waren meilenweit weg. Sie hatte ihre Freundin seit der letzten Unterhaltung mit Frau Wallenstein nicht mehr gesehen. Sie war wie vom Erdboden verschwunden. Was war nur geschehen?

In der Erasmus-von-Rotterdam Straße blühten die Pfingstrosen und die Fliederbüsche. Die Hausfrauen waren damit beschäftigt, ihre Federbetten in die Fenster zu hängen und jede Nische ihrer Häuser von den letzten Spinnweben zu befreien. Der Frühling war endlich eingekehrt, gerade rechtzeitig zum Sommeranfang.

Frau Wallenstein, Zigarette im Mundwinkel, war keine Ausnahme. Sie schwang ihren Reisigbesen über den

Bürgersteig und schaute kaum auf, als Cornelia auf dem Heimweg von der Schule vorbeikam und vor ihr stehenblieb. „Guten Tag Frau Wallenstein, haben Sie etwas von der Liesel gehört?" Frau Wallenstein hielt mit dem Kehren inne. "Na sowas, du kommst immer gerade im richtigen Moment. Sie ist auf dem Weg nach Amerika, mit ihrem Vater. Er hat sie gestern abgeholt. Sie sagte, sie hat etwas für dich bei einer Nachbarin hinterlassen. „Wa…? Amerika? Ihr Vater? Warum, ich verstehe nicht." „Geh zu ihr in die Wohnung, im schiefen Haus. Nein, nicht die von der Liesel, sondern die darunter. Erinnerst du dich an die Frau Tremel, von der Beerdigung? Sie hat etwas für dich, von der Liesel. Geh zu ihr."

Frau Wallenstein kehrte sich wieder dem Gehsteig zu und sang dabei in einer zärtlich-rauen Stimme „Non più andrai farfallone amoroso, notte e giorno d'intorno girando, lalala lala lalalaaala."

Teestunde im schiefen Haus

Am nächsten Tag nahm Cornelia den Bus in die Fabrikvorstadt und fand das schiefe alte Haus wieder, fand auch die steile Treppe im Inneren. Sie ging zuerst hinauf zur Mansarde, aber die gab es nicht mehr. Die Holztür war verschwunden, der Verschlag war weg, nichts deutete darauf hin, dass Anneliese hier je gelebt hatte. Der ganze Raum unter dem Dach war jetzt zum Wäscheboden umfunktioniert. Sie ging ein Stockwerk tiefer und läutete bei Frau Tremel. Die Frau, die sie beim Begräbnis von Liesels Mutter gesehen hatte, öffnete die Tür, lud sie ein, einzutreten. Ein japanisches Teeservice stand auf dem Sofatisch bereit, ein kleiner Teller mit Keksen.

„Dann bist du sicher die Freundin von der Liesel. Ich freue mich so sehr, dass du zu mir gekommen bist," sagt die ältere Frau mit dem schneeweißen Haar, das mit Silberfäden durchsetzt war. Sie trug einen braunen Tweed Rock und lächelte Cornelia an.

„So, du wohnst also in der Erasmus-von-Rotterdam Straße Nummer vierzehn, wo früher einmal die Mrs. Collins wohnte?"

Cornelia kannte keine Mrs. Collins. „Ja, ich wohne dort, aber da wohnt niemand mit diesem Namen."

„Nein, das wohl nicht. Das ist schon lange her. Aber es alles hat in deiner Erasmus-von-Rotterdam Straße vierzehn angefangen. Eine gute Adresse mit guten Menschen... Ja, das waren schöne Zeiten." Damit goss sie Tee in die Tasse und reichte sie Cornelia. „Zucker? Milch?"

„Ja, bitte. Bitte erzählen Sie mir, was mit der Liesel ist," sagte Cornelia erwartungsvoll.

„Die Liesel ist wohl jetzt schon in Amerika. Gestern ist sie mit ihrem Vater abgereist. Seit der Attacke hat sie bei mir gewohnt. Sie hatten so viel zu tun, Dokumente besorgen, vom Rathaus, von der Pfarrei, dem Friedhof, sogar in der Kaserne waren sie. Das Beste war, dass ich die Gelegenheit hatte, ihren Vater wiederzusehen. Nach fast vierzehn Jahren. So viel Zeit ist seitdem vergangen. So viel Gutes ist geschehen."

„Ich verstehe nicht," sagte Cornelia, „was ist geschehen? Ihr Vater? Amerika? Bitte erzählen Sie mir alles."

„Da gibt es wirklich nicht viel zu erzählten. Das meiste weißt du sicher schon. Aber ich sollte vielleicht ganz am Anfang beginnen. Ich hatte einmal eine Freundin, eigentlich war sie meine Schülerin, die Mrs. Collins aus Chicago. Catherine hieß sie. Mit ihrem Mann Mike und der kleinen Tochter Penny wohnten sie in dem Haus, wo du jetzt wohnst, in der Erasmus-von-Rotterdam Straße vierzehn. Sie waren dort lange, bevor du mit deinen Eltern dort eingezogen bist. Mike war ein Colonel beim Militär, und Catherine wollte Deutsch lernen, während sie hier stationiert waren, und die

Kaserne gab mir die Aufgabe, ihr Deutsch beizubringen. Jedenfalls, eines Tages hatten sie ein Barbecue, zu dem auch ich eingeladen war, aber das Barbecue war eigentlich für die Freunde und Kollegen von Herrn Collins von der Kaserne. Einer der Gäste hieß OJ, ja, einfach nur O und Jot, so nannte er sich. Sein richtiger Name war aber Oliver James. Weißt du, ich lasse mir nie eine Gelegenheit entkommen, Englisch zu sprechen, und so kam ich mit ihm ins Gespräch und er erzählte mir von sich zu Hause, wie schwer er es hatte, als Dunkelhäutiger. Ach ja, er war dunkelhäutig, aber das ist egal. Oder eigentlich, nicht in diesem Fall. Denn als er später eine Freundin hatte, die weiß war, wurde ihm seine Hautfarbe zum Verhängnis. Ich sah ihn zufällig einmal zu der Zeit im Treppenhaus und dachte mir nur, na wenn das gutgeht. Die Freundin wohnte nämlich oben unter dem Dach, und sie bekam ein Baby von ihm, aber er selbst hatte keine Ahnung davon. Denn jemand hatte ihn verpfiffen und er wurde sofort in den Krieg nach Korea versetzt. Nur auf Grund der Tatsache, dass er die falsche Hautfarbe hatte. Als ob das seine Schuld gewesen wäre. Von Schuld kann man da überhaupt nicht reden. Aber so war es eben, und ist heute noch so in der Welt. Tja. Die weiße Freundin war Fräulein Hofmann und das Baby war die Liesel. Liesels Mutter hatte mehr in ihrer Kindheit und Jugend mitgemacht als die meisten in einem ganzen Leben. Die Eltern früh verloren, ihr Zuhause, ihre Heimat. Dann die Flucht mit Nachbarn vor den Russen, schließlich allein in einem Waisenhaus. Kannst du dir so etwas vorstellen? Das arme Kind. Dann die Arbeit in der Baumwollspinnerei. Und dann lernt sie einen Mann aus dem fernen Amerika kennen, verliebt sich in ihn, weil er herzensgut zu ihr ist und sie auch lieb hat. Und von einem Tag auf den anderen verliert sie ihn. Verlust kann eine stolze Frau misstrauisch machen gegen alle Menschen, und seit sie ihren Freund verloren hatte, traute sie den Menschen nicht mehr. Ja, Verlust, der macht uns misstrauisch gegen die Welt, und wir bauen Mauern auf, um uns zu schützen. Wir ziehen uns in uns selbst zurück, wollen keine Liebe mehr in unser Herz einlassen. Das war, was mit ihr geschah. Deutsche Frauen, die mit dunkelhäutigen Soldaten gesehen wurden, wurden außerdem oft bedroht und geächtet, und die Menschen haben sie ungerecht behandelt. Trotzdem hat es viele junge Frauen gegeben, die sich in einen dunkelhäutigen Soldaten verliebten. Und irgendwann einmal ein Baby hatten. Unsere Gesellschaft ist grausam und nennt diese Kinder Mischlingskinder. Damit kann man sie ausgrenzen und anders behandeln als die weißen. Noch dazu war es fast ein Verbrechen, wenn Kinder unehelich geboren waren, und wenn der Vater noch dazu kein Weißer war, dann war das Leben für Mutter und Kind sehr schwer. Für dunkelhäutige Soldaten war es noch vor ein paar Jahren fast unmöglich, eine hellhäutige Freundin zu heiraten. Er musste erst die Erlaubnis seines Offiziers einholen, und der sagte dann routinemäßig Nein. Da war kein Widerspruch möglich, keine Diskussion. Vor allem, wenn der dunkelhäutige Soldat eine schwangere weiße Freundin heiraten wollte, wurde er in eine andere Stadt oder ein anderes Land oder einen anderen Kontinent versetzt, so weit weg wie nur möglich. Offiziere konnten die Soldaten und ihre deutschen Freundinnen so leicht trennen. Nach Liesels Geburt glaubte Anneliese, dass jeder sie verurteilte, nur weil ihr Baby anders aussah. Ich wollte ihr helfen, aber sie nahm keine Hilfe an, von niemanden. Sie war misstrauisch und sie hatte ihren Stolz. Sie wollte keine Almosen, von niemandem. Ich hatte die Liesel dann in der Schule, in der fünften Klasse, und von daher kannte ich sie besser. Sie war eine ausgezeichnete Schülerin, und ich dachte mir immer, wenn es nur einen Ausweg gäbe, dass sie ins Gymnasium gehen könnte. Aber du warst ihr Glücksbringer, du hast das ermöglicht, und ich danke Gott jeden Tag für dich. Erst viel später, beim Begräbnis lernte ich die Pflegemutter der Liesel kennen, die gute Frau Wallenstein, und wie es das Schicksal wollte, zeigte sie mir ein Foto von dem Barbecue, das die Mrs. Collins ihr gegeben hatte, mit ihrer Telefonnummer in Chicago. Ich sagte ihnen dann, dass ich Liesels Vater gekannt hatte, und das war schon seltsam. Liesel konnte nicht verstehen, wie die Pflegemutter so lange wusste, wer ihr Vater war, und ihr nie von ihm erzählt hatte. Die Frau Wallenstein sagte ihr dann, dass sie es Liesels Mutter versprechen musste, nie ihr Geheimnis preiszugeben. Die Liesel hat so große Augen gemacht. Sie hat gesagt, an demselben Tag, wo ich meine Mutter verliere, finde ich meinen Vater. Aber du warst ja mit dabei, als das alles geschah. Ich weiß. Die Liesel brauchte Zeit, das alles zu verkraften, den Tod der Mutter, der Vater plötzlich in ihrem Leben...sie wollte mit niemandem darüber sprechen. Der Herr Albrecht ist ein lieber Freund von der Frau Wallenstein. Er meinte ein paar Tage nach der Beerdigung, dass man vielleicht Amerika anrufen sollte, um einen Kontakt in die Wege zu leiten, denn diese Dinge brauchen Zeit. Ich fand das eine ausgezeichnete Idee. Wir hatten keine Telefonnummer für den Vater von Liesel, nur für Catherine. Also fuhren wir drei, Her Albrecht, Frau Wallenstein und ich zum Postamt und meldeten ein Gespräch nach Amerika an. Wir mussten gut eine halbe Stunde warten, und dann gingen wir zu einer Kabine, und da war Catherine am anderen Ende der Leitung. So eine Aufregung war das! Sie hat sich gleich an mich erinnert, wir waren doch gute Freundinnen. Wir haben uns doch immer zu Weihnachten geschrieben, und sie hat mir jedes Jahr einen kleinen Kalender für meinen Schreibtisch geschickt. Jedenfalls, ich erzählte ihr vom Tod des Fräulein Anneliese, und dass Liesel unter dem Rassismus ihrer Klassenkameradinnen litt. Sie sagte, dass ihr das so leid täte, aber dass sie auch nicht überrascht war. Sie sagte dann, dass es Zeit war, den Vater der Liesel ausfindig zu machen. Sie wollte Nachforschungen anstellen, einen Detektiven anstellen, kurzum, sie wollte ihr Bestes zu tun, um Liesel zu helfen. Ihre Mutter, die Mrs. Carcerano, hätte selbst die Liesel gerne adoptiert und wollte auch das in Gang setzen. So oder so, sagte sie, würde Liesel eine Familie haben, die sie lieb hat und alles für sie tun wird. Wir haben über zwei Stunden zusammen telefoniert. Herr Albrecht hat für das lange Telefonat bezahlt. Hunderte von Mark, wahrscheinlich. Ja, und dann wurde Liesel zusammengeschlagen, von dreizehn-jährigen Mädchen, die sie hassten wegen ihrer Hautfarbe, weil sie anders aussah als der Rest. Die Kristallnacht in unserem Städtchen. Wieder. Nur dass sie heute Bullies heißen. Erst der Tod der Mutter, und dann das. Liesel wollte dann nicht mehr zurück gehen. Kann man ihr das verdenken? Ich bot ihr an, zu mir zu ziehen, und sie war glücklich darüber. Sie konnte für eine Weile unsichtbar bleiben. Am gleichen Tag kam der Brief von Catherine. Der Detektiv hatte den Vater von Liesel ausfindig machen können. Er wohnt jetzt in Kalifornien. Seine Familie war vor Jahren von Alabama nach Kalifornien übersiedelt, weil es dort bessere Verdienstmöglichkeiten gab. OJ selbst hatte den Krieg in Korea überlebt und konnte mit der finanziellen Unterstützung durch das GI-Gesetz und einem Teilstipendium Medizin studieren. Er hatte Anneliese nie vergessen. Eine genaue Adresse hatte er nicht, und alle Briefe an sie kamen wieder zurück. Er schickte Al einen Brief für Anneliese, und der schrieb ihm, dass er sich seine deutsche Freundin besser aus dem Sinn schlagen sollte. Ein schöner Freund war das. Er schrieb, dass sie sicher schon längst einen neuen Freund hatte. Da dachte OJ schließlich, dass es vielleicht nur eine Sommerliebe war, nichts weiter, wie sie viele seiner Kumpel hatten. Sonst hätte Anneliese doch wenigstens versucht, mit ihm in Kontakt zu bleiben. Jedenfalls, Tatsache ist, dass damals das Militär jeden zwischenrassischen Kontakt verhinderte. Ich vermute sogar, dass dieser Al schuld war an der Versetzung, und wenn ja, warum hätte er dann den Brief an Anneliese weiterleiten sollen. Es war, als hätte sich das Universum gegen OJ und Anneliese verschworen. Und dabei war ihr Problem nur skin deep, wie die Amerikaner sagen, haut dünn. Ist das nicht so? Jedenfalls, Catherine schrieb mir auch OJs Telefonnummer. Noch am gleichen Abend fuhren wir, alle vier mit der Liesel, wieder zur Post. Liesel sprach zum ersten Mal mit ihrem Vater. Catherine hatte ihm von seiner Tochter erzählt und er hat dann sofort das Visum beantragt, um Liesel zu sich nach Amerika zu holen. Stell dir vor, er hatte auch schon einen Flug gebucht und kam dann am 20. Juni hier an. Vater und Tochter sind sich zum ersten Mal in die Arme gefallen, er war überglücklich, und sie konnte es lange nicht glauben, ihren Vater endlich vor sich zu sehen. Er erzählte ihr, wie es damals war, als er Anneliese kennenlernte, und dann, als er versetzt wurde. Korea. Und er hatte keine Ahnung, dass Anneliese schwanger war. Hatte nie gewusst, dass er ein Baby in Deutschland hatte. Bis Catherine, also Mrs. Collins ihn vor einigen Wochen das erste Mal anrief. Catherine sagte ihm, dass Anneliese gestorben war. Es gab noch viel zu erledigen, viele Dokumente mussten sichergestellt werden für die amerikanische Staatsbürgerschaft, und gestern sind sie dann nach Los Angeles geflogen. Weißt du, die Liesel hatte immer ein Ziel im Blick, eine Zielorientierung, und das muss sie jetzt verfolgen, umsichtig und achtsam, und," sie lächelte, „sie hat mir etwas für dich gegeben. Sie sagte, dass du es schon verstehen würdest…

Mehr Tee?"

Emily D.

Des Rätsels Lösung also, in einem in Zeitungspapier eingewickelten Paket, fein säuberlich mit einer Schnur zusammengebunden. Es enthielt das lateinische Textbuch, die Grammatik und das Wörterbuch, das Herr Siegfried Liesel geschenkt hatte. Cornelia schlug das Textbuch auf, in der Hoffnung, eine Nachricht von ihrer Freundin zu finden. Ein Zettel fiel heraus mit einem Satz in Liesels schöner Handschrift. Ein Satz, acht Worte: "Quidquid agis, prudenter agas, et respice finem. Salve."

Agis, agas, dritte Konjugation, Cornelia kannte es. Du tust. Mögest du es tun. Was hatte das alles zu bedeuten? Salve. Hallo, oder tschüss.

Herr Siegfried würde sicher die Antwort darauf wissen. Sie nahm sich vor, ihn am nächsten Tag aufzusuchen.

Als sie wieder in ihre Straße zurückkehrt, rief Herr Trompeter von seinem Fenster aus zu ihr hinunter.

„Cornelia, spielt ihr denn nicht mehr Lateinfederball? Das war doch so ein gesunder Sport zum Zuschauen."

Cornelia schüttelte den Kopf. Nein, die Federballschläger hatten schon wieder Staub angesetzt.

Auch Herr Beier erschien am Fenster. „Ja, genau. Ein herrlicher Zuschauersport. Gut für die Halswirbelsäule. Nach links und nach rechts, nach links und nach rechts. Man konnte das stundenlang verfolgen."

Nun erschienen Herr Tiefenbacher, Frau Bamberger, Herr Schulze und seine Frau ebenfalls an ihren Fenstern.

Herr Linde war der Meinung, dass die Federballspielerinnen eine glänzende Laufbahn bei der Kripo erwarte. Den psychodiagnostischen Test hätten die beiden schon in der Tasche, ebenfalls den Sporttest; er würde ihnen persönlich eine Empfehlung schreiben.

Dem könne er sich nur anschließen, sagte Herr Dornmüller. Allerdings wäre auch der Lehrerberuf wäre zu empfehlen. Das Lateinfederball habe ihn gelehrt, dass Lernen auch spielerisch bewältigt werden kann, nicht nur durch stures Auswendiglernen.

„Für all das sind sie doch viel zu jung," so Herr Beier. Außerdem müsste es immer der Reihe nach gehen, Ordnung muss sein.

Herr Linde fragte schließlich, wo die kleine Indianerin denn sei. Er habe gehört, dass ihre Mutter auf sehr mysteriöse Weise gestorben sei.

Jetzt sprachen die Nachbarn alle durcheinander. „Was ist passiert?" „Die Mutter?" „Wann?" „Warum?" „Waren Sie denn nicht?" „Was, das Begräbnis?" „Nein, und Sie?" „Na, es hat mir ja niemand etwas davon gesagt. Schöne Nachbarschaft ist das!" „Anständig!" „Wie meinen Sie das?" „Also hören Sie mal. Von wegen…" „Das ist doch allerhand." „Herr Tiefenbacher, ist Herr Tiefenbacher zu

Hause? Ich brauche einen Rechtsanwalt." „Also wirklich. Unverschämt ist das."

„Meine Herrschaften, ich bitte Sie," erklang die ruhige, sonore Stimme des Herrn Albrecht. „Zu Ehren der Verstorbenen, bitte eine Gedenkminute, ich bitte Sie."

Alle verstummten.

Dann sagte Herr Albrecht, „Wie hat doch jemand gesagt, Weine nicht, weil es vorbei ist, sondern lächle, weil es so schön war."

„Haben Sie das gesagt?" wollte Frau Bamberger wissen.

„Nein, jemand hat das gesagt. Ich bin niemand. Wir sind alle niemand. Emily Dickinson war jemand. Aber nicht DER Jemand."

„Sehr mysteriös, Herr Albrecht, sehr mysteriös," sagte Herr Linde und rappelte sich von seinem Kissen hoch. „Einen Moment, Leute, ich hole meinen Volksbrockhaus. Wie buchstabiert man das? Emilie Di... Dick..."

Quidquid agis

Nach Unterrichtsende fand Cornelia Herrn Siegfried in Liesels altem Klassenzimmer. Er saß am Pult und korrigierte Hausaufgaben. Sie zeigte ihm den Zettel von Liesel. Er schaute ihn an und dann runzelte er seine Stirn „Hm, hat dir das deine alte Federballfreundin gegeben?"

„Ja, die Liesel. Wissen Sie, was das bedeutet?"

„Sicher. Wörtlich bedeutet es also: quidquid agis, das ist, was auch immer du tust; prudenter agas, das ist ein Konjunktiv, richtig? Mögest du es klug tun, oder mit Bedacht, oder heute würden wir auch sagen, umsichtig; et respice finem, und behalte das Ziel im Auge, also wortwörtlich, blicke zurück auf das Ende."

„Wie bitte? Was?" Ihr fiel ein, was Frau Tremel gesagt hatte. Achtsam. Behalte das Ziel im Auge. Genauso, ja. Was hat das aber alles zu bedeuten?

„Ja, also, es stammt aus einer spätmittelalterlichen Mustersammlung," sagte Herr Siegfried, „der Gesta

Romanorum oder Urkunden der Römer, es reicht viele Jahrhunderte zurück. Es ist sozusagen ein Motto", fuhr er fort, als er Cornelia beistimmend nicken sah. Sie wusste, was ein Motto war.

„Wie Memento Mori oder Carpe Diem?" fragte sie nicht ganz ohne Stolz; diese Redewendungen hatte sie vor nicht allzu langer Zeit gelernt.

„Schon, allerdings ein bisschen anspruchsvoller. Ein herrliches Motto für dein Leben. Egal was du tust, tue es mit Bedacht, nicht impulsiv, weil du impulsives Tun oft bedauern wirst. Denke darüber nach, was du tust, warum du es tust, und wie du es tuest. Und behalte immer das Ziel im Auge.

„Das Ziel? Was für ein Ziel?" fragte Cornelia.

„Das kann alles Mögliche sein. Das Resultat, das Ende, das Ergebnis. Oder aber auch, welche Auswirkungen dein Tun haben wird, für dich selbst, für deine Umwelt. Es heißt einfach, überlege, bevor du etwas tust, damit nichts Dummes daraus wird. Dieses Motto hat seine Basis schon im Griechischen, in den Fabeln von Aesop, auch im Alten Testament. Seit Jahrtausenden haben Menschen das in ihrer Weisheit gesagt. Im Deutschen sagen wir, Erst wägen, dann wagen. Ich mag das Lateinische besser."

„Aber warum war das für die Liesel so wichtig, dass sie den Spruch auf einen Zettel geschrieben und in das Buch gesteckt hat?"

„Das kann nur sie wissen. Denke mal nach, was war ihr Ziel, und wie hat sie gehandelt, damit sie es erreichen konnte? Wir alle haben unsere eigenen Richtlinien, denen wir folgen."

Cornelia schlug sich mit der Hand vor die Stirn. Natürlich. Jetzt war ihr alles klar. „Ich glaube, ich verstehe, was sie mir sagen wollte." Liesel hatte ein Ziel, das sie auf ihre Weise erreichen musste, und erreichen würde, umsichtig und achtsam, und keine Teenage bullies, keine Trennung, kein

Hindernis, nichts konnte sie davon abhalten, dieses Ziel zu erreichen.

„Was ist eigentlich mit deiner Federballfreundin los?" fragte er.

Cornelia strahlte. „Sie werden es nicht glauben, aber ihr Vater hat sie nach Kalifornien zu sich nach Hause geholt. Sie hat mir die Bücher mit diesem Zettel zurückgegeben, ich habe nicht mit ihr gesprochen... Aber jetzt verstehe ich."

Professor Siegfried nickte. Er legte den Zettel behutsam wie einen Schatz auf die abgenützten Bücher. "Was immer du tust, tue es mit Bedacht und behalte das Ziel im Auge. Und unsere Liesel, naja, was auch immer sie tut und wo immer sie ist, sie weiß, was sie in Zukunft erreichen möchte, und wie sie es auf die bestmögliche Weise tun kann, damit es Wirklichkeit wird. Glaubst du das nicht auch? Irgendwann, wenn sie das Ziel erreicht hat, werden wir wieder von ihr hören. Bis dahin folgen wir dem Motto, das so wichtig für sie und für uns alle ist: Quidquid agis, prudenter agas, et respice finem."

ÜBER DIE AUTORIN

Andrea M. Fuchs Petzi studierte Anglistik und Germanistik an der Universität Regensburg und Islamic Art an der University of California Los Angeles und promovierte über „Orientalismus in der deutschen Literatur: Von Goethes ‚Westöstlichem Divan' bis Thomas Manns ‚Joseph und seine Brüder Trilogie.'" Sie unterrichtete an der U.C.L.A. und der California State University Northridge, und gründete 1995 zwei Sprachinstitute, die A F International School of Languages Inc., und das A F International College, in Los Angeles. Sie lebt in ihrer Wahlheimat Südkalifornien.

Made in the USA
Las Vegas, NV
10 December 2024

13016338R00184